JN235046

実践プロジェクト
ファイナンス

井上義明

日経BP社

はじめに

　本書は海外のプロジェクトファイナンスに関する概説書である。筆者は日本の銀行と外資系の銀行とで永く海外のプロジェクトファイナンス業務に携わってきた。

　プロジェクトファイナンスとは、資源開発案件や発電所案件などのための資金調達方法をいう。案件個々の事業内容を検証し、その事業リスクや経済性に注目して行う融資（あるいは借入）である。案件個々の事業リスクや経済性に注目して行うので、専ら借主（事業主）の信用力に依拠して行うファイナンス（これを通常コーポレート・ファイナンスという）とは趣を異にする、あるいは対極にある。プロジェクトファイナンスの特徴のひとつは、個々の事業そのものに注目する点にあり、既存の事業を有する事業主に対して融資の返済義務を課さないという点にある。この返済義務を課さないという点は一般にリミテッド・リコース(Limited Recourse)あるいはノン・リコース(Non Recourse)と呼ばれている。リミテッド・リコースあるいはノン・リコースはプロジェクトファイナンスの重要な特徴のひとつである。もっとも、リミテッド・リコースあるいはノン・リコースのローンが常にプロジェクトファイナンスではない点、注意を要する。

　それでは何故事業主に借入金の返済義務を課さずに融資をすることができるのか。この問いは初心者の質問のように聞こえるかもしれないが、実はプロジェクトファイナンスの本質に関わる問題である。日本人が日本語で初めて著したプロジェクトファイナンスの著作は、旧日本長期信用銀行勤務の横井士郎氏編著『プロジェクトファイナンス』（有斐閣。1985年）であるが、同書で同氏は、「ときにプロジェクトファイナンスは手品のようだと云われるが、手品同様タネも仕掛けもある」という趣旨のことを述べている。至言である。

　また、どのようにすれば事業主に借入金の返済義務を課さずにプロジェクトファイナンスというものを組成することができるのか。これはプロジェクトファイナンスの技術面・実務面からの問いである。

　本書はこれらの問いや問題提議に応えようとするものである。従って、本書の想定する読者には、プロジェクトファイナンスのことを学ぶ学生や研究者、同業務に関わり出した社会人、同業務に広く興味を持つ社会人、同業務に既に携わるがもっと深部を知悉しようとする方々等々広範な層が含まれる。そして、読者は

本書を通じて、プロジェクトファイナンスが事業向けの金融（事業金融）における王道であることを得心されるであろうと、筆者は期待して止まない。融資業務のエッセンスは、プロジェクトファイナンス業務の中にすべて存在する、といっても過言ではない。

さて、本書の特徴は次のようなところにある。
(1) 英語で書かれたものも含めプロジェクトファイナンスに関する著作は世に少なくないが、日本人によって日本語で書かれた海外プロジェクトファイナンスの本は比較的少ない。本書はそのうちの一冊である。
(2) さらに、日本人によってこれまで執筆された海外プロジェクトファイナンスの本の多くは、複数の執筆者による共同執筆である。これに対して本書は、1人の執筆者によってすべて書かれている。内容の巧拙はともかく、本書は1人の執筆者によって書かれているので底流にある考え方は一貫しているはずである。
(3) 海外プロジェクトファイナンスの沿革について一章（第3章）を割いている点も本書の特徴である。類書はこれまであまり沿革について深く触れることはなかったと思われる。
(4) 海外プロジェクトファイナンスの利用分野を分類・整理すると共に、その類型について若干の比較分析を試みている（第4章）。「輸出型」と「国内型」、「資源型」と「電力型」などの分類は、斯界で永く実務に携わっている者にとってはいわば暗黙知や経験知として知られており目新しい事実ではないかもしれないが、筆者の知る限り、類書はあまりこの点にも言及してこなかった。とりわけ資源案件と電力案件は海外プロジェクトファイナンス案件の大半を占めるが、昨今どの組織でも分化が進み、両案件は同じ組織内ではあってもそれぞれ別なグループで取り扱うことが多い。プロジェクトファイナンス案件といえども両案件の性格は非常に異なっており、両案件を鳥瞰してその差異や特徴を把握する意義は昨今益々重要になってきている。
(5) 海外プロジェクトファイナンスの組成プロセスにも敢えて一章（第7章）を設けた。これは極めて実務的なテーマである。プロジェクトファイナンスの組成プロセスを記述するに止まらず、フィナンシャル・アドバイザーの役割や雇用方法、さらにフィナンシャル・アドバイザーとリード・アレンジャーの利益相反問題などにも言及した。
(6) 最後に、金融危機におけるプロジェクトファイナンスについても検討を試みた（第8章）。1997年のアジア金融危機および2008年のリーマン・ショックの

経験が基になっている。こういう経済危機・金融危機に直面したときに、プロジェクトファイナンスの世界にはどういうことが起こったのか検証してみた。これも極めて興味深いテーマである。

　本書の特徴とは少々異なるが、類書と異なる点としてもうひとつ挙げることができる。それは類書の執筆者はプロジェクトファイナンスの著作を出版したときには（あるいは出版すると間もなく）、プロジェクトファイナンスの現場を退いていることである。これに対して、本書の筆者は今もってプロジェクトファイナンスの業務を現役で担っている。

　この現象には幾つかの理由が考えられる。その中の最大のものはおそらく、現役のプロジェクトファイナンス・バンカーは忙しくて本を書く時間がないというものであろう。それから次に考えられる理由は、プロジェクトファイナンスの業務は実務によって得られる知見が多くあるので、本などを出版して一旦印刷物にしようものなら、その後の仕事がやりにくくなるからではないだろうかと推察する。筆者は辛うじて一つ目の問題を乗り越えることができ、茲に本書を出版するに至った。しかし、二つ目の問題に遭遇するのは、まさにこれからである。

　縁あって日経ＢＰ社の黒沢正俊氏に、プロジェクトファイナンスの本を書いてみないかと声を掛けて頂いた。同氏曰く、大学の先生でプロジェクトファイナンスについて本を書く人は居るだろうが、実務の現場に居る現役の人に書いてもらいたいと考えていると。この企画の狙いを知るに及んで、筆者は意気に感じるものがあった。20年余の自分の経験を生かせるかもしれないと思ったからである。

　本書の出版にご尽力頂いた日経ＢＰ社の黒沢氏に、改めて深謝申し上げたい。同氏の慫慂が無ければ、本書は陽の目を見ることはなかった。また、原稿執筆中、出版を楽しみにしていると言い続けてくれた家族にも感謝している。家族の励ましが無ければ、原稿は完成しなかったかもしれない。

　なお、本書の見解や考えは専ら筆者個人のものであって、筆者の勤務先のものではないということを念のためおことわりしておきたい。また、本書で言及した案件情報は、すべて既存メディア（新聞、雑誌、インターネット等）が発表済みのものを使用している。

2011年5月

井上義明　識

目次

はじめに 1

第1章 プロジェクトファイナンスとは何か 11

1. プロジェクトファイナンスの定義 12
2. プロジェクトファイナンスの特徴 15
　a. ノンリコース／リミテッドリコース 18
　b. 借主は特別目的会社 (SPC) 18
　c. キャッシュフロー・レンディング 19
　d. コントラクチャル・ストラクチャー (Contractual Structure) 20
　e. 対象事業が多種で案件所在国も多岐に亘る 21
　f. 資源開発事業、電力事業、プラント事業などに向いている 21
3. プロジェクトファイナンスが利用される理由 22
　a. 借主 (スポンサー) の理由 22
　b. 貸主 (銀行) の理由 27
4. 仕事としての魅力 30
　a. 海外業務、国際業務である 30
　b. ファイナンス技法が詰っている 31
　c. 案件毎に創意工夫を要する 32

第2章 プロジェクトファイナンス市場のプレーヤー ... 33

1. 金融機関 34
　a. プロジェクトファイナンスのフィナンシャル・アドバイザー 35
　b. プロジェクトファイナンスのリードアレンジャー・アンダーライター ... 37
　c. プロジェクトファイナンスの融資の供与 (レンディング) 39
　d. プロジェクトファイナンスでの保証・保険 40
2. スポンサー 43
3. リーガル・カウンセル 47
4. コンサルタント 52
　a. 資源案件 54
　b. 電力案件 56
　c. プラント案件 57

  | d. インフラ案件 ·· 59

第3章　プロジェクトファイナンス小史 ······················ 61

 1. プロジェクトファイナンスの原型（1930年代のプロダクション・ペイメント）·· 62
 2. 現代的なプロジェクトファイナンスの台頭（1970年代のフォーティーズ油田開発）··· 64
 3. 資源開発案件（1980年代）··· 65
 4. ユーロトンネル（1980年代その2）·· 68
 5. 北米のコジェネ案件（1980年代後半－1990年代前半）··············· 73
 6. アジア金融危機までのアジア市場（1990年－1997年）··············· 77
 7. カタールLNG（1994年）·· 80
 8. アジア金融危機からの10年（1998年－2007年）······················ 82
  a. アジア電力案件の教訓 ·· 83
  b. ブラジル案件の台頭 ··· 84
  c. 中国案件の台頭 ··· 86
  d. 中東案件の台頭 ··· 88
  e. LNG船・FPSO案件 ·· 89
  f. アジア電力案件の復活 ·· 90
 9. リーマン・ショックとそれ以後（2008年-2010年）··················· 91

第4章　プロジェクトファイナンスの利用分野と類型 ··· 95

 1. 資源開発（石油・ガス、金、銅、石炭等）······························· 97
  a. 埋蔵量の問題 ·· 98
  b. 埋蔵量の種類 ·· 99
  c. 採掘コストの問題 ·· 103
  d. 生産物価格の問題 ··· 105
 2. LNGプラント ·· 107
  a. LNG事業概観 ·· 108
  b. LNGプラントの完工リスク ·· 111
  c. 天然ガスの供給能力と価格水準 ···································· 112
  d. LNGのマーケットリスク ·· 113
 3. 工業プラント（石油精製所、石油化学、精錬所、肥料等）······· 113
  | a. オフテイク契約の問題 ·· 114

b. 原料調達の問題 ･･････････････････････････････････････ 115
　　c. 輸出向けか国内向けか ････････････････････････････････ 116
　4. 発電所 ･･･ 117
　　a. 買電契約書の存在 ････････････････････････････････････ 119
　　b. 完工リスクの問題 ････････････････････････････････････ 121
　　c. 燃料供給の問題 ･･････････････････････････････････････ 123
　　d. 電力代金支払方法 ････････････････････････････････････ 124
　　e. 為替・送金リスク ････････････････････････････････････ 125
　5. LNG船・FPSO/FSO・パイプライン ･･････････････････ 127
　　a. LNG船 ･･･ 127
　　b. FPSO/FSO ･･ 130
　　c. パイプライン ･･ 131
　6. その他インフラ設備（道路、トンネル、港湾、通信施設、テーマパーク他） ･･･ 132
　　a. 完工リスク ･･ 133
　　b. マーケットリスク ････････････････････････････････････ 133
　7. プロジェクトファイナンス案件の類型 ････････････････････ 134
　　a.「輸出型」と「国内型」 ･･････････････････････････････ 135
　　b.「資源型」と「電力型」 ･･････････････････････････････ 137
　　c.「資源型」「電力型」以外の類型 ････････････････････････ 140
　　d.「輸出型」「国内型」と「資源型」「電力型」 ････････････ 143

第5章　プロジェクトファイナンスのリスク分析とストラクチャリング ････････････････････････････････････ 149

　1. スポンサーリスク ･････････････････････････････････････ 151
　　a. 事業遂行能力 ･･ 151
　　b. 出資金拠出能力 ･･････････････････････････････････････ 152
　2. 完工リスク ･･･ 155
　　a. EPCコントラクターの完工保証 ････････････････････････ 156
　　b. スポンサーの完工保証 ････････････････････････････････ 157
　　c. 完工リスクの最終負担者 ･･････････････････････････････ 159
　　d.「完工テスト」とノンリコース化 ･･････････････････････ 160
　　e. EPC契約上の「完工」とプロジェクトファイナンス上の「完工」の違い ･･･ 162
　3. 埋蔵量リスク ･･･ 163
　4. 原料・燃料調達リスク ･････････････････････････････････ 164
　　a. 期間（長期に亘る契約） ･･････････････････････････････ 164

- b. 数量（必要量の確保） ... 165
- c. 品質（必要な品質を充足） ... 165
- d. 価格（価格フォーミュラー） ... 165
- e. 供給者（供給者の供給能力） ... 166

5. 操業リスク ... 167
6. 技術リスク ... 168
7. 販売リスク ... 169
   - a. 期間（長期に亘る契約） ... 170
   - b. 数量（生産量全量） ... 171
   - c. 品質（規定の品質を充足） ... 171
   - d. 価格（価格フォーミュラー） ... 171
   - e. オフテイカー（支払能力） ... 171
8. 金利・為替リスク ... 172
   - a. 金利リスク ... 172
   - d. 為替リスク ... 173
9. キャッシュフローリスク ... 174
   - a. Revenue Account ... 175
   - b. Cash Waterfall ... 176
   - c. Debt Service Reserve Account ... 177
   - d. Dividend Restriction ... 177
   - e. Cash Deficiency Support ... 179
   - f. Clawback ... 179
   - g. Mini-Max Repayment Schedule（ミニ・マックス返済スケジュール） ... 180
   - h. Deferral（ディファーラル） ... 181
   - i. Cash Sweep ... 182
10. 環境リスク ... 182
11. 災害リスク ... 184
12. カントリーリスク ... 185
    - a. ポリティカル・リスク保証・保険 ... 187
    - b. 政府系金融機関や国際金融機関の招聘 ... 188

第6章 キャッシュフロー分析の要点 ... 191

1. キャッシュフロー分析の目的 ... 193
2. キャッシュフローの具体例 ... 194
   - a. 分析期間 ... 194

  b. 返済期間 ··· 194
  c. プロジェクト総額 ··· 195
  d. Capacity Payment ·· 195
  e. Energy Payment ·· 195
  f. 法人税率 ··· 195
  g. 借入金金利 ··· 198
  h. 借入金返済スケジュール ··································· 198
 3. キャッシュフロー分析の手法 ································· 200
  a. DSCR分析 ·· 200
  b. IRR分析とNPV分析 ·· 202
  c. Sensitivity Analysis（感応度分析）························· 204
  d. Breakeven分析 ··· 209
 4. キャッシュフロー分析の留意点 ······························· 212
  a. 最小単位期間 ··· 212
  b. 建中金利 ··· 213
  c. 製品価格 ··· 213
  d. 原料・燃料費 ··· 214
  e. 減価償却 ··· 214
  f. インフレ ··· 215
  g. 支払金利 ··· 215
  h. 返済スケジュール ··· 216
  i. 税金 ··· 217
  j. 通貨 ··· 217
 5. キャッシュフロー分析の位置付けと限界 ······················· 218
  a. ベースケースの前提となる仮定の妥当性 ····················· 218
  b. Sensitivity Analysisでいかなるケースを採り上げるか ······· 218
  c. キャッシュフロー分析の限界 ······························· 219

第7章　プロジェクトファイナンスの組成プロセス ···· 221

 1. 組成プロセス　その1　ストラクチャリング段階 ················ 223
  a. プロジェクト・ドキュメンツの作成・交渉 ··················· 223
  b. キャッシュフロー・モデルの作成 ··························· 224
  c. リスク分析・リスク分担の方針策定 ························· 224
  d. ファイナンス・タームシートの作成 ························· 225
  e. 各作業の相互関連性 ······································· 226
 2. 組成プロセス　その2　インプリメンテーション段階 ············ 231
  a. インフォメーション・メモランダムの作成 ··················· 231
  b. 融資銀行団の招聘 ··· 232

- c. 融資銀行団によるデュー・ディリジェンス 233
- d. 融資条件の交渉 233
- e. 融資契約書の作成・交渉 234
- f. 融資契約書の調印 234
- g. シンジケーション 235
- h. 融資前提条件の充足・第1回融資の実行 237

3. フィナンシャル・アドバイザーについて 239
- a. フィナンシャル・アドバイザーの業務内容 239
- b. フィナンシャル・アドバイザー雇用をめぐる諸知識 242
- c. フィナンシャル・アドバイザーとリード・アレンジャー（利益相反の問題）..... 246

第8章 金融危機・必要な技能 249

1. 金融危機と海外プロジェクトファイナンス 250
- a. アジア金融危機（1997／1998）... 250
- b. リーマン・ショック（2008）... 254
- c. 金融危機に対するプロジェクトファイナンス案件の抵抗力 257

2. 海外プロジェクトファイナンス業務に必要な技能 259
- a. ファイナンス知識 259
- b. キャッシュフロー分析力 260
- c. 法務知識 260
- d. 英語力 261
- e. 金融・経済・産業知識 262
- f. 所在国の知識 263
- g. 広く興味を持つこと、コモンセンス、自分で考える力 263

索引 264

第1章

プロジェクトファイナンスとは何か

1. プロジェクトファイナンスの定義

　海外プロジェクトファイナンスとはなにかというところから始めたい。第1章の題は「プロジェクトファイナンスとは何か」としたが、日本国内には本書で採り上げるようなプロジェクトファイナンスの案件は殆ど存在しない。従って、以下「海外」の文字は敢えて付さないが、本書で採り上げるものはすべて「海外」のプロジェクトファイナンスである。まず、プロジェクトファイナンスとはなにかという問いに答えるため、プロジェクトファイナンスの定義から始める。「定義」に分かりやすく面白いものはないが、定義の後に続いて「プロジェクトファイナンスの特徴」を説明するので、両者を読み合わせて頂くとプロジェクトファイナンスがどんなファイナンスか概略は掴めると思う。

　プロジェクトファイナンスの一般的な定義は、次のようなものである。

　　特定のプロジェクト・事業に対するファイナンス（融資）であって、その融資の返済原資が基本的にそのプロジェクト・事業から生み出されるキャッシュフロー・収益金に限定され、かつ融資銀行の取得する担保も原則としてそのプロジェクト・事業の保有する物的資産や関連契約書に限定されるファイナンス手法である。[*1]

（ア）まず「特定のプロジェクト・事業」とは、具体的には石油の開発生産案件であったりLNG生産設備の建設操業プロジェクトであったり電力事業案件であったりする。事業内容としては資源開発案件、電力事業案件、インフラ案件などが主流を占める（詳細第4章ご参照）。ここで重要な点は「事業内容が特定している」ということである。その事業は必ずしも単一の事業である必然性はない（ガス生産事業とそのガスを利用した発電事業などのように2種類の事業を一体とした事業に対するプロジェクトファイナンスの実例がある）。しかし、事業は予め特定していなければならない。現実には単一事業が大半である。

　事業が特定していないと融資をする銀行は事業性の評価が困難である。後

---

*1：小原克馬『プロジェクトファイナンス』金融財政事情研究会、1997年 p02他

述の通り、融資銀行はスポンサー（プロジェクト・事業への出資者であり事業推進者である）からは基本的に債務保証を貰わないので、事業性評価の対象事業が特定していないと困る。

　事業内容が特定していなければならないということは事業計画当初の時点だけに止まらず、事業が軌道に乗った後でも事業内容を変更してはならないということでもある。通常プロジェクトファイナンスの融資契約書中に「他の事業を行ってはならない」という約定が挿入されるのはこのためである。

　（イ）次に「返済の原資がそのプロジェクト・事業から生み出されるキャッシュフロー・収益金に限定される」とは、返済原資が限定されていることを定めている。このことはスポンサーに対してNon-Recourse（ノンリコース）であるということである。

　Recourseという英語の言葉は馴染みにくい。「訴求する」というのが原義であるが、ここでは「（貸出金債権の）請求権がある」と理解してよい。従って、「スポンサーに対してノンリコース」とは、プロジェクトに融資している銀行（貸出金の債権者）はスポンサーに対して同融資金につき請求権がないということである。このことはスポンサーから見れば、プロジェクトファイナンス・ベースでの借入金は自らの債務ではないということである。プロジェクトファイナンスの特徴の1つはこのノンリコースの点にある。

　最近日本でも不動産ファイナンスの世界でこのノンリコースの融資が増えてきた。海外には個人が利用する住宅ローンにすらノンリコース・ローンが存在する。

　日本の中小企業向け融資においては社長個人の包括保証を取るのが日本の銀行の常であった。事業に失敗すると銀行の借入金返済のため社長の自宅まで処分して返済しなければならない。こういう融資手法はノンリコース・ローンとは対極にある考え方である。ノンリコース・ローンの真骨頂は、融資する銀行が融資対象の事業を評価し返済の確実性を確認し、その親会社等の一般財産や収益力と切り離して、融資を行うことである。銀行はその事業のリスクを取る、ということである。こういう銀行の融資のあり方は、銀行の審査能力が問われる融資手法である。プロジェクトファイナンスは「事業そのものを見て判断する」という点で、常に与信判断能力が厳しく問われる融資である。

（ウ）「担保もそのプロジェクト・事業の保有する物的資産や関連契約書に限定される」ということは、上記のプロジェクト・事業から生み出されるキャッシュフロー・収益金に融資の返済原資が限定されるということと表裏一体、不即不離の関係にある。担保についても、ノンリコースに徹し限定される。

ここでの注意点は担保の対象となるものが物的資産（プラント設備、機械器具、土地など）だけに止まらず関連契約書などに表象されている債権的な権利にも及ぶという点である。事業権契約、採掘権契約、建設契約、原料購入契約、製品販売契約などがその具体例である。つまり、物権的権利ならびに債権的権利のすべてに及ぶ。従って、プロジェクトの全資産が担保の対象である。

プロジェクトファイナンスにおいてプロジェクトに関連する契約書群（以下「プロジェクト関連契約書」もしくは「プロジェクト・ドキュメンツ」と呼ぶ）は、プロジェクトの事業性を決定付けているという点で非常に重要である。プロジェクトファイナンスのことをドキュメンツ・トランザクション（Document Transaction）と称する向きがあるが、これはプロジェクト関連契約書の重要性に焦点を当てた呼称だと言っていい。プロジェクトの経済的価値の淵源は、その物的資産よりもむしろこのようなプロジェクト関連契約書にある、といっても過言ではない。例えば、発電案件における事業権契約書、買電契約書[*2]の存在が、その事業の経済性を決定付けているのが良い例である。

通常プロジェクトファイナンス案件の物的資産そのものの経済価値というのはけして大きくはない。例えば、上記の発電案件の例で買電契約書が存在せず（あるいは何かの理由で買電契約書が失効してしまい）電力の購入者が全く存在しないとしたら、その発電所の物的資産そのものの経済的価値は極端なことを言えば鉄屑同様二束三文になりかねない。

この現実は我々の生活にも非常に示唆的である。どんな才能を秘めていても、その才能が社会に具現され実際に価値を生んではじめて意味がある、価値があると認められる。プロジェクトファイナンスの物的資産はこれと全く同様で、例え高性能な設備・機器であったとしても、これを生かすプロジェ

[*2]：買電契約書は英語のPower Purchase Agreement（略称PPA）の日本語訳。電力購入契約書のことである。Power Purchase Agreementを「売電」契約書と訳する例を見たことがあるが、英語はPurchaseであるから「買電」契約書が正しいであろう。

クト関連契約書が整わなければ実際に価値は生まれない。宝の持ち腐れということになる。

（エ）なお、本書で採り上げるプロジェクトファイナンスは、英国で始まり日本でも徐々に浸透してきたPFI（Private Finance Initiative）[*3]とは少々異なる。PFIがプロジェクトファイナンスのファイナンス手法を利用しているのは事実であるが、本書は、主に海外で民間主導の案件に利用されるファイナンス手法としてのプロジェクトファイナンスを採り上げる。従って、両者の大きな相違点は、①PFIが国内案件であるのに対し、本書のプロジェクトファイナンスは海外案件であること、②PFIは公共サービスを民間の手法でValue for Moneyの向上を図ろうとするものであるが、本書で採り上げるプロジェクトファイナンスは国の施策を支援するものというより純民間案件が多い点である。

因みに、日本国内にも民間主導のプロジェクトファイナンス案件[*4]の例がないではないが、十分な市場を形成するには至っていない。日本国内に本格的なプロジェクトファイナンスが存在しない理由は複数考えられる。そもそも資源案件は皆無に等しく、電力業界は規制緩和が実効を上げていない。インフラ案件（例えば高速道路）は政府主導である。そして最大の理由は資金需要側の産業界に未だノンリコース・ローンの利用価値が理解されていないという点、さらに資金供給側の日本の銀行の融資のあり方にも原因の一端があると言える。

2. プロジェクトファイナンスの特徴

次にプロジェクトファイナンスの特徴についてお話したい。プロジェクトファイナンスの特徴はプロジェクトファイナンスの定義からも読み取れる。しかし、定義だけでは特徴のすべてを描き切れていないので、ここでその特徴を整理してみる。

ファイナンスの手法において、プロジェクトファイナンスの対極にあるのはコーポレートファイナンスである。コーポレートファイナンスとプロジェ

[*3]：1999年（平成11年）日本でいわゆるPFI法が制定された。PFIのファイナンス手法はプロジェクトファイナンスから借用したものである。
[*4]：1999年大阪のユニバーサル・スタジオ・ジャパン(USJ)は銀行借入につきプロジェクトファイナンスを用いた。

クトファイナンスはしばしば比較して議論される。といっても、ファイナンスの教科書に出てくる「コーポレートファイナンス」という言葉とはその意味が違う。ファイナンス教科書の「コーポレートファイナンス」は、企業全般に関わるファイナンス問題を総称している。しかし、プロジェクトファイナンスの世界で比較対象として使用される「コーポレートファイナンス」という言葉は、プロジェクトファイナンスにおけるローンが「ノンリコース」であるのに対し、コーポレートファイナンスにおけるローンは「リコース」であるという点に着目して用いている。つまり、「プロジェクトファイナンスはノンリコース・ローンあるいはリミテッドリコース・ローン[*5]である」と表現するのに対し、「コーポレートファイナンスはリコース・ローンである」、「リコース・ローンがコーポレート・ベースのファイナンスである」という言い方をする。

具体的な例で説明したい。

A社とB社の2社がC国で、ある事業を行うとする。そのための事業会社(特別目的会社Special Purpose Company:SPC[*6])を両社が50％づつ出資してC国に設立する。総事業費は4億米ドル。事業資金は出資金で1億米ドル[*7]（総事業費の25％）、借入金で3億米ドル（総事業費の75％）調達する。当該事業会社（SPC）の資金調達計画は次の通りである。

■ 表1-1

	資金使途		資金調達
事業費	USD400M	出資金	USD100M（25％）
		借入金	USD300M（75％）
合計	USD400M	合計	USD400M（100％）

さらに、A社、B社（両社はスポンサー）、事業会社（SPC）、銀行の関係図を示すと次の通りである。矢印は資金（出資金と借入金）の流れを示す。

[*5]：プロジェクトファイナンス案件で100％ノンリコースという案件は多くはない。ある程度スポンサーへサポートを求めることがあるので、そのような場合リミテッドリコースと呼ぶ。
[*6]：SPCのSは"Single"とする場合がある。つまり、"Single Purpose Company"。また、Companyの代わりにVehicleを使用し、"SPV"と呼ぶこともある。本書では"SPC"で統一する。
[*7]：本書では米国ドルにつき文章中「米ドル」と表記する。図表では"USDxxxM"と表記する。"M"は"Million"の意味である。因みに、業界用語ではUSD1M（百万米ドル）のことを「1本」と俗称する。1億米ドルならUSD100Mなので「100本」という。

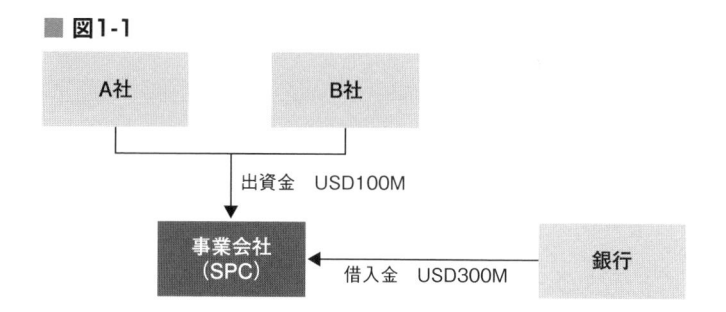

第1章　プロジェクトファイナンスとは何か

■ 図1-1

```
  A社         B社
    ↓         ↓
    出資金  USD100M
         ↓
    事業会社      ←  借入金 USD300M  ─  銀行
    （SPC）
```

　出資金はA社、B社それぞれ5千万米ドルずつ出資し合計1億米ドルとなる。問題は借入金である。借入金3億米ドルは事業会社が借主となって銀行から借入を行う。このときの借入金をどういう方法で行うかというのがここでの問題である。借入の方法として便宜上以下4種類を想定する。

(ⅰ) 事業会社がA社、B社からの一切の保証無しで借入れをすれば、その借入金を「ノンリコース・ローン（Non-recourse loan）」という。

(ⅱ) 事業会社がA社、B社の部分的なサポートや保証を得て借入れを行えば、その借入金を「リミテッドリコース・ローン（Limited recourse loan）」という。

(ⅲ) 事業会社がA社、B社の100％（A社、B社がそれぞれ50％づつ個別保証するケースと借入金全額について両社が連帯保証となるケースが考えられる）の債務保証で借入れを行なえば、その借入金を「コーポレートファイナンス（コーポレート・ベース）での借入」という。

(ⅳ) また、「コーポレートファイナンス（コーポレート・ベース）での借入」には、A社、B社が自社名義で一旦借入を行い、その借り入れた資金を事業会社に転貸する方法もある。この場合、事業会社への直接の貸主は銀行ではなくA社、B社の両社になる[*8]。

　日本企業が海外に進出し工場やプラントを建設する場合の資金調達方法は、これまで上記ⅲ）やⅳ）の方法が多かった。「コーポレートファイナンス（コーポレート・ベース）での借入」である。プロジェクトファイナンス

[*8]：これは親会社が子会社に融資をしているので、このような融資を「親子ローン」と呼ぶことがある。

はノンリコース／リミテッドリコース・ローンなので、上記i) やii) の資金調達方法を指す。

さて、上記の例を念頭に置きながら、プロジェクトファイナンスの持つ特徴を以下整理してみたい。

■ a. ノンリコース／リミテッドリコース

プロジェクトファイナンスはノンリコース／リミテッドリコースのローンである。上記の例からも明らかであろう。これはプロジェクトファイナンスの最大の特徴である。リコース・ローンであったならば、プロジェクトファイナンスではない。

一般的な言い方として、「プロジェクトへのファイナンス」という言い方がある（英語でも"Financing to a project"という）。この表現はプロジェクトへのローン（貸主から見た場合）あるいは事業会社による借入（借主から見た場合）という程度の意味に過ぎない。そのローン（借入）がノンリコース／リミテッドリコースのものか（上記例のi) やii) のケース）、コーポレート・ベースのものか（上記例のiii) やiv) のケース）は定かではない。コーポレースベースのローンであったならば、「プロジェクトへのファイナンス」ではあっても、「プロジェクトファイナンス」ではない。因みに、一般の人はプロジェクトファイナンスのことを「プロジェクトへのファイナンス」と理解している人は少なくない。

■ b. 借主は特別目的会社（SPC）

プロジェクトファイナンスでの借主は特別目的会社（SPC）である。これが原則である。例外は極めて少ない。

例えば、既存案件の増設で追加借入金をプロジェクトファイナンスで行う場合に、借主を既存案件の借主と同一借主にする例があり得る。既存案件の借主は特別目的会社（SPC）であった筈なので、新規ファイナンスの借主が特別目的会社（SPC）であることには変わりはない。しかし、この場合新規ファイナンスの目的で設立された特別目的会社（SPC）ではない。こういうケースではキャッシュフローの取り扱いを既存設備からのものと新設設備からのものとを峻別するなどの工夫が必要になる。担保の対象となる設備は区分できるものとできないもの（例えばインフラなどの共用設備）が出てくる。

原料供給契約書や製品販売契約書も既存のものを改定して対応するとなると区分できない。このようなケースでは貸主（銀行団／レンダー）は新規プロジェクトファイナンスと併せ既存借入金のリファイナンスを勧める可能性が高い。

なお、借主が特別目的会社（SPC）であるということは、i) 余剰金（フリーキャッシュフロー）は原則すべて配当金として株主へ支払われる（内部留保ならびに内部留保による再投資は行われない）、ii) スポンサーが倒産しても特別目的会社は倒産しない（Bankruptcy Remote）などの特徴も併せ持つ。この２点も非常に重要な特徴である。

■ c. キャッシュフロー・レンディング

プロジェクトファイナンスはキャッシュフローをベースとしたファイナンスである。従って、プロジェクトファイナンスはキャッシュフロー・レンディングである。

キャッシュフロー・レンディングとは、キャッシュフローを分析の要に置く融資方法である。借主の返済能力をキャッシュフロー分析で行うものである。といっても、これは少々分かりにくいかもしれない。具体例を挙げる。キャッシュフロー・レンディングではない融資方法の例を挙げてみたい。

例えば、バブル時代の不動産融資。あれはキャッシュフロー・レンディングではない。銀行（貸主）は不動産の時価や将来の値上がりを返済原資と考えていた。しかし、現在の不動産向け融資は賃料収入の見通しを分析し返済能力を判断しているので、キャッシュフロー・レンディングである。不動産投資信託（日本版REIT／Real Estate Investment Trust）も同様の考え方に立っている。

もう一例を挙げると質屋の貸金。これは質物の換金価値を担保として融資している。借主の収入やどうやって返済するのかを詮索しない。返済がなければ質物を流し（換金し）返済に充当する。従って、キャッシュフロー・レンディングではない。

上場企業向けの融資はどうだろうか。典型的なコーポレートファイナンスである。このような典型的なコーポレートファイナンスでは、その借主の将来の業績見通し等を総合的に判断して融資を行っている。業績見通しをキャッシュフローの形に落として分析することはあるが、キャッシュフロー・レンディングの類型には入れられない。

プロジェクトファイナンスはキャッシュフロー・レンディングであるので、プロジェクトの返済能力につき詳細な分析を行う。返済能力を測る分析手法として頻繁に用いられる指標にDebt Service Coverage Ratio（DSCR）というものがある。返済に使用できるフリーキャッシュフローを約定弁済元利金で除した数値である。因みに、具体的な案件において年間当たりのDSCRがどの程度になるか（例えば1.25とか1.50とか）は、常に借主（スポンサー側）と貸主（銀行側）が口角泡を飛ばす事柄である。

■ d. コントラクチャル・ストラクチャー（Contractual Structure）

　プロジェクトファイナンスにはコントラクチャル・ストラクチャーがある。コントラクチャル・ストラクチャーとは、プロジェクトファイナンスの融資対象となる事業に「プロジェクト関連契約書群もしくはプロジェクト・ドキュメンツ」が存在していることである。具体的には事業権契約（Concession Agreement）、建設契約（EPC Contract）、原料供給契約、製品販売契約などである。コントラクチャル・ストラクチャーのないプロジェクトファイナンス案件はない。

　そして、プロジェクトファイナンス組成上の重要な作業は、まずこのコントラクチャル・ストラクチャーあるいはプロジェクト・ドキュメンツを関係者間で整えることである。発電事業案件でいえば事業権契約（Concession Agreement）と買電契約（Power Purchase Agreement）を合意することが重要である。事業権契約はホスト国政府と、買電契約は買電者と、交渉し合意しなければならない。コントラクチャル・ストラクチャーあるいはプロジェクト・ドキュメンツの内容次第で、プロジェクトファイナンスの融資条件の概要も自ずと規定されてくる。そして、借主と貸主との間のリスクの分担も見えてくる。従って、プロジェクトファイナンスでの資金調達を前提としている場合、プロジェクト・ドキュメンツの交渉段階からプロジェクトファイナンスの融資組成を意識し準備しておく必要がある。コントラクチャル・ストラクチャーあるいはプロジェクト・ドキュメンツの内容が定まってくると事業内容の外枠が定まる訳で、そうなるとキャッシュフロー・モデルの骨組みが出来上がる。これらにファイナンス条件を加えていけば、キャッシュフロー・モデルも完成する。

■ e. 対象事業が多種で案件所在国も多岐に亘る

　上記4つの特徴を見る限り、プロジェクトファイナンス以外にも該当するファイナンスがある。例えば、不動産（向け）ファイナンスである。不動産ファイナンスは、ノンリコースで特別目的会社があり、キャッシュフロー・レンディングでコントラクチャル・ストラクチャー（例えば賃貸契約書）もないではない。しかし、プロジェクトファイナンスは不動産ファイナンスとは異なる。

　まず、プロジェクトファイナンスの対象事業は多種である。資源開発、電力事業、石油化学、LNG船等々を広く対象とする。不動産ファイナンスは商業ビル、ホテル、マンション等の違いはあれ、対象は不動産に限られている（だから不動産ファイナンスというわけだが）。

　また、プロジェクトファイナンスの案件の所在国は多岐に亘る。発展途上国、資源国そして先進国にも存在する。不動産ファイナンスも各国で行われてはいるが、国ごとに不動産ファイナンスの市場は異なる。それぞれの国内法が関係契約書の準拠法となるなど国ごとの地域性が強い。A国の不動産ファイナンス専門家は通常B国の不動産ファイナンス専門家ではあり得ない。プロジェクトファイナンスはクロスボーダーであるのが普通なので、同じ担当者がA国の資源開発案件に携わり、後日B国の資源開発案件を手掛けることもある。

　不動産ファイナンスと区別する意味で、プロジェクトファイナンスは対象事業が多種で案件所在国も多岐に亘るという特徴を指摘しておきたい。

■ f. 資源開発事業、電力事業、プラント事業などに向いている

　1970年代以降現在までの40年弱のプロジェクトファイナンスの歴史を振り返ると、プロジェクトファイナンスは、資源開発案件、電力案件、石油化学・石油製油所・肥料工場・アルミ工場などのプラント案件、インフラ案件（有料道路、有料トンネル、港湾等）などに多く利用されてきた。近年は融資金額の規模でいうと電力案件と資源開発案件が1位2位を争っている。プロジェクトファイナンスはこれらの案件への資金調達手段として定着している。プロジェクトファイナンスは資源開発事業、電力事業、プラント事業などに適している点もプロジェクトファイナンスの特徴として指摘できる。

　以上、プロジェクトファイナンスの特徴を見てきたが、こうして見るとプ

ロジェクトファイナンスは事業性融資の王道ではないかと考えられる。コントラクチャル・ストラクチャーあるいはプロジェクト・ドキュメンツを整え、キャッシュフロー・モデルで事業の経済性を検証する。資金調達はその事業から生まれる収益のみを返済原資として行われる。これは事業を推進する事業主（スポンサー）にとっても融資を行う銀行にとっても、非常に知的に刺激を受ける作業である。銀行の業務にはディーラー部門あり、また投資銀行部門の中にはM&A（Merger & Acquisition）や証券化業務があるので一概には言えないが、筆者は融資関連部門の中で最も興味深い業務は海外プロジェクトファイナンス業務ではないかと思っている。

3. プロジェクトファイナンスが利用される理由

　さて、プロジェクトファイナンスの特徴は上記の通りであるが、プロジェクトファイナンスはどういう理由から利用されるのであろうか。事業主（スポンサー）の立場と貸主である銀行の立場と両者の立場から理由・動機を考えてみたい。まず、事業主（スポンサー）の立場から検討し、その後貸主である銀行の立場を検討する。

■ a. 借主（スポンサー）の理由

　事業主（スポンサー）がプロジェクトファイナンスを利用する理由は各社によって多少異なる。従って、次に列挙するのは主要な理由であって、事業主すべてにそのすべての理由が当てはまるというわけではない。ある事業主にとってはその理由のうちの一つが非常に重要かもしれず、またある事業主にとってはそのうちの二つに該当するといった具合である。

（ア）債務負担の軽減／リスクの分散

　事業主がプロジェクトファイナンスを利用しようとする最大の理由は通常実質的な債務負担の軽減あるいはリスクの分散であろう。コーポレート・ベースでの借入では借入金全額が債務であり、万が一事業が躓いたときにも借入金の返済は免れない。プロジェクトファイナンスを利用するということは銀行に事業リスクの一部を負担してもらうということ。事業主から見るとリスクを一部切り離すことである。つまり、親会社の実質的な債務負担を軽減し、リスクの分散を図ることである。この効果は事業主にとってプロジェク

トファイナンスを利用する最大の利用・動機である。プロジェクトファイナンスの特徴としてノンリコース／リミテッドリコースであることを最初に挙げたが、この点はプロジェクトファイナンスが利用される最大の理由でもあると言っていい。

なお、債務負担の軽減、リスクの分散あるいはノンリコース・ローンと「オフバランス化」は似て非なるものである。リスクの切り離しはできても、自動的にオフバランス化が図れる訳ではない。事業主（親会社）の事業会社（SPC／借主）に対する出資比率が過半を占めると連結決算の対象となり財務会計上オフバランスでなくなるのが通常である。時に「プロジェクトファイナンスはオフバランス取引である」と断じる向きがあるが、正確ではない。従って、「オフバランス化」をプロジェクトファイナンス利用の理由としては敢えて挙げない。

尤も、プロジェクトファイナンスにおいては債務負担の軽減あるいはリスクの分散を可能とし、加えて財務会計上オフバランスになることもある。事業主（親会社）の事業会社（SPC／借主）に対する出資比率が僅かな場合がこれに該当する。

因みに、リース取引はこれとは反対で、オフバランス化は達成できるが債務を免れるわけではなく、またリスクも切り離せない。つまり、財務会計上オフバランス化が可能であるが、リース料の支払は免れない。実際にはリース支払義務が存在するのに（つまりリース債務を負担しているのに）一定の条件の下オフバランス化が可能となる訳であるが、これが財務会計上許容されるというのは随分バーチャルな約束事だという気がしてならない[*9]。

（イ）多額・長期の借入

事業主がプロジェクトファイナンスを利用する理由として次に挙げられるのが、プロジェクトファイナンスであればコーポレート・ベースでの借入よりも多額の借入が可能となり且つ長期の借入が可能となる点である。

まず、多額の借入の点から説明したい。

多額の借入が可能という点はすべてのプロジェクトファイナンス案件に妥当するわけではない。妥当する典型例は資源開発案件や電力案件である。

1972年の英国BP社による北海油田（フォーティーズ油田）開発案件もこ

＊9：国際会計基準（IFRS）では、リース取引のオフバランス化は殆ど認められない。

れに該当する。この案件は現代のプロジェクトファイナンス案件の濫觴としてよく引き合いに出される。当時のBP社の財務内容ではコーポレート・ベースでの開発資金の借入は困難だった（他の案件もありすべてをコーポレート・ベースで資金調達することは困難であった）。しかし、フォーティーズ油田開発は十分な経済性が認められたので、プロジェクトファイナンスで多額の借入（3億数千万ポンド）に成功した。

1972年まで遡らなくとも、現在でも類似の案件はある。カナダ、米国、豪州は先進国であると同時に資源国でもある。これらの国には小規模な資源会社が多数存在する。例えば、金や銅の鉱山開発や石油ガスの開発に従事するものがいる。探鉱を経て相応の規模の埋蔵量を発見すると、会社の規模に比して多額の開発生産の資金が必要となる。この資金調達をプロジェクトファイナンスの方法で行うことが少なくない。

また、電力案件も相対的に多額の借入金が可能となる例として考えられる。これはホスト国政府の経済規模と比較すると明白である。ホスト国は独立発電（IPP）事業主と買電契約書を締結し発電所の建設操業をいわばアウトソースする。この方法はホスト国が自ら借入を行い発電所の建設操業に携わる場合より、より効率的にかつ自らの直接的な債務を増やすことなく、より多くの発電所を建設操業することが可能となる。買電契約書の締結により長期的な買電義務を負担しているのは事実であるが、発電所建設という明確な資金使途がありホスト国の経済成長に寄与するものと判断されてホスト国の資金調達能力を向上させる効果がある。

さらに、電力購入者が隣国の信用力ある国営電力会社となることにより、多額の資金調達を可能とした例がラオスの水力発電所案件である。具体例として、例えば2005年に融資契約書が調印されたラオスの水力発電案件ナムテン2（Num Theng 2）が挙げられる。ナムテン2の総要資額は約15億米ドル。この金額規模はラオスの1年間の国内総生産（GDP）にも匹敵する。当時のラオス政府では自ら調達できる金額規模ではない。

多額の借入が可能であるという文脈で最後に指摘しておきたいのは、プロジェクトファイナンスの借主となる事業会社のDebt to Equity Ratio（D/E Ratio）が非常に高いという点である。一般の事業会社ではD/E Ratioは比較的低く推移し、50/50に至ると借入過多と目される。しかし、プロジェクトファイナンスの借主はD/E Ratioが通常70/30程度である。IPP電力事業案件などでは80/20という例も散見される。一般の事業会社に比べると非常にレ

バレッジ*10が高いのが特徴である。

　次に長期の借入が可能な点に触れたい。
　通常一般の企業がコーポレート・ベースで銀行から借入を行う場合、その返済期間は5年からせいぜい7年程度である。社債（ボンド）では満期10年あるいはそれ以上という例がないでもない。しかし、高格付け企業の発行する社債であっても満期が10年を越えると発行可能な金額は自ずと制約を受ける。銀行借入に限って言えば、長期で多額の借入金はコーポレート・ベースでは容易ではない。
　一方、プロジェクトファイナンス案件では返済期間が10年を超える案件は珍しくない。資源開発案件では埋蔵量の制約等で10年を超える返済期間は多くはないが、発電案件や製造プラント案件では殆ど10年を超える。例えば発電案件では建設に2－3年を要し操業開始から12－15年程度で返済を行う。従ってdoor to door*11の借入期間が14－18年ということになる。

　総じて多額の借入や長期の借入が可能であるということは、いうまでもなくプロジェクトファイナンスの対象事業が経済性に優れているということである。あるいは経済性が優れているということを第三者に証明し易いといっても良い。
　一般企業は時として事業の多角化を進めるなどコア・ビジネスが単一ではなく複数に亘る。複数のコア・ビジネスそれぞれの将来を見通すのは難しい。その点単一の事業でコントラクチャル・ストラクチャーが整った事業は将来の収益が見通し易く、つまり将来のキャッシュフローを予想し易い。長期引取契約のあるLNGプロジェクトや長期利用契約のあるパイプライン・プロジェクトが信用格付機関（Standard and PoorsやMoody's）の長期信用格付でシングルAを取得する例がある。事業によってはスポンサーの長期信用格付と同等あるいはそれより高い格付を取得することもけして珍しい現象ではない。

---

*10：レバレッジとは英語のLeverage。原義は梃子のことである。ファイナンスの世界では借入比率が高いとレバレッジが高いという。借入が多いということは他人資本の利用が多いということであり、いわば他人資本を最大限活用することが梃子の原理のようであるところからこのレバレッジという言葉が借用された。
*11：Door to doorという英語表現はファイナンスの世界では「借入期間の最初の起算点から最終返済日」までのことを指す。プロジェクトファイナンスでは通常建造物（例えばプラント）の建設期間があり完工後に返済期間がある。従って、Door to doorは建設期間と返済期間の合計期間でもある。

(ウ) 事業主（スポンサー）の信用格付維持・向上

実質債務負担の軽減やリスクの分散は、結果的に事業主（スポンサー）の信用格付の維持や向上に資する。信用格付機関は事業主の信用格付の審査において、実質的に債務保証ないし債務保証同様の負担を負っているか否かを見る。例えば、LNG生産設備のプロジェクトにおいて、操業後完全にノンリコースになる仕組みであれば事業主の信用格付上プラスに寄与する。また、電力事業においても事業主へのノンリコースが明確であれば事業主の信用格付上プラスに寄与する。

これはコーポレートベースで事業主が債務を直接負担した場合と比較してリスク負担の差が歴然としている。信用格付の審査は形式的なものではないので、個別案件毎に実質において判断される。従って、ノンリコースが明確であるプロジェクトファイナンス案件では事業主自身の信用格付上の便益は大きい。これがプロジェクトファイナンスを利用する理由・動機を形成している。

(エ) 複数スポンサーによる共同事業

複数のスポンサーによる共同事業であるために、プロジェクトファイナンスを利用するということがある。特にそのうち1社が資金調達力の低い先であるため、他のスポンサーがそれぞれコーポレート・ベースで資金調達をしようと試みてもその1社がコーポレート・ベースで資金調達をすることができないといった事情がある場合が典型的な例である。その1社は資金調達力の低い先とはいえ、唯一ホスト国のスポンサーであったり、また採掘権などの重要な権益を保有しているなど重要な役割を演じていることが少なくない。特に資源関連の案件にこのような例が多く見られる。

このような場合にプロジェクトファイナンスでの資金調達は有効である。例えば、資源開発案件の場合で資金調達力の低いスポンサーが採掘権の一部を保有していたとする。各スポンサーが総要資額を権益保有比率に応じてコーポレート・ベースで資金調達しようとすると、この資金調達力の低いスポンサーは自分の権益保有相当部分の資金調達ができない。しかし、プロジェクトファイナンスの手法であれば資金調達は十分可能である。近年の資源開発案件（金、銅などの鉱山案件や石油ガス案件）には実はこういうパターンの案件が少なくない。先に企業の事業規模に比して多額の借入金が可能とい

う説明をしたが、理屈は同じである。

プロジェクトファイナンスは資源開発案件の資金調達手段として利用が始まったが、現代でもその揺籃期の使命を果たしていると言える。

(オ) 銀行による事業性再検証

あくまでプロジェクトファイナンスを利用する副次的な効果であるが、銀行に事業の経済性評価やリスク評価（両者を合わせて事業性評価といっていい）を再検証してもらえるという効果がある。プロジェクトファイナンスにおいては融資をする銀行も事業の内容やプロジェクト・ドキュメンツの内容に深く立ち入ってくる。銀行もプロジェクトのリスクの一部を負担するのでこれは当然である。この銀行によるデュー・ディリジェンス（Due Diligence）の過程は、図らずも事業性再検証の機会でもある。もっとも、この効果を主目的としてプロジェクトファイナンスを利用する人はいない。これはあくまでプロジェクトファイナンスを利用したときの副次的な効果である。プロジェクトファイナンスの組成はコーポレートファイナンスに比べて遥かに時間も費用も掛かるのは事実であるが、こういった副次的な効果に追加的なメリットを見出す事業主がいるのは事実である。

■ b. 貸主（銀行）の理由

次に銀行が何故プロジェクトファイナンスを供与したいと思うかという問題に移りたい。

横井士郎氏の「プロジェクトファイナンス」には、プロジェクトファイナンスを行っている銀行の数は世界で30行程度であるという説明がある[12]。四半世紀も前の話である。しかし、興味深いのは「世界で30行」というプロジェクトファイナンスを行う銀行数は、現在でもあまり変わらない点である。国際業務を展開していないと手掛けられないという参入障壁はある。しかし、国際業務を展開していてもプロジェクトファイナンス業務を手掛けない銀行もある。例えば、米国の銀行は現在のところ中東やアジアのプロジェクトファイナンス案件に資金を提供することが少ない。一部フィナンシャルアドバイザー業務は継続しているものの、プロジェクトファイナンスのレンダーになることが稀である。もちろん、新たに参入する銀行もある。しかし、この

---

[12]：横井士郎編『プロジェクトファイナンス』（有斐閣、1985年）p25

20年余を振り返って参入する銀行数が撤退する銀行数を上回ってきたという訳でもない。従って、プロジェクトファイナンス業務を行う銀行数が世界的に遙増しているとは言い難い。

この20年余でプロジェクトファイナンスを行う銀行数があまり増減しなかったという事実は、銀行にとってプロジェクトファイナンス業務には光と影があるということを物語っている。影の部分とは例えば融資期間が非常に長いという点であろう。影の部分を論ずるのは本書の趣旨ではないので別の機会に譲る。以下、銀行がプロジェクトファイナンスを供与したいと考える光の部分をまず考えてみたい。

（ア）収益機会の拡大

まず、収益に寄与するということが最大の理由である。銀行も収益なしには存在しえない。

プロジェクトファイナンスは銀行に様々な収益機会を提供する。まずフィナンシャル・アドバイザーとして手数料収入の機会がある。大型案件のアドバイザー収入ともなると小さくはない。手数料収入なのでバランスシートやリスク資産とは無縁である。

次にプロジェクトファイナンスの融資契約調印時に銀行はアップフロント・フィー（Upfront Fee）を受領する。アップフロント・フィーが支払われる理由は複雑なコントラクチャラル・ストラクチャーを精査・審査することに対するインセンティブや対価だと考えられる。

融資金額全額を引受（Underwrite）したリードアレンジャー（Underwriterといってもいい）は後日シンジケーションを実施する。この際シンジケーション参加行にもアップフロント・フィーを支払うが、シンジケーション参加行へのアップフロント・フィーの支払は借主から受領したアップフロント・フィー金額から一部を差し引くので（差し引いて手元に残る差額をSkimという）、これも追加的な収益源になる。

また、プロジェクトファイナンスの金利水準はコーポレート・ベースの融資の金利水準に比べると通常遙かに高い。金利水準にどのくらいの差が出るかは、スポンサーの格付水準や案件内容によって様々ではある。一例を挙げると、90年代後半米国の会社が推進したインドの大型発電所案件の借入金利のマージンは3.00％である。

さらに、多くの案件で借入金の金利変動リスクをヘッジする目的で金利ス

ワップを利用する。資源案件では生産販売する製品（例えば金、銅、石油、ガスなど）の将来の価格変動リスクをヘッジする目的でコモディティー・スワップを行うことがある。これらも銀行にとっては収益機会である。

以上のように、銀行がプロジェクトファイナンスを供与しようとする理由の最大のものは収益機会の拡大である。

（イ）顧客サービスの高度化・専門化・差別化

銀行がプロジェクトファイナンスを行う理由として次に考えられるのは、他の銀行との差別化である。冒頭言及したようにプロジェクトファイナンスを行う銀行の数は世界でもそう多くはない。従って、プロジェクトファイナンスを行っていること自体他の多くの銀行から自分の銀行を差別化できることになる。

もっとも、昨今はプロジェクトファイナンスを行っているというだけではプロジェクトファイナンス市場の中で十分に差別化が図れない。顧客が求めるものもただプロジェクトファイナンスでの借入ができればいいというものではない。顧客は当該事業の成功を企図する中で資金調達手段としてプロジェクトファイナンスを選択しつつ銀行からはより高度の専門的なサービスを期待している。例えば、プロジェクト・ドキュメンツの交渉段階から銀行のサポートを求めることがある。商業銀行、輸出信用機関（ECA[13]）、国際金融機関（MLA[14]）といった複数の金融機関の取りまとめを求めることがある。これらはいわゆるフィナンシャル・アドバイザーの仕事である。こういう顧客の期待に応えられることができて初めてプロジェクトファイナンス市場での差別化が図れる。

（ウ）ブランドイメージ向上

プロジェクトファイナンス業務を行っている銀行は銀行のブランドイメージ向上に幾分か寄与しているようである。邦銀では新卒採用に多少有利に働いているかもしれない。もっとも、これは二次的副次的な理由であって、ブランドイメージが向上するからプロジェクトファイナンスを手掛けるという

---

[13]：ECAはExport Credit Agencyの略称で、各国政府によって設立された輸出金融機関を指す。日本では国際協力銀行（JBIC）と日本貿易保険（NEXI）がこれに該当する。
[14]：MLAはMulti-Lateral Agencyの略称で、複数の国々の出資で設立された国際金融機関を指す。フィリピン・マニラに本部を置くアジア開発銀行（ADB）やワシントンDCに本部を置く国際金融公社（IFC）などが代表的なMLAである。

ことにはならない。

4. 仕事としての魅力

　本章の最後に、海外プロジェクトファイナンスの仕事の魅力について触れておきたい。「仕事は生活の糧を得る手段である」という考え方は旧聞に属する。仕事をこのように捉えると、その分仕事から得られる充実感は少ないと思う。それでは充実感が得られる仕事とはどういうものか。その答えは、答える人の数だけあっていい。

　海外プロジェクトファイナンスの仕事は学生や若い金融マンに相応の人気がある。恥ずかしながら筆者は学生時代はおろか銀行員になってからもプロジェクトファイナンスのことを全く知らなかった。邦銀での2回目の転勤で国内支店から本店にあるプロジェクトファイナンス部に着任した。1990年1月29歳のときである。これが筆者の海外プロジェクトファイナンスとの出会いである。念願の国際業務に就けるということだけで少なからず「恍惚と不安」を感じていたのを今でも鮮明に覚えている。当時筆者が転勤直前に勤務していた国内支店は、60名以上の行員が在籍し支店長1名副支店長2名を擁する都心の中型店舗であった。しかし、支店内にプロジェクトファイナンスのことを知る先輩は一人も居なかった。その後90年代を米国に7年間駐在し2000年に帰国。現在に至るまで幸いプロジェクトファイナンスの仕事を続けることができている。筆者はこの仕事が非常に面白いと思っている。

　海外プロジェクトファイナンスの仕事の魅力とは一体なんだろうか。人を惹きつける要因を以下簡単に整理してみたい。

■ a. 海外業務、国際業務である

　まず、海外業務、国際業務であるということは間違いなく仕事の特徴であり、魅力の核を為していると思う。海外に関連する仕事、国際的な仕事には無条件に惹かれるところがある。

　世界中の顧客と接する機会がある。海外出張をする機会がある。海外に駐在する機会がある。英語力を使う仕事である。海に囲まれた日本から海外に出るということは、異文化と接するということであり外国語（主に英語）を用いるということである。銀行入行後の新入行員研修会で国際業務部門を希望する者が3分の2以上を占めていたことを覚えている。

先年亡くなった経営学の祖ピーター・F・ドラッカーは、日本の若い世代に海外で少なくとも2－3年仕事をすることを勧めている。「私が接してきた日本人の中には、視野が狭く世界について十分な知識が備わっていないと感じられる人が多数存在した。海外経験の少なさがその原因。」と指摘する[*15]。

　スポーツの世界でも同様であるが、世界には大変有能で魅力的な人物が沢山いる。日本で頑張るのもいいが、世界はもっと広い。日本の慣行や常識は世界の慣行や常識と同じではない。どちらが優れているかではなく、その多様性を知る必要がある。筆者の知り合いで現在アジア開発銀行（フィリピン・マニラ）に勤務する方は「海外に居ると元気が出る」という。日本を窮屈にさえ思う日本人が居る。

　世界を舞台にいくばくか仕事が担えるとしたら、心地よい緊張感が味わえるのは間違いない。海外業務・国際業務の魅力を一言で言えば、こういう心地よい緊張感であり、日本にはない開放感であり、世界の多くの魅力的な人物に出会える興奮である。

■ b. ファイナンス技法が詰っている

　また、海外プロジェクトファイナンスの仕事は、当然金融の仕事でありファイナンスの仕事である。金融・ファイナンスの仕事に従事していても海外業務・国際業務を嫌う人は少なくない。専ら英語が理由であることが多い。国内業務にも大企業担当の仕事もあれば、不動産ファイナンス業務、国内PFI（Private Finance Initiative）業務、証券化やM&Aの業務もある。海外プロジェクトファイナンスの業務と他の法人関連のファイナンス業務とを比較して言えることは、プロジェクトファイナンス業務で日常行っているストラクチャリング、キャッシュフロー・モデル、ドキュメンテーション等々の作業は、いかなるファイナンス業務でも重要な作業であるということである。プロジェクトファイナンスにおける借主の事業性を見極める能力、リスク分析の技法は、いかなるファイナンス業務にも必要なものである。

　ファイナンス業務は欧米を中心に発展してきた。従って、我々日本人から見ると国際業務とファイナンス業務は関連性がある。国際業務をやるならファイナンス、ファイナンスをやるなら国際業務という見方もできる。

＊15：ピーター・F・ドラッカー（窪田恭子訳）『ドラッカーの遺言』講談社、2005年　p178

我田引水かもしれないが、プロジェクトファイナンスで得た分析手法やノウハウは他のファイナンス分野でも大いに役に立つ。ファイナンス技法を諸種身につけるにはプロジェクトファイナンスの業務が適しているとも思われる。この点はプロジェクトファイナンスという仕事が持つ大きな魅力であり、プロジェクトファイナンスはファイナンス技法の詰った業務であるといっても過言ではない。

■ c. 案件毎に創意工夫を要する

　どんな仕事でも創意工夫を要するのは言うまでもない。創意工夫が付加価値を生む。プロジェクトファイナンスの案件では厳密に全く同じ案件というのはまず存在しない。案件毎に異なるのが普通である。所在国が異なるだけでも案件の詳細が変わってくる。前案件をそのまま踏襲ということはめったにない。従って、創意工夫は必須である。スポンサーも知恵を絞るが、レンダーも知恵を絞る。新しいタイプの案件、新しい国での案件は知的好奇心を掻き立てる。

　長くプロジェクトファイナンスの仕事を続けていても飽くことがないのは、案件毎に新しい刺激を受けるためであろう。案件を育て案件に育てられる。これはプロジェクトファイナンスの仕事の魅力の一つだと思う。

　因みに、脳科学者茂木健一郎氏は創造性とは「体験と意欲」で決まるという[*16]。体験とは知恵、知識、経験を包含する。我々凡人も、経験を重ね意欲を持ち続ければ、多少の創造性を発揮できるかもしれないと勇気付けられる仮説である。

[*16]：茂木健一郎「ひらめき脳」（新潮新書、2006年）、p117

第2章 プロジェクトファイナンス市場のプレーヤー

海外プロジェクトファイナンスの市場で活動するプレーヤーの横顔を紹介したい。プロジェクトファイナンスの市場では、まずプロジェクトファイナンスの融資を供与する金融機関がある（レンダーと称する）。そして、プロジェクトファイナンスを利用する企業群がある（スポンサーと称する）。この両者が主役である。加えて、この両者を支える有能な専門家集団がある。1つは弁護士（リーガル・カウンセル）。そして、もう1つは埋蔵量や製品の市場動向、技術問題などを調査報告するコンサルタント。このようなプロジェクトファイナンス市場のプレーヤーを仔細に見ることによって、このマーケットの一断面を活写できればと思う。従って、本章ではプロジェクトファイナンス市場で活動するプレーヤーを次の4種類に分類して、それぞれの仕事内容を概観したい。

(1) 金融機関
(2) スポンサー
(3) リーガル・カウンセル
(4) コンサルタント

1. 金融機関

プロジェクトファイナンス市場における金融機関の役割から見ていきたい。プロジェクトファイナンス市場での金融機関の役割は、もちろん融資を行う、資金を供与するということが最も原始的で重要な役割ではある。しかし、それ以外にも重要な役割を担っている。整理するとおおよそ次の通りである。

a. プロジェクトファイナンスのフィナンシャル・アドバイザー
b. プロジェクトファイナンスのリードアレンジャー・アンダーライター
c. プロジェクトファイナンスの融資の供与（レンディング）
d. プロジェクトファイナンスでの保証・保険

上記a、b、cの3つは主に民間銀行が行う。dの保証・保険は主に各国の政府系輸出信用機関（Export Credit Agency / ECA）や国際金融機関

（Multi-Lateral Agency／MLA）が行う。

■ a. プロジェクトファイナンスのフィナンシャル・アドバイザー

　フィナンシャル・アドバイザーの業務とは、経験豊富な金融機関がスポンサーに雇用されスポンサーのために案件組成をサポート・アドバイスするものである。プロジェクト・ドキュメンツのアドバイス、ファイナンス・ストラクチャリング、キャッシュフローモデル作成、資金調達計画作成、融資契約書のタームシート作成、銀行団との交渉等々をスポンサーの右腕として担い、スポンサーにとって最適なプロジェクトファイナンスの資金調達を実現するものである。昨今大型で複雑な案件についてはフィナンシャル・アドバイザーの雇用が増えている。また、スポンサー側（借主側）に立つ企業がプロジェクトファイナンスに不慣れである場合や社内の人員に制約がある場合などにもフィナンシャル・アドバイザーの雇用は有効である。

　フィナンシャル・アドバイザーはスポンサーから支払われる手数料（雇用料）を対価として業務を遂行する。日本人・日本企業は概して眼に見えないサービス（アドバイス）に対して手数料を支払うという感覚が必ずしも強くはない。しかし、借入金の金額規模が多額に及ぶ案件において、経験豊富な金融機関をフィナンシャル・アドバイザーとして雇用する効果・便益は計り知れない。案件の融資関連費用を削減するだけに止まらず、案件組成までの時間を節約する、ノウハウを習得するなどの効果もある。大手商社のようにプロジェクトファイナンス業務を担う専門部署を有するなど業務に精通した企業はフィナンシャル・アドバイザーの利用は限定的かもしれない。しかし、他の産業の企業においてはフィナンシャル・アドバイザーの雇用は多大な便益を享受できる筈である。

　なお、フィナンシャル・アドバイザーはスポンサーのために業務を遂行するので、後日レンダーにはならないのが原則である。スポンサー（借主）側に立つフィナンシャル・アドバイザーの立場と貸主であるレンダーの立場は明らかに「利益相反」の関係にある。これは銀行をフィナンシャル・アドバイザーとして雇用する際に注意をしなければならない点である。しかしながら、フィナンシャル・アドバイザーは早期の段階から案件に関与するので案件の理解度合いにおいて他の銀行の比ではない。フィナンシャル・アドバイザーであった銀行が後日レンダーとしてリスクを取り融資を供与することは、他の銀行が融資検討する際のプラス材料である。「自分の作った料理を

食べない」ということでは他の銀行に不審に思われかねない。また、スポンサーも案件に精通したフィナンシャル・アドバイザーを銀行団に加えることは、調印後のローン・アグリーメントの変更（アメンドメントやウエーバー[*1]）の際などに都合の良いことも多い。このような理由から利益相反関係にありながらも、フィナンシャル・アドバイザーをレンダーに迎えることを許容する例は少なくない。フィナンシャル・アドバイザーをレンダーに迎えることを許容するかしないかは専らスポンサー（借主）の一存である。その功罪を理解し比較考量してスポンサーが決めればよい。

　もっとも、フィナンシャル・アドバイザーをレンダーにすることを認める場合には、少なくともアップフロント・フィーや借入金利のマージン（両者を「プライシング」とも総称する）の水準決定については、他の複数の銀行からプロポーザルを求めるなど競争入札を実施しスポンサー（借主）にとって最良の融資条件を市場から求める努力をスポンサー自身が怠ってはならない。良心的なフィナンシャル・アドバイザーは自身がレンダーに参加する前提として、このような競争入札の実施をスポンサーに助言する。このような競争入札を実施すれば、フィナンシャル・アドバイザーとレンダーとの立場の間に存在する利益相反関係を最小限にとどめることが可能である。

　次にフィナンシャル・アドバイザーをどのようにして選ぶかという問題にも触れておきたい。スポンサーがフィナンシャル・アドバイザーを雇用したいと思ったら、経験豊富だと思われる銀行数行にまずプロポーザル（フィナンシャル・アドバイザー・プロポーザル）の提出を求める。プロポーザル提出依頼の際には、案件概要や案件のスケジュールを示し、さらにスポンサーとしてフィナンシャル・アドバイザーにどのような業務を期待しているのか出来るだけ業務内容（Scope of work）の希望を説明できるといい。そして、実際のプロポーザルの中には類似案件の実績、案件所在国の実績、担当者の経験・略歴、フィナンシャル・アドバイザーの業務内容の確認、報酬内容の記載を求める。正式に依頼してから2－3週間でプロポーザルは入手できる。そして、プロポーザルを受領したら内容を吟味し面談を実施するのがよい。面談の際にはプロポーザル内容につき双方の理解を再確認する。また面談の際には担当予定者の人柄などを確認するいい機会である。フィナンシャ

[*1]：アメンドメントはAmendmentのことで、融資契約書の規定の一部変更である。ウエーバーはWaiverのことで、融資契約書の規定の一部を適用除外とすることである。いずれもレンダーの承認事項である。

ル・アドバイザーとの付き合いは1年余に及ぶこともあるので、相性も非常に大事である。こういう人と一緒に仕事がしたいという感覚は大切にしたい。フィナンシャル・アドバイザーとの付き合いは組織対組織というよりも、個人対個人の色彩が強くなる。信頼の出来る人、一緒に仕事をしたいと思う人は所属する組織の名前で決まるものではないからである。

最後にフィナンシャル・アドバイザーの報酬についても少々触れておく。通常フィナンシャル・アドバイザーの報酬は定期的（月極めが多い）に支払うリテーナー・フィー（Retainer Fee）と成功報酬（Success Fee）の2種類から成ることが多い。前者は定期的に支払う必要がある。フィナンシャル・アドバイザーの機会費用の対価と考えられている。後者はその名称が示す通り融資契約書の調印が成立したら支払う報酬である。生憎案件自体がなにかの事情で消失してしまった場合などは融資契約書の調印まで辿り着かない訳であるから、成功報酬を支払う必要がない。リテーナー・フィーと成功報酬との配分・バランスをどうするかは案件の成約可能性や案件の難易度に拠る。スポンサーは当初の出費を抑えたいという希望が強いため、リテーナー・フィーよりも成功報酬への配分を高める傾向がある。しかし、案件成約の可能性の低い案件、難易度の高い案件はリテーナー・フィーが低く成功報酬が高いという報酬体系ではフィナンシャル・アドバイザーが業務を引き受けないこともある。成功報酬の存在はフィナンシャル・アドバイザーの業務完遂意欲（早期に完遂する意欲／インセンティブ）を高める効果があるが、ある程度案件成約の蓋然性があることが前提である。リテーナー・フィーと成功報酬との配分・バランスの妙はこれら諸事情を勘案して決められる。個別事情が非常に左右する部分である[*2]。

■ b. プロジェクトファイナンスのリードアレンジャー・アンダーライター

次にリードアレンジャー・アンダーライターの業務に移る。リードアレンジャー・アンダーライターの業務とは、いわば銀行団（レンダー）の取り纏め役である。融資金額が大きくなれば融資をする銀行数も増える。銀行数が10行20行に及ぶ案件も少なくない。借主側としては10行20行の銀行と同時に融資契約書等の交渉を行うのは効率的ではないし現実的でもない。従って、リードアレンジャー／アンダーライターを選出してこれらを相手に交渉す

[*2]：フィナシャルアドバイザーについては第7章第3節ご参照。

る。リードアレンジャーはその名の通り銀行団（レンダー）の取り纏め役であるが、アンダーライターは融資を引き受ける銀行のことを指す。「融資を引き受ける（Underwrite the loan）」とはレンダーとして融資契約書に調印し融資を約束するということと同義である。

　10行20行の銀行団から融資をしてもらう場合でも、当初融資契約書に調印する銀行数は例えば4－5行に限られることも少なくない。こういう銀行をアンダーライター（Underwriter／引受銀行）という。アンダーライターは一旦融資契約書上の融資金額全額について借主との間で融資を約する。どうしてアンダーライターという役割が存在するかというと、借主にとっては少数の銀行と融資契約書を調印する方が早期に成約出来るメリットがあるからである。多数の銀行との融資契約書調印では時間がかかる。一方でアンダーライターは、一旦融資全額を引き受けた後シンジケーションを行い多数の銀行の融資参加を別途募るが、このときアップフロント・フィー（Upfront Fee）の一部を鞘抜き（Skim）し収益を向上させることが出来る。つまり、アンダーライターにとっては収益機会となる。こうして両者のニーズが噛み合ったところにアンダーライティング（引き受け）という業務が成立している。この業務はプロジェクトファイナンス特有の業務ではない。あらゆるファイナンス案件に存在するシンジケーション業務の一部である。なお、日本国内でもシンジケーション業務は1999年頃から本格化してきた[*3]。

　通常リードアレンジャーは同時にアンダーライターにもなる。リードアレンジャーもアンダーライターも融資金額が大きくなれば銀行数は増加する。融資金額が小さければそれぞれ1行や2行であることもある。またリードアレンジャーは2行であるがアンダーライターは4行であるというように、リードアレンジャーの銀行数よりアンダーライターの銀行数が増える例もある。これはリードアレンジャーの役割とアンダーライターの役割が違うので不思議なことではない。リードアレンジャーの役割は借主との交渉役なので、交渉が決着し融資契約書調印の際には銀行数を増やしアンダーライター団を組成するということがある。

[*3]：日本でのシンジケーション市場は1999年頃から急拡大し、2000年に約11兆円規模になり、2005年には26兆円規模になった。欧米に遅れること15年から20年程度である。

■ c. プロジェクトファイナンスの融資の供与（レンディング）

さて、次にレンディングであるが、レンディングとは文字通り融資を行う、資金を供与するということである。つまり、これを行うのがレンダーである。上記で敢えてフィナンシャル・アドバイザーやリードアレンジャー／アンダーライターの役割から説明を始めたのは、プロジェクトファイナンスは融資契約書を調印するまでの間の過程に長いプロセスがあるということを理解して頂くためである。さらに、プロジェクトファイナンス業務の醍醐味はただ融資を行うレンダーになることではなく、フィナンシャル・アドバイザーやリードアレンジャー／アンダーライターの業務の中に在るからである。醍醐味というだけではなく、プロジェクトファイナンスの専門性は単にレンダーになるということよりもフィナンシャル・アドバイザーやリードアレンジャー／アンダーライターの業務の中で発揮されるものなのである。

例えば、邦銀がプロジェクトファイナンス市場に進出した頃つまり1980年代では、邦銀は海外のプロジェクトファイナンス案件のレンダー（a participant／参加行）になることが目標であった。リードアレンジャー等を務める欧米の有力銀行にプロジェクトファイナンス案件への招聘を依頼して回った。そして、めでたく招聘を受けると勇んで行内稟議書を書く。稟議書には「某欧米有力銀行がリードアレンジャーとして組成し当行が招聘を受けたもの」と記載したものである。某欧米有力銀行がリードアレンジャーであるということが案件のステータスを決める要素の一つとなっていた。当時の邦銀の部長や次長といった上席の人も「どこの銀行がアレンジしているのか」と確かめることが多かった。

90年代になって日系企業の推進する案件にリードアレンジャーを行う邦銀が出てきた[*4]。そして、2000年以降は邦銀がフィナンシャル・アドバイザー業務も手掛けるようになってきた[*5]。但し、邦銀のリードアレンジャー業務やフィナンシャル・アドバイザー業務は日系企業の案件に限られるなど守備範囲が狭い嫌いがある。この点ではまだ欧米金融機関との間に大きな格差が残っている。欧米金融機関は欧米の顧客、発展途上国の顧客、日本の顧客な

---

*4：80年代後半に日本の鉄鋼会社が関わった石炭開発案件で邦銀がリードアレンジャーの役割をした例がある。しかし、邦銀のリードアレンジャー業務が活発化したのは90年代以降のアジア案件からだと思われる。
*5：90年代前半にも邦銀がフィナンシャル・アドバイザーの肩書きを得た例がないでもない。1996年には某邦銀がシンガポールにフィナンシャル・アドバイザーのチームを立ち上げたが、まもなくアジア金融危機に直面するなど実を結ばなかった。邦銀のフィナンシャル・アドバイザー業務本格進出はやはり2000年以降とみていい。

ど手広く相手にしている。これに対し邦銀は日本の顧客中心である[*6]。邦銀のフィナンシャル・アドバイザー業務が活発になってきたと報じられても、顧客層の厚さの違いは如何ともし難い。顧客層の厚さの違いは経験・ノウハウの違いとなって如実に現れる。フィナンシャル・アドバイザーは顧客を育て顧客に育てられる部分が少なくないからである。

　ここで明らかなことは、広くフィナンシャル・アドバイザーやリードアレンジャー／アンダーライターの業務を担えるということがプロジェクトファイナンス業務の専門性の高さを示しているということである。

■ d. プロジェクトファイナンスでの保証・保険

　最後に保証・保険についてであるが、ここでは主に公的金融機関が提供する保証・保険のプログラムについて説明する。

　一般に保険というと火災保険や損害保険を真っ先に思い浮かべるかもしれない。製造プラント等建造物には当然火災保険や損害保険を付保するのでプロジェクトファイナンスの世界でもこの種の保険と無縁ではない。しかし、ここで採り上げる保証・保険はプロジェクトファイナンスにおける資金供与の信用補完者としての公的金融機関の役割である。

　まず、保証・保険を供与する主体であるが、各国の輸出信用機関（Export Credit Agency/ECA）と国際金融機関（Multi-Lateral Agency/MLA）が代表的である。このほか各国独自に発展途上国の経済支援を目的に開発銀行（Development Bank）を別途設立している場合もある（例えばフランスのProparco）。因みに日本の場合は国際協力銀行（JBIC）と日本貿易保険（NEXI）が輸出信用機関（ECA）である[*7]。

　これらの公的金融機関はプロジェクトファイナンスの市場で自ら資金を供与することもあるが、多くはコマーシャル・リスクやポリティカル・リスクにつき保証・保険を供与して民間銀行の信用補完を行っている。公的金融機関によるプロジェクトファイナンスの資金供与（公的金融機関がレンダーになる）については、通常金額的には必ずしも大きくはない。例えば、アジア

[*6]：日本の顧客層を第一に考える日本企業は少なくない。邦銀だけが陥っている弊ではない。他業界の例になるが、日本の電機メーカーは携帯電話の製造につき日本国内の市場を最優先している。その結果世界での携帯電話製造シェアは非常に小さい。世界的なシェアを握るのはノキア、モトローラ、サムソンなどである。世界の市場を常に念頭に置かなければ、日本一にはなれても世界一にはなれない。
[*7]：国際協力銀行（JBIC）は2008年10月「株式会社日本政策金融公庫」の国際部門として再編された。さらに、2011年4月国際協力銀行法が国会で成立し、同行は2012年4月を以て日本政策金融公庫から分離・独立することとなった。

開発銀行（ADB）では融資金額につき民間主導案件1件当り75百万米ドルもしくは総プロジェクトコストの25％という上限を設けている。公的金融機関によるプロジェクトファイナンス案件への融資の参加は、参加金額の多寡よりも参加自体に意義があるとされる。ホスト国政府との交渉を円滑にする効果や公的金融機関の融資への参加が民間金融機関の参加を誘発する効果が期待されている。これらの効果は現在でも有用である。また、最貧国でのプロジェクトファイナンスでは民間金融機関だけの融資では必要な融資金額全額が集まらないなど資金供給量（Liquidity）自体が不足するケースもある。このようなケースでは複数の公的金融機関からの融資を募るなど資金量（Liquidity）自体を補完することもある。

　以上、公的金融機関による資金供与の概要であるが、上記の通り公的金融機関の持つ信用補完的な役割からすると、保証・保険という方法は適切な金融手法である。そこで、公的金融機関による保証・保険の内容であるが、これにはプロジェクトファイナンス案件の持つポリティカル・リスクだけをカバーするものから、ポリティカル・リスクならびにコマーシャル・リスクまでカバーするものまである。保証・保険のカバーするリスクの範囲はさまざまである。また、保証・保険のカバー率も50％や70％もあれば95％、97.5％、100％というものもある。日本では日本貿易保険（NEXI）が独立行政法人として海外の保険業務を行っている。この業務は昔旧通産省が行っていたものであるが、2001年4月独立行政法人を設立して業務を分離独立した。日本貿易保険（NEXI）はプロジェクトファイナンス案件についてもコマーシャル・リスクならびにポリティカル・リスクにつき保険を供与している。しかし、これまでのところプロジェクトファイナンス案件に対するコマーシャル・リスクの保険の事例はあまり多くはない。

　保証・保険という手法は、実際には資金を供与する必要がなく保証・保険供与者の信用力を活用して業務を行う点に特徴がある。公的金融機関が限られた資金源で業務を効率的に行うには適切な金融手法だと考えられる。実際米国の輸出入銀行（米輸銀／USEXIM）では、自国の輸出振興のための伝統的な輸出金融につき保証を多用している。米輸銀の保証を得て民間金融機関が資金を付ける。現在では米輸銀の保証を化体したCertificateが米国市場で売買されている。世界銀行（IBRD）、国際金融公庫（IFC）、多国間投資保証機関（MIGA）、アジア開発銀行（ADB）なども保証・保険のプログラムを活用することが多い。いずれも限られた資金源を最大限に効率的に活用

しようとするものである。公的金融機関の主要な役割が民間金融機関の信用補完機能だとすると、保証・保険という金融手法がその役割に最も適した手法だといえる。

なお、ポリティカル・リスクをカバーする保険については、一部の民間保険会社も提供している。日本の民間保険会社ではポリティカル・リスク保険を取り扱うところはまだ見当たらない。海外の民間保険会社にはポリティカル・リスク保険を扱う専門の保険会社がある。公的金融機関の保険料に比べると民間保険会社の保険料はやや高くなるが、i）審査時間が短い、ii）公的金融機関の保険金額では不十分な場合に限界的に補える、iii）付保内容を保険会社と相談してテイラーメードで決められる（カレンシーリスク保険[*8]を付保しないなど）、など民間保険会社の利点もある。

以上、プロジェクトファイナンスにおける金融機関の役割に着目してみてきた。a. フィナンシャル・アドバイザーと b. リードアレンジャー・アンダーライターの役割は主に民間金融機関が担う。民間金融機関と公的金融機関はいずれも c. 融資の供与（レンディング）を行うが、公的金融機関の補完的機能を発揮するのは d. 保証・保険の業務である。

さて、プロジェクトファイナンス市場で現在積極的に業務展開している民間金融機関（銀行）を例示しておこう。例えば次のような民間金融機関である。

■ 表2-1　プロジェクトファイナンス市場の民間金融機関

欧州	米国
Barclays Capital	Bank of America
Bayerische Landesbank	Citi Bank
BBVA	JP Morgan Chase
BNP Paribas	
Credit Agricole	日本
Deutsche Bank	みずほコーポレート銀行（Mizuho）
Dexia	東京三菱UFJ銀行（MUFJ）
HSBC	三井住友銀行（SMBC）

[*8]：ポリティカル・リスクは通常3種類のポリティカル・リスクに分類される。1）国有化、接収、2）戦争、暴動、内乱、3）送金や外貨交換の制限・禁止である。このうち3つ目のポリティカル・リスクをカレンシーリスクともいう。プロジェクトの生産物をすべて輸出し収入はすべて外貨で得て且つその外貨収入を海外（オフショア）の銀行口座で保有すれば、カレンシーリスクは自力で回避できる。従って、カレンシーリスクの保険が不要となる。公的金融機関の保険プログラムの中にはポリティカル・リスク保険の内容をテイラーメイドで作成できないものが少なくない。

ING Intesa KBC Lloyds Natixis Rabobank RBS Societe Generale Standard Chartered UniCredit Group West LB	**豪州** Australia and New Zealand Banking Group Commonwealth Bank of Australia National Australia Bank Westpac Banking **その他** Santander

Project Finance International誌などを参考に筆者作成。アルファベット順。

また、プロジェクトファイナンス業務を行っている公的金融機関とは具体的には輸出信用機関（ECA）・国際金融機関（MLA）である。具体的に例示すると次の通りである。

■ **表2-2　プロジェクトファイナンスを行う公的金融機関**

輸出信用機関（ECA）	国際金融機関（MLA）
国際協力銀行(JBIC)／日本貿易保険(NEXI)（日本） US Exim（米国） ECGD（英国） Coface（フランス） KfW／Hermes（ドイツ） SACE（イタリア） Export Development Canada（カナダ） EFIC（豪州） KEIC／Kexim（韓国） China Exim／Sinosure（中国）	国際金融公社（IFC） アジア開発銀行（ADB） 多国間投資保証機関（MIGA） 欧州復興開発銀行（EBRD）

筆者作成。順不同。

2. スポンサー

次に、プロジェクトファイナンス案件を推進するスポンサーを見てゆく。スポンサーとはプロジェクトの出資者であり事業推進者である。プロジェクトファイナンスの借主となるのはスポンサーが設立した特別目的会社（SPC）である。従って、スポンサーはプロジェクトファイナンスの借主の

親会社である。

　スポンサーは１案件に通常２社以上存在することが多い。2004年に融資契約書を調印したBTCパイプライン案件[*9]では８カ国から11社が出資した。これはスポンサー数がかなり多い例である。通常２社から４社の間が大半である。スポンサーの数が増えるとスポンサー間の意思統一が困難になる。意思統一の困難はプロジェクト推進の遅延要因である。

　スポンサーはプロジェクト事業になんらかの利害・興味を持ち、事業推進の強いインセンティブを持っている。単に出資するだけの投資家（Investor）では不十分である。案件の事業に精通していなければならない。当該事業に全く経験のない者ばかりがスポンサーとなっても案件を推進することはできない。スポンサーは出資を行う資金提供者であると同時に、当該事業推進に欠かせない事業経験やノウハウを持っている業界のエクスパートである。例えば、資源開発案件であれば採掘権の権益を保有し同種の資源開発事業を永年手掛けてきた者が通常スポンサーとなる。電力案件であれば、電力事業に経験のある電力会社等がスポンサーとなる（日本の場合、商社も電力事業経験豊富である）。LNG生産プロジェクトであれば、天然ガス田の権益保有者で石油ガスの上流開発事業に精通した会社とLNGの購入者が協働でスポンサーになる例が多い。

　また、スポンサーの出身国はさまざまである。プロジェクト所在国の企業や政府機関がスポンサーの１社に参画する例は珍しくない。地元スポンサーはホスト国政府との関係維持に欠かせない役割を担う。日本企業が関与するプロジェクトファイナンス案件では欧米のスポンサーと協働する例が多い。政治的・歴史的背景などからホスト国と関係の深い欧米スポンサーと協働するというのはリスク管理上の観点からも一つの戦略である。例えば、三井物産がインドネシアで90年代パイトン発電所案件において米国カリフォルニア州の有力電力会社ミッション・エナジー社をパートナーに選んだのは、リスク管理上の観点もあった筈である。

　プロジェクトファイナンス案件のスポンサーになる企業は、日本では永く商社が多かった。日本のプロジェクトファイナンス市場は商社と銀行で担ってきたと言っても過言ではない。現在では殆どの大手商社で財務部門の中に

[*9]：カスピ海の油田の原油搬送ルートとしてアゼルバイジャンのバクー（Baku）からグルジア・トビリシ（Tbilisi）、トルコ・ジェイハン（Ceyhan）市を結ぶ総延長1,760kmの原油パイプライン・プロジェクトである。BTCは３都市の頭文字を取った。プロジェクトの総コストは約36億米ドル。

プロジェクトファイナンスを取り扱う部署（「ストラクチャードファイナンス室／部」や「プロジェクト金融室／部」といった部署名が多い）を設けている。商社以外の日本企業で最近プロジェクトファイナンスに関わるようになってきたのは電力会社である。海外の発電事業（IPP事業）を活発に行うようになった[*10]ので、資金調達手段としてプロジェクトファイナンスの利用が欠かせなくなった。2007年東京電力と丸紅が米国ミラント社所有のフィリピンの石炭火力発電所（合計3基）を買収した。当時メディアで買収総額約4000億円と報じられている。当時の時点で日本企業による海外電力資産最大の買収案件である。この買収資金の一部にもプロジェクトファイナンスが活用されている。

　また、商社・電力以外の産業分野でも海外事業の資金調達にプロジェクトファイナンスを利用する例が徐々に増えてきた。以下に数例を挙げる。

- 住友化学は2006年3月サウジアラビアのアラムコ社と共にサウジアラビアでの石油製油所・石油化学プロジェクト（ラービク計画）の融資契約書を調印した。総プロジェクトコスト1兆円超と言われる大型案件である。
- 三菱ガス化学はサウジアラビア、ベネズエラでメタノールプロジェクトを運営しているが、資金調達にプロジェクトファイナンスを利用している。2007年にはベネズエラでのメタノールプロジェクト増設資金にプロジェクトファイナンスが利用された。同年にブルネイでの新規メタノールプロジェクトの融資契約も調印した。これもプロジェクトファイナンスである。
- 三井海洋開発（モデック）は浮体式海洋石油・ガス生産貯蔵積出設備（FPSO[*11]）で世界的な企業であるが、FPSOの資金調達にプロジェクトファイナンスを利用している。2003年に融資契約書を調印したベトナム沖のFPSO案件が当社第1号のプロジェクトファイナンス案件である。
- また、邦船3社と総称される日本郵船、商船三井、川崎汽船はLNG船

---

*10：IPPとはIndependent Power Producer（独立電力事業者）のこと。日本の電力会社による海外IPP事業参画第1号は1998年関西電力によるフィリピンのサンロケ水力発電所プロジェクトである。
*11：FPSOとはFloating, Production, Storage and Offloadingの頭文字を取った。石油タンカーを改造して建造することが多い。見かけは石油タンカーであるが、海上に浮体して石油やガスの生産を行っている。海底での石油採掘方法として経済性が高いので昨今急増している。通常自力での推進力を持たない。台風等暴風時には他の船舶に曳航されて避難する。

の資金調達で頻繁にプロジェクトファイナンスを活用している。
商社と電力会社以外の日本の企業にも海外の大型案件についてプロジェクトファイナンスの利用が広がってきていると言える。

さて、外国の企業ではどのような企業がプロジェクトファイナンスのスポンサーとなっているのであろうか。

まず、IPP事業を展開する電力事業会社はプロジェクトファイナンスの反復利用者である。2000年以降米国勢が相次ぎアジアIPP市場から撤退するなどスポンサーの顔ぶれには大きな変化が見られる。2004年に米国ミッション・エナジー社の海外発電所群の資産を三井物産と共に買収したInternational Power（英）、アジアでも事業を展開しているAES（米）などは世界的にIPP事業を展開する代表なプレーヤーである。フランスのEDFもベトナムやラオスでIPP事業を展開している。これらの企業のIPP事業担当者はプロジェクトファイナンス業務に精通している。

海外の鉱山会社や石油会社つまり資源関連会社もプロジェクトファイナンスを頻繁に活用している。カタールLNGプロジェクトやベネズエラの重質油精製プロジェクトにおける米コノコフィリップス、同じくカタールLNGやPNG LNGプロジェクトにおける米エクソンモービル、中国南海石油化学プロジェクトやサハリン２LNGプロジェクトにおけるロイヤル・ダッチ・シェル、インドネシア・グラスバーグ銅鉱山開発における米フリーポート・マクモラン社などがその例である。海外の資源関連会社は大手のみならず小体の企業でもプロジェクトファイナンスの手法で企業規模に比して大きな金額の資金調達を行っている。資源開発の分野でプロジェクトファイナンスは威力を発揮すると言っていい。

これらはすべて民間会社であるが、外国の国営石油会社なども多額の資金調達に当たりプロジェクトファイナンスを活発に利用するところが少なくない。インドネシアのプルタミナ、マレーシアのペトロナス、タイのPTT、ブラジルのペトロブラスなどは自国の石油関連事業の資金調達にプロジェクトファイナンスを利用してきた。もちろん、外国の場合も化学会社（例えば独BASFは中国の石油化学事業でプロジェクトファイナンスを利用）、パイプライン会社（2001年に破綻した米Enronは元々パイプライン会社であった）、船舶会社もプロジェクトファイナンスを利用することがある。

なお、外国の企業については石油会社や鉱山会社の例を多く引いたが、例

えば日本の石油会社はプロジェクトファイナンスを利用しているのかと疑問に思われたかもしれない。残念ながら、現在までのところ日本の石油会社はプロジェクトファイナンスの利用が非常に少ない。理由は必ずしも単純ではないと思うが、石油公団等政府の関与が強かった歴史が影響しているのは間違いない。プロジェクトファイナンスという資金調達方法は案件の経済性・事業性に依拠して資金調達を行うものである。従って、プロジェクトファイナンスでの資金調達の成功自体が当該事業の経済性・事業性をある程度証明したことにもなる。これはプロジェクトファイナンスの持つ一種の「市場機能」だとも言える。政府支援の資金供与にはこういう機能は期待できない。自由市場経済に内在したこういう機能や効果を政府の知恵ではとても超えられないのだと思う。

外国の石油会社が資金調達手段にプロジェクトファイナンスを活発に利用している現実を鑑みれば、いずれ日本の石油会社もプロジェクトファイナンス市場の有力なスポンサーになる可能性はある。また、そうなることが日本の石油会社の飛躍的な成長に資するものと思う。

以上、プロジェクトファイナンスにおけるスポンサーについて見てきた。海外の企業では資源関連案件や電力案件において資金調達手段にプロジェクトファイナンスを利用することが常態化している。そして、日本企業も商社中心から電力会社や他業界に広がりつつある。日本企業の海外業務が拡大するなかで、日本企業によるプロジェクトファイナンスの利用も益々活発になってゆくものと期待される。

3. リーガル・カウンセル

さて、金融機関とスポンサーの話を終え専門家集団の話に移る。初めてプロジェクトファイナンスに関わった企業の担当者の方が「多くの専門家と仕事ができて非常に刺激的だった」と感想を洩らした。プロジェクトファイナンスの仕事では、外部の複数の専門家とチームになって業務を遂行する。これが短くても6ヶ月間、長い時には1年間以上続く。専門家の中でもっとも接するのはリーガル・カウンセルである。従って、まずリーガル・カウンセル(legal counsel)を採り上げたい。リーガル・カウンセルは弁護士(lawyer)のことである。

日本で弁護士というと、訴訟沙汰、裁判所通いを連想しがちである。確か

に最近まで日本の弁護士の業務の大半は訴訟の取り扱いであった。最近でこそ企業法務の分野が伸長し訴訟にはあまり関わらないという弁護士が出てきた。企業に予防法学の考え方も浸透しつつある。M&Aの分野で活躍する日本人弁護士も増えてきた。

　英米の弁護士は訴訟を生業としない弁護士の方がむしろ多い。特にファイナンスの分野で活躍する弁護士の主たる業務は、契約書の作成ならびに契約書作成に関わる諸々の法律上のアドバイスである。契約書交渉の場にも頻繁に依頼人と共に立会う。

　さて、法律文書つまり契約書というと、ファイナンスの世界ではまず「融資契約書」（Loan Agreement[*12]）が代表的な契約書である。借主と貸主（銀行）が締結する。欧米の金融慣行では融資契約書は案件毎に個別に作成する。これは、大手企業が銀行から融資を受けるとき（コーポレートファイナンスでの融資）でも、プロジェクトファイナンスの融資でも同様である。案件毎に唯一無二の融資契約書を作成する。この点、銀行取引約定書（通称「銀取」）や金銭消費貸借契約書など定型の契約書（法律用語では「附合契約」という）を使用する日本の銀行の慣行[*13]は、融資契約書を個別に作成する欧米の銀行の慣行[*14]と比べると大幅に異なる。附合契約を多用する日本の銀行の融資のシステムを効率的と見るか、銀行有利・借手不利のシステムと見るか、議論の分かれるところである。

　プロジェクトファイナンスにおいても融資契約書の作成はリーガル・カウンセルの支援を得て行う。また、プロジェクトファイナンスには融資契約書以外にも関連契約書が沢山存在する。例えば電力案件であれば買電契約書、事業権契約書、燃料供給契約書、操業契約書、土地のリース契約書といった具合である。このようなプロジェクトの運営に必要な契約書群を「プロジェクト関連契約書」（Project Documents）と呼ぶが、プロジェクト関連契約書の作成・交渉にもリーガル・カウンセルの支援が欠かせない。リーガル・

[*12]：Loan Agreementは文字通り融資契約書である。Finance Documentsという言い方もある。これはLoan Agreementに加えSecurity Agreementをはじめ担保関係契約書などを包含したファイナンス関連諸契約全般を総称した言い方である。Loan Agreementはその一部に過ぎない点留意を要する。
[*13]：平成12年（2000年）4月全国銀行協会は「銀取ひな型」を廃止し、各行が独自の銀取を作成する際の参考資料として「銀行取引約定書に関する留意事項」を公表した。銀取ひな型が初めて作成されたのは昭和37年（1962年）である（階猛、渡邉雅之『銀行の法律知識』日本経済新聞社、2006年）。しかし、各行毎とは言え銀取は今でも広く使用されている。因みに、シンジケートローンに使用する「リボルビング・クレジット・ファシリティ契約書」や「タームローン契約書」（日本ローン債権市場協会作成）には銀取適用除外の条文が入っている。
[*14]：欧米では現在でも単純なコーポレートベースの融資でさえ融資契約書を個別に作成する。コーポレートファイナンスの融資契約書では借主に課されるコベナンツの詳細が企業毎に異なるのが普通である。

カウンセルは融資契約書やプロジェクト関連契約書のドラフト作成から相手方との交渉まで幅広く業務をこなす。リーガル・カウンセルの電話や面談での交渉能力、合意内容を瞬時に文章にしてゆく文書作成能力等々巧みな仕事の運び方を見ていると、ビジネスマンも参考にできることが多いはずである。

海外金融市場で活動している弁護士はほとんど英米の弁護士である。従って、融資契約書の準拠法は英米法（英国法もしくはニューヨーク州法）が多い[*15]。プロジェクト関連契約書の一部は準拠法が現地法となることもある。そのため、リーガル・カウンセルは英米弁護士に加え現地の弁護士を雇用する必要がある。現地の弁護士は英米の大手弁護士事務所を通じて探すことができる。

英米弁護士の業界では金融部門で働く弁護士の数も多い。そして、金融部門の弁護士の業務内容は細分化が進んでいる。IPO[*16]、M&A、証券化、不動産、デリバティブズ等々金融部門も業務が多岐に亘る。プロジェクトファイナンス案件で雇用する弁護士はプロジェクトファイナンス専門の弁護士である。弁護士は法律の専門家であるのは当然であるが、プロジェクトファイナンスについての知識・経験が十分でないとプロジェクトファイナンス案件のリーガル・カウンセルとしての仕事は務まらない。

先にも触れたが、プロジェクトファイナンスにおいて契約文書の種類は大きく2つに分かれる。ファイナンス関連の契約書（融資契約書およびその付随書類である担保契約書等 Finance Documents）とプロジェクト関連契約書（Project Documents）である。両者は弁護士にとってもかなり内容・性格も異なる分野であるため、プロジェクトファイナンスを手掛ける弁護士の間でもファイナンス関連契約書を担当する弁護士グループとプロジェクト関連契約書を担当する弁護士グループとに分かれていることが多い。

プロジェクトファイナンスの世界で活躍する弁護士事務所は英米の弁護士事務所なので、彼らの本拠地は英国ならロンドン、米国ならニューヨーク、シカゴ、米国西海岸である。弁護士事務所は、本拠地に加え世界の主要都市に事務所を開設している。ロンドン、ニューヨーク、シンガポール、香港、東京にはほぼ間違いなく事務所を持っている。アジアでの弁護士の在籍数は概して香港、東京よりシンガポールの方がやや多いようである。最近は日本

[*15]：反英米のイランの国営企業との融資契約書ではスイス法やドイツ法を準拠法とする例がある。
[*16]：IPOはInitial Public Offeringの略で、企業の株式市場への上場のことである。

企業の海外活動が増えつつあるためか、大手弁護士事務所の東京事務所の人員が逓増傾向にある。一般に弁護士事務所と会計士事務所はアングロサクソンに席巻されているのが現実である*17。

プロジェクトファイナンスの実績豊富な大手有力弁護士事務所を列挙すると次の通りである。

■ 表2-3　プロジェクトファイナンスに経験豊富な弁護士事務所

Allen & Overy（英）	Linklaters（英）
Allens Arthur Robinson（豪）	Milbank Tweed Hadley & McCloy（米）
Ashurst（英）	Norton Rose（英）
Baker & McKenzie（米）	Paul Hastings（米）
Clifford Chance（英）	Shearman & Sterling（米）
Freshfields（英）	Skadden Arps Slate Meagher & Flom（米）
Jones Day（米）	Vinson & Elkins（米）
Latham & Watkins（米）	White & Case（米）

Project Finance International誌などを参考に筆者作成。アルファベット順。

次に弁護士の報酬について触れる。弁護士の報酬は時給（hourly rate）ベースで請求されるのが通常である。弁護士の肩書きは例えばパラリーガル（Paralegal）、アソシエート（Associate）、シニアアソシエート（Senior Associate）、パートナー（Partner）という順序でランクが上がっていく。プロジェクトファイナンス案件を担当するチームの長はパートナーレベルである。そのパートナーレベルの主要担当者にアソシエートやシニアアソシエートが1－2名付く。現在プロジェクトファイナンスの案件で請求される時給の水準はパートナーレベルで時給500米ドルから650米ドル程度が相場である。また、この時給水準はその弁護士がどこに所在するかによって同じ弁護士事務所内の弁護士間でも数十ドルの差がある。例えば東京駐在のパートナー弁護士の時給は概してシンガポール駐在のパートナー弁護士の時給より若干高い。都市毎の物価水準を調整している。また、パートナーという肩書きであっても時給水準は一律ではなく、弁護士各個人の経験・実績に応じ多少異なる。同じ肩書きの中にもランクの差があるようである。

プロジェクトファイナンスの案件を進めてゆくに当たっては、スポンサー

---

*17：グローバルに活躍している大手弁護士事務所や大手会計士事務所はすべて英米系である。フランス系もドイツ系もこの世界では太刀打ちできない。なお、アジアで仕事をしている白人弁護士には豪州出身者も少なくない。

（借主）とレンダー（貸主／銀行）の双方それぞれがリーガル・カウンセルを雇用する。それぞれが雇用する弁護士事務所は必ず異なる。利益相反の問題があるので、同一の弁護士事務所が双方に雇用されるということはあり得ない。

プロジェクトファイナンスの新規の案件を1案件仕上げるのに、スポンサー（借主）であれば弁護士を少なくとも1年間は雇用する。プロジェクト関連契約書の交渉からリーガル・カウンセルの支援を要するので雇用期間は長くなる。レンダーであっても少なくとも半年間程度雇用する。レンダーはプロジェクト関連契約書がほぼ完成してから作業に入ってくるので、リーガル・カウンセルの雇用期間はさほど長くない。

弁護士が1ヶ月間に働く時間（複数の弁護士の合計労働時間）は案件の内容にもよるが、作業が活発な時期であれば概ね200時間前後といったところであろうか。平均時給を500米ドルとして月間10万米ドル程度の請求書が送付されてくる。海外在住の弁護士に東京へ出張してもらった場合には出張旅費実費も負担しなければならない。出張期間中の飲食代も請求される。1年間の弁護士費用はスポンサー（借主）が雇用する弁護士の分だけでも優に百万米ドルを超えることも珍しくない。いま「スポンサーが雇用する弁護士の分だけでも」と書いたが、通常レンダーが雇用する弁護士費用もスポンサー（借主）側が負担するのが慣例[*18]である。

弁護士の報酬が時給ベースであるため、弁護士の使い方には注意を要する。丸投げするような仕事の依頼の仕方をすると請求金額は途方もなく膨張してしまう。仕事の依頼内容は具体的にかつ法律問題に限定するなど工夫を要する。自分でできる作業まで無闇に依頼しない。弁護士は依頼人の力量をいつも推し量っている。弁護士からの請求書が毎月20万米ドルという例を見たことがあるが、依頼人は弁護士に仕事を殆ど丸投げしていた。

弁護士費用をコントロールする目的で、弁護士と予め弁護士費用の上限を定めて雇用する方法がある。弁護士費用に上限を定めることを英語で"Cap a legal fee"という。上限の定まった弁護士費用を"Capped legal fee"という。弁護士からの請求書は通常月ぎめで送付されてくるので、毎月の弁護士費用に上限を定めるとともに融資契約書調印までの弁護士費用総額にも上

[*18]：この慣例の是非はいま擱いておくが、筆者は某中東の国営企業と融資交渉している際に「レンダーの弁護士費用は借主ではなくレンダー自身が負担したらどうか」と迫られて困ったことがある。

限を設けることができる。弁護士費用の計算は通常通り所定の時給に労働時間を積算して算出されるが、ある月の実際の請求金額が上限金額を下回れば当然低い方の金額が請求される。その差額（空き枠／未使用枠）は翌月以降に繰り越される。ある月の実際の請求金額が上限金額を上回れば上限金額（つまり、実際の計算金額もしくは上限金額のいずれか低い方）が請求される。その差額（超過金額）は翌月以降に繰り越される場合もあるし後述する成功報酬で一括で支払うとする取り決めもある。弁護士側は上限費用設定に当たり業務内容（scope of work）を具体的に規定してほしいと要望するので、業務内容につき文書で合意する必要がある。

さらに、上限費用設定と共に弁護士費用の一部を成功報酬（Success Fee）で請け負ってもらうことも交渉次第で可能である。これは弁護士費用総額の５％から10％程度の金額である。成功報酬の支払の前提条件となる「成功」とは通常融資契約書の調印のことである。融資契約書調印まで達したらxx米ドルを支払うが、万が一融資契約書調印に至らなかったらその成功報酬は支払わない。この成功報酬の制度は融資契約書未調印の場合の費用節約に主眼があるのではなく、業務完了（融資契約書の調印）を早期に達成するためのインセンティブとしての効果が期待されていると考えるのが正しい。要は弁護士といえども英米人の考え方ではビジネスパートナーであり、弁護士費用のアレンジメント[*19]については対等の立場で臨んで良い。

総じて弁護士費用はけして小額ではないため、プロジェクトファイナンスで資金調達を行う場合には融資金額の規模が一定金額以上でないと割に合わない。業界でのコンセンサスはおおよそ融資金額１億米ドル前後である。融資金額が１億米ドルを大幅に下回るプロジェクトファイナンス案件では弁護士費用が融資金額の１％以上にも及びかねず、事業自体の採算に影響を与える。

4. コンサルタント

最後にコンサルタントについて説明する。プロジェクトファイナンスでは

---

*19：弁護士費用について交渉の余地があるという点で思い出すのは医師の医療費である。米国の眼科医が新聞広告を出しているのを見たことがある。近年注目を浴びているレーザーでの視力回復治療につき「先着xx名の患者に割引する」という。弁護士も医者も価格競争している点に驚く。もっとも米国人の友人は「こういう眼科医のところには治療に行かない」と言っていた。

レンダーによる事業性の検証作業（due diligence）の一環として外部のコンサルタントを雇用しプロジェクトの主要なリスクについて分析・審査をするのが通常である。スポンサーもプロジェクトの主要なリスクについては強い関心を持っているので、プロジェクトファイナンスの利用如何に拘わらず複数の外部コンサルタントを雇用する。いずれにせよ、プロジェクトファイナンスのレンダーにとって外部コンサルタントは欠かせない存在である。どのような種類のコンサルタントを雇用するかについては案件の内容によって多少異なるが、レンダー（貸主／銀行）が雇用する主要なコンサルタントを大きく分類すると次の通りである。

■ 表2-4　主要なコンサルタント

リザーブ・コンサルタント	金、銅、石炭、石油・ガスの資源の埋蔵量を調査するコンサルタントである。資源開発案件では欠かせないコンサルタントである。
テクニカル・コンサルタント	技術面のコンサルタントである。プラント等建造物建設に関わる技術問題や製品の製造プロセスや操業に関わる技術問題につきアドバイスを行う。また、建設コスト・建設スケジュール・製造コストなどの妥当性についてもアドバイスを行う。
マーケット・コンサルタント	製品の市場全般についてアドバイスを行う。製品の需給状況・需給見込そして価格見通しについてアドバイスする。競合製品の状況や製品用途の将来性について分析する。また、製品面にとどまらず燃料や原料の調達についても調査を行う。
環境コンサルタント	環境問題に関するコンサルタントである。特にホスト国の環境許認可を取得するためにプロジェクトファイナンスを利用しない場合であってもスポンサー（借主）が雇用するのが普通である。「環境評価レポート」（Environmental Impact Assessment (EIA) Report）を作成するのが主要な業務である。

　これら4種類のコンサルタントは非常によく利用される。但し、すべての案件でこの4種類のコンサルタントが常にすべて雇用されるわけではない。案件内容によって雇用されるコンサルタントの種類が決まる。目安として案件の種類と雇用するコンサルタントを整理してみると次の通りである。

■ 表2-5　案件種類と雇用するコンサルタント

	資源案件	電力案件	プラント案件	インフラ案件
リザーブ・コンサルタント	○	×	△	×
テクニカル・コンサルタント	○	○	○	○
マーケット・コンサルタント	○	△	○	○
環境コンサルタント	○	○	○	○

プラント案件は発電プラント以外で石油化学プラント、LNGプラントなど
インフラ案件は道路、橋、トンネル、テーマパークなど
○　コンサルタント必要
△　コンサルタント必要な場合と不要な場合がある
×　コンサルタント不要

　案件種類毎に少々説明を加えたい。上記表を左から右へ、「資源案件」「電力案件」「プラント案件」「インフラ案件」の順に説明をする。プロジェクトファイナンスの案件の分類については、本書第4章で改めて詳述する。ここではこの4種類の分類を前提に、どのようなコンサルタントの雇用が必要となるかを説明する。

■ a. 資源案件

　資源案件とは金、銅、石炭などの鉱山開発案件、石油・ガスの開発案件が代表的である。資源開発案件では、地中に存在する金、銅、石炭あるいは石油・ガスの埋蔵量（ならびにその質的特性等）を知ることが案件の経済性を試算する上で欠かせない。従って、レンダーによるリザーブ・コンサルタントの雇用は必須である。当然スポンサー自身にとっても埋蔵量の多寡および質的特性は最大の関心事であり十分に調査をする。レンダーが外部コンサルタントの雇用を求めるのは、埋蔵量に関わる評価につき第三者の専門家に客観的に検証してもらうためである。稀にスポンサーが埋蔵量に伴うリスクをすべて負担するという案件もある[20]。この場合はリザーブ・コンサルタントの雇用を割愛できる。

　次に、資源開発案件におけるテクニカル・コンサルタント雇用であるが、その主たる目的は、

　　（i）　採掘生産設備の建設に関し、建設コストは妥当か、スケジュール通

---

[20]：2003年米国Unocal（現在ChevronTexacoが吸収済）がインドネシア・カリマンタン島東の海上で行った油田開発の資金調達では埋蔵量リスクについてUnocalが保証したと報道されている。つまり、レンダーは埋蔵量リスクを取らなかった。スポンサーが埋蔵量リスクを取る理由の1つとして、埋蔵量に関するデータを外部に開示したくないということがある。

り完工可能か、技術的問題の有無、コストオーバーランの発生可能性等の検証

（ⅱ）操業時の技術的問題の有無、操業コストの予算の妥当性検証

などにつき調査するものである。もっとも、資源開発案件ではレンダーは採掘生産設備の完工までの諸リスク（いわゆる完工リスク）を取らないのが普通なので、スポンサーが完工リスクを100％負担するストラクチャー（スポンサーが完工保証をする）である限りテクニカル・コンサルタントの（ⅰ）の部分の業務は大方割愛できる。しかし、（ⅱ）の部分はスポンサーの完工保証があっても割愛できない。

また、資源開発案件においてはマーケット・コンサルタントの雇用も普通である。これは金、銅、石炭、石油（原油）[*21]などがいずれも市況商品であり世界中で日々取引され価格が日々上下しているからである。そして、資源開発案件ではレンダーはある程度金、銅、石炭、石油（原油）などの主要資源の価格変動リスクを負担する。従って、レンダーとしては当該商品の需給関係や価格動向について十分検証する必要がある。

金、銅、石炭、石油（原油）などの主要資源であれば一般的な需給関係や価格動向についてレンダーも相応の理解を持っている。マーケット・コンサルタントに求める調査内容は地域的な事情や運搬事情または当該案件のコスト競争力など案件固有の問題点を解明することである。資源開発案件では対象となる市況商品について銀行も知識を持っていることが前提となることから、プロジェクトファイナンスを取り扱う銀行の中でも資源開発案件に強い銀行とそうではない銀行に分かれる。欧米の銀行は押しなべて資源案件に強い。一方、日本の銀行は概して資源案件に弱い。

さて、最後に環境コンサルタントであるが、資源開発案件は環境面では最も注意を要する。調査内容も広範に及び調査時間も比較的長い。環境コンサルタントについては、通常スポンサーが早い時期に雇用しホスト国の環境許認可を取得するためEnvironmental Impact Assessment（EIA）Report（環境評価レポート）を作成するのが普通である。レンダーは環境コンサルタントが作成したEIA Reportを再確認するのが主な作業である。昨今環境問題

---

*21：天然ガスはここでは除外した。天然ガスは21世紀の燃料として有望である。しかし、天然ガスは常温常圧では気体であるため、輸送面に制約がある。従って、金、銅、石炭、石油のように世界中で広く取引されてはいない。パイプライン網が整備された欧州と北米を除くと、液化したLNGの形で取引されている。天然ガスの液化には莫大な初期投資を要するため、売主と買主の間で長期のLNG売買契約が締結されるのが慣行である。

は非常に注目を浴びており、NGOやNPOなどがこの問題で高い関心を持っている[*22]。今後とも慎重を期さなければならない分野である。

■ b. 電力案件

　電力案件とは発電所の建設・操業のプロジェクトである。天然ガス、重油、石炭を燃料とした火力発電、水を利用した水力発電、地熱を利用した地熱発電、風力発電、太陽光発電などがある。海外のプロジェクトファイナンスでは火力発電の案件数が最も多い。水力発電や地熱発電は地域が限定される[*23]。風力と太陽光は政府等からの補助金や高い買電価格の設定など支援策がないと通常採算が合わない。加えて、風力と太陽光は1案件当たりの投資金額がさほど大きくない。従って、風力と太陽光のプロジェクトファイナンス案件数は実際には多くない。

　さて、電力案件ではテクニカル・コンサルタントと環境コンサルタントの雇用が最も一般的である。電力案件においてレンダーが一般的にテクニカル・コンサルタントに期待する調査内容は、

　(i)　発電所の建設に関し、建設コストは妥当か、スケジュール通り完工可能か、技術的問題の有無、コストオーバーランの発生可能性等の検証

　(ii)　操業時の技術的問題の有無、操業コストの予算の妥当性検証

などである。基本的な考え方は資源開発案件の場合と同じである。しかしながら、発電案件ではレンダーが完工リスクを取ることが多い点注目に値する[*24]。このことは、取りも直さずテクニカル・コンサルタントの調査が重要になったということでもある。さらに、テクニカル・コンサルタントの調査は、火力発電よりも水力発電や地熱発電においてなお一層重要である。水力発電と地熱発電はその建設・操業において火力発電よりも複雑である。かつて日本の電源は水力が多く、水力発電所建設の例では日本の黒部ダム[*25]の事例が名高い。

　表2−5では、発電案件には「リザーブレポート」不要とした。しかし、

[*22]：サハリン2LNGプロジェクトは環境問題で非常に注目を浴びた案件の代表例である。
[*23]：地熱発電についてはアジアではフィリピンとインドネシアに地熱発電所のプロジェクトファイナンスの例がある。ニュージーランドにも地熱発電所のプロジェクトファイナンスの例がある。米国西海岸のガイザーは地熱発電で殊に有名である。
[*24]：電力案件でレンダーが完工リスクを取るようになった点については第5章第2節を参照。
[*25]：黒部ダム建設の苦心の経緯は1968年石原裕次郎主演の映画「黒部の太陽」に描かれている。

水力発電の場合であれば雨量や水量についての調査が必要である。また、地熱発電の場合には地熱についての調査が必要である。

次に環境コンサルタントであるが、発電案件の中では水力発電が環境面の点で問題を孕む可能性が最も高い。特に大型ダムの建設ともなると下流流域への影響、ダム建設により埋没する住民の移転等困難な問題が伴う。

最後に、マーケット・コンサルタントであるが、長期買電契約が存在していれば必ずしも雇用されるわけではない。しかし、例えば発電量の一部について買電契約が存在していない場合や燃料の安定調達について調査する必要がある場合などにはマーケット・コンサルタントを雇用する必要がある。なお、先進国（北米、豪州、欧州ほか）では長期買電契約書の存在しない発電案件がある（「マーチャント・プラント案件」と呼ばれる）。これらの国々では電力卸売市場を設立し電力の市場売買が拡大しつつある。

■ c. プラント案件

プラント案件とは、具体的には石油化学プラント、石油精製所、LNG（液化生産）プラント、肥料プラント（Fertilizer）、セメント・プラント、メタノール・プラント、パルプ・プラント、アルミナ・プラント、銅精錬所プラントなどである。上記電力案件の発電所も電力プラントとも呼ばれるが、ここでは区別する。

要はプラント案件とは製造業である。製造される製品は一般消費者向けではなく卸売りである。上記に列挙したプラントの建設・操業の事業については、いずれもプロジェクトファイナンスでの資金調達の事例がある。2003年にはカタールでGTL（Gas to Liquid）[*26]プラントの案件にプロジェクトファイナンスが利用された。

プラント案件においては、テクニカル・コンサルタント、マーケット・コンサルタント、環境コンサルタントの雇用はまず必須である。リザーブ・コンサルタントの雇用は案件次第である。リザーブ・コンサルタントの雇用が必要となるプラント案件とは、例えばLNG（液化生産）プラント、肥料プラント、メタノール・プラント、アルミナ・プラントなどである。それぞれ原料となる天然ガス（前3者）やボーキサイト（アルミナ・プラント）が必

---

*26：Gas to Liquid（GTL）とは天然ガスの液化のことであるが、LNGのように冷却という方法で液化するのではない。化学的な処理で天然ガスから液体を作り出す。GTLは常温で液体であり、燃焼時の排出物が殆どなく環境に良い。液体なので運搬に適している。現在はディーゼル燃料に混合して商業利用されている。

要十分な量存在しているか確認する必要がある。他のプラント案件例えば石油化学プラント、石油精製所、セメント・プラント、パルプ・プラント、銅精錬所プラントなどは通常原料を購入してくる。

次にテクニカル・コンサルタントであるが、この種のプラント案件ではレンダーはスポンサーに完工保証を求める。ここでいう完工保証とは通常「プラント完工までの債務保証」である。従って、建設期間中はノンリコース・ローンではなくリコース・ローンということになる。100％の完工保証がある限りレンダーは完工遅延やコストオーバーランのリスクを負担しないので、レンダーがテクニカル・コンサルタントに求める調査は主として、a）完工保証を解除する際の完工状況の確認作業と b）操業に関わる技術問題の検証および操業コストに関わる検証である。

さらにマーケット・コンサルタントであるが、レンダーがマーケット・コンサルタントに期待する業務内容は、レンダーがマーケットリスクについてどの程度リスク負担するかによって決まる。

マーケットリスクは主に２つに分かれる。ボリューム・リスクとプライス・リスクである。前者はまず製造した製品が全部販売できるかどうかのリスクである。後者は採算に合う価格水準以上で販売できるかどうかというリスクである。産業上ある程度有用な製品を製造している限り、価格を下げさえすればすべて販売できない筈はない。そういう意味ではボリューム・リスクはプライス・リスクに収斂する。

従って、マーケットリスクは最終的にはプライス・リスクの問題なので、マーケット・コンサルタントには当該製品の需給見込そして価格見込を入念に調査してもらう。楽観的になりがちなスポンサーの見通しに対してレンダーの利益を守る観点からマーケット・コンサルタントの見識を求める訳である。もっとも、マーケット・コンサルタントが如何に肯定的な意見を用意しても、それでレンダーが一切のプライス・リスクを負担するということにはならない。採算を確保し借入金の返済も可能とする製品の最低価格水準（Breakeven price）や競合他社との生産コストの競争力なども比較考量する。レンダーは必要と判断すればプライス・リスクを軽減する措置[27]をスポンサーやオフテーカーに求めることもある。

---

[27]：プライスリスクを軽減する措置の例としては最低引取価格（Floor price）をオフテーカーに求める方法や追加資金投入の義務（Cash Deficiency Support）をスポンサーに求める方法などがある。

なお、LNGプラントでは、生産するLNGのほぼ全量について購入者（Offtaker）が存在する。しかも、長期間の引取契約（Offtake Agreement）が存在するのが普通である。さもないとLNGプラントを計画するスポンサーは事業着手の決断ができない。LNGプラント事業は数千億円の投資規模であるので当然である。そういう意味で、LNGプラント案件はマーケットリスクが軽減された案件である。

　最後に環境コンサルタントであるが、プラント案件でも非常に重要である。LNGプラントに天然ガスを供給するためのガスパイプラインの敷設が大きな環境問題となる例がある。また、プラント建設予定地確保のため一部原住民の住居移転が伴うこともある。さらに、操業には劇物の取り扱いが必要な場合もある。

■ d. インフラ案件

　インフラ案件とは道路、橋、トンネル、港湾施設、テーマパークなどの建設・操業のプロジェクトである。イギリスとフランスを結んだユーロトンネル、香港のハーバートンネル、ユーロディズニー、香港ディズニーランド、大阪ユニバーサルスタジオなどが具体例として挙げられる。

　インフラ案件ではテクニカル・コンサルタント、マーケット・コンサルタント、環境コンサルタントなどの雇用が通常必要となる。

　インフラ案件へのプロジェクトファイナンスの利用は実は困難なことが少なくない。PFI（Private Finance Initiative）のように中央政府や地方自治体が定期的な収入支払を保証したスキームなら問題は少ない。インフラ案件の中でも、レンダーがマーケットリスク（収入多寡のリスク）を負担する案件が非常に分析が難しい。例えばテーマパーク。入場者数の多寡が事業の成否を決める訳であるが、入場者数の見通しについてマーケット・コンサルタントに調査を依頼しても、その予想の信憑性は常に眉唾ものである。「天気予報の方がまだいい」と揶揄する業界人がいるほどである。

　以上、本章はプロジェクトファイナンスの市場で活躍する金融機関（貸手）、スポンサー（借手）、リーガル・カウンセル、コンサルタントの4者を見てきた。金融機関（貸手）とスポンサー（借手）がプロジェクトファイナンスの主役であり当事者である。そして、リーガル・カウンセルとコンサルタントが専門家として両当事者を支えている。

いずれもその道の専門家であり、一緒に仕事をしていて知的に刺激される人々である。

第3章 プロジェクトファイナンス小史

プロジェクトファイナンスの歴史を綴ることはできないか。これはプロジェクトファイナンスに関心のある人には興味深いテーマである。しかし、個々の案件の情報は守秘義務のため詳細が開示されることはない。欧米のスポンサーが欧米の市場で行ったプロジェクトファイナンス案件の情報も自らが関与しない限り入手が困難である。従って、本章では敢えて日本人の視点で可能な限りプロジェクトファイナンスの歴史を整理してみることにした。本章を「プロジェクトファイナンス小史」と題した所以である。本章では以下のような観点に焦点を当てながら、最近までのプロジェクトファイナンス市場の流れをまとめてみる。

(1)　プロジェクトファイナンスの原型（1930年代のプロダクション・ペイメント）
(2)　現代的なプロジェクトファイナンスの台頭（1970年代のフォーティーズ油田開発）
(3)　資源開発案件（1980年代）
(4)　ユーロトンネル（1980年代その2）
(5)　北米のコジェネ案件（1980年代後半-1990年代前半）
(6)　アジア金融危機までのアジア市場（1990年-1997年）
(7)　カタールLNG（1994年）
(8)　アジア金融危機からの10年（1998年-2007年）
(9)　リーマン・ショックとそれ以後（2008年-2010年）

1. プロジェクトファイナンスの原型
（1930年代のプロダクション・ペイメント）

　現在のプロジェクトファイナンスの原型は米国の「プロダクション・ペイメント」（Production Payment）という金融手法に見られる。「プロダクション・ペイメント」とは、石油という生産物（プロダクション）を以って借入金を返済（ペイメント）するということ。つまり、石油開発資金を銀行融資で賄い、産出された石油の販売代金で返済する融資のことである。1930年代に米国の石油産業へのファイナンス手法として用いられた。
　1929年の大恐慌の影響で当時の米国の石油価格は大暴落。中小の石油会社は資金繰りに窮した。タンクの中にある石油を担保に融資を行うなど在庫担

保金融から、徐々に地下に埋蔵されている石油を担保ならびに返済原資として融資をするようになった。地下に埋蔵されている石油だけを担保ならびに返済原資とした（他の資産は担保にも返済原資にもしなかった[*1]）という点で、資源開発におけるプロジェクトファイナンスの原型が見られる。石油を担保・返済原資に融資をするという「プロダクション・ペイメント」は、担保・返済原資を特定し他の一般資産や収入を返済の引当とはしないという点でプロジェクトファイナンスの特徴を備えている。

銀行は自行内で石油埋蔵量の評価ができるようにペトロリアム・エンジニアを雇用するなど専門家を揃えて石油産業向け融資を行った。米国テキサス州を中心とする米国西部地域は当時世界最大の石油生産地である。中東の石油開発が本格的に始動するのは第2次世界大戦後のことである。

ところで、19世紀後半にはバクー（現在のアゼルバイジャンの首都）でも活発に石油の開発・生産が行われていた。これらの石油開発の資金提供にフランスの銀行が将来の石油生産物を担保に史上初の融資を行っていたという[*2]。どういうファイナンス手法であったのか詳細は分からない。

因みに、米国では現在でも「プロダクション・ペイメント」が時折利用されている。筆者は90年代後半米国ヒューストンに駐在中、プロダクション・ペイメントの案件を採り上げたことがある。「プロダクション・ペイメント」をも含めた包括的な呼称として石油業界の上流部門向け融資の手法を「リザーブ・ファイナンス」（Reserve Finance）という。「リザーブ・ファイナンス」は石油・ガスの埋蔵量を担保とした融資手法の総称である。また、石油・ガスの探鉱・開発・生産に関わる上流部門の産業をE&P（Exploration and Production）産業という。米国の一大産業である。

米国の銀行は現在でも中小石油会社向けに当該会社が保有する石油・ガス埋蔵量資産を担保に融資を行っている。事業会社向け融資であるので、外観上コーポレートファイナンスの形式をとる。しかし、当該会社の主要資産が石油・ガスの埋蔵量である点がこのE&P業界の特徴である。銀行内にペトロリアム・エンジニアを擁し当該企業の石油・ガス資産を評価して融資判断を行う。

埋蔵量は生産の進展に伴い減少したり、また新たな探鉱・開発により増加

[*1]：中小の石油会社であれば、担保に値する資産は他に無かったのが実情であろう。
[*2]：エティエンヌ・ダルモン／ジャン・カリエ著『石油の歴史－ロックフェラーから湾岸戦争後の世界まで』白水社、2006年、p27

したりするので、融資をしている銀行は定期的に（例えば1年に1回）埋蔵量を評価し直す。この評価の見直しに伴い融資額の上限を見直す。埋蔵量の評価替え並びに融資可能金額の見直しの手法をボロイング・ベース（Borrowing Base）の融資という。融資の資金使途は設備資金と運転資金の両方である。ボロイング・ベースは石油ガス開発案件に限らず、金や銅の鉱物もの資源開発案件にも利用されている融資手法である。

「リザーブ・ファイナンス」は米国の石油産業における代表的な融資手法であるが、因みにもうひとつ米国独特のリミテッドリコース・ローンがある。それはハリウッドで映画制作資金を調達する際に用いられる「フィルム・ファイナンス」（Film Finance）である。映画の興行収入だけを返済原資とした「フィルム・ファイナンス」というのはややベンチャー・キャピタルの世界に近い。ディズニー映画の製作資金の調達にもこの「フィルム・ファイナンス」によるリミテッドリコース・ローンが利用されている。特にアニメ映画は興行成績の下振れが少なく比較的安定的な収入が得られる。

2. 現代的なプロジェクトファイナンスの台頭
（1970年代のフォーティーズ油田開発）

1970年代、北海の石油開発でこの「プロダクション・ペイメント」の金融手法が再登場する。1972年ブリティッシュ・ペトロリアム（BP）のフォーティーズ油田開発である。

1957年シェル・エッソグループがオランダの沿岸部グローニンゲンで巨大なガス田を発見し、北海での石油・ガス発見に期待が膨らむ。1969年米国のフィリップス・ペトロリアムがノルウエー領海域でエコフィスクの巨大油田を発見（可採埋蔵量28億バーレル）。翌70年にはBPがイギリス領海域でフォーティーズ油田（可採埋蔵量18億バーレル）を発見。

当時のBPは財務的には弱体であり、またアラスカの開発などを抱え、このフォーティーズ油田の開発資金調達に難航していた。そこで、「プロダクション・ペイメント」を応用して資金調達を目指す。フォーティーズ油田開発資金調達に当たっては、借主となったSPC（NOREXトレーデイング社）の他、開発・生産を行うSPC（BPオイルデベロップメント社）が設立された。銀行から借り入れた資金は前払金の形でNOREXトレーデイング社からBPオイルデベロップメント社へ移転した。BPオイルデベロップメント社は石油生産を開始すると、石油をNOREXトレーデイング社に引渡し、

NOREXトレーデイング社はこの石油を販売して、その販売代金を借入金の返済原資とした。前払金の形を取った理由は、ＢＰのバランスシート上金融債務ではなく商業債務に計上し借入枠を温存するためだったようである。また、ＢＰは銀行に対し石油の埋蔵量と石油価格の一部につき保証を入れた。リミテッドリコースのローンだった。

　埋蔵量に関する保証差し入れは、北海における石油開発段階が初期段階でありかつ開発規模も大きかったことを勘案すればやむを得ない。2003年米国ユノカル（Unocal）がインドネシア・カリマンタン島東側の深海で新規油田（West Seno）開発を行ったが、この時のプロジェクトファイナンス組成でも石油埋蔵量につきユノカルは保証を差し入れた。埋蔵量評価を行う専門家にとっても、新しい地域での埋蔵量評価には不確実性が伴う。しかし、このような新規開発のような特殊な例を除けば、銀行は石油・ガス開発向け融資において通常埋蔵量リスクを取る。

　当時ＢＰは石油価格に対しても一部保証を差し入れた。これは現在のファイナンスマーケットの基準からするとやや異例である。現在プロジェクトファイナンスを行う金融機関なら、石油価格の変動リスクを取る。時代背景が異なるためだと思われる。所謂第1次石油ショックが発生するのは1973年10月である。因みに、原油価格が現在のように1バレル100米ドルを超える水準に達する前（90年代から2001年ぐらいまで）は、リザーブ・ファイナンスを行う銀行は行内審査のベースケースとして原油価格を1バレル18米ドルから20米ドルと想定して石油価格の変動リスクを取っていた。

　さて、このフォーティーズ油田開発プロジェクトには世界の銀行66行が参加した。日本からも２行が参加。1972年に融資契約書を調印。融資総額３億６千万英ポンド。本格的な国際プロジェクトファイナンスの幕開けである。

3. 資源開発案件
（1980年代）

　1972年フォーティーズ油田開発プロジェクトの調印で本格的な国際プロジェクトファイナンスの幕開けと書いたが、その後陸続と国際的なプロジェクトファイナンス案件が登場したという訳ではない。小規模の北海石油開発案件はあったかもしれないが、記録や記憶に残るような案件が見当たらない。

　しかし、1980年代に入るとアジア・オセアニア・太平洋地域で日本の関与する資源開発案件がプロジェクトファイナンスを利用して登場する。

- オーストラリアのノースウエストシェルフLNG案件
- インドネシアのボンタンLNG案件
- オーストラリアやカナダの鉄鉱山開発案件・石炭開発案件
- 南米チリの銅鉱山案件

などである。

この時期は日本の銀行がプロジェクトファイナンス業務に本格的に参入する時期である。因みに、国際協力銀行（旧日本輸出入銀行）が初めてプロジェクトファイナンス案件に関わったのは1988年西豪州のノースウエストシェルフLNG案件である。

インドネシアのボンタンLNG案件については、各トレイン（LNGの液化プラントは通称トレインと呼ばれる）にアルファベットが付され、最後に完工したトレインHまでで合計8つのトレインを数える。インドネシアが世界最大のLNG生産国[*3]になる過程で、プロジェクトファイナンスの手法による資金調達が利用されていたという点は特筆しておきたい。

このインドネシアのLNG案件ではトラスティー・ボロウイング（Trustee Borrowing）方式という非常に特殊なファイナンススキームが用いられた。a) 借主をニューヨークのトラスティーに指定する、b) 物的担保は取らない、c) 日本向けLNG販売代金の一部をトラスティーに入金させ、そこから銀行への借入金返済を行う、などの特徴がある。このスキームが開発された背景には、インドネシアが世界銀行から国家資産の担保差し入れを制限されていたという事情がある。これを世銀のネガティブ・コベナンツ（Negative Covenant）問題[*4]と云った。トラスティー・ボロウイング方式は保全面が弱いという理論的な指摘がある。この指摘は当を得ているが、インドネシアLNG事業はこれまで順調に推移しており、これまでこの点が現実の問題となったことはない。

さて、次にオーストラリアやカナダの石炭開発案件について触れたい。これら石炭開発案件については、実は日本の銀行は手痛い経験をした。プロジェクトファイナンスで日本の銀行が初めて経験する不良債権化である。

[*3]：インドネシアのLNG生産量は（年産約40百万トン）は永く世界一であった。しかし、カタールではLNG液化プラントの建造が進み、2010年12月現在カタールのLNG生産量が世界一である（カタールのLNG生産量は年産77百万トン）。

[*4]：融資契約書にはコベナンツという一連の約定がある。借主の作為義務（…をしなければならないという義務）を定めたものをアファーマティブ・コベナンツという。借主の不作為義務（….をしてはならないと義務）を定めたものをネガティブ・コベナンツという。担保差し入れの制限は典型的なネガティブ・コベナンツである。（コベナンツ研究会著「コベナンツ・ファイナンス入門ー企業活力を高めるこれからの融資慣行」金融財政事情研究会、2005年）

70年代の石油危機で石油価格が高騰したため、これに伴い石炭価格も高騰した。日本の鉄鋼会社はオーストラリアやカナダの山元と長期の原料炭購入契約を締結する。石炭の購入価格は高騰した高い水準で合意し下方硬直的な価格フォーミュラーを採用したといわれている。日本の銀行は日本の鉄鋼会社がかような購入契約をしている点をむしろ奇貨とし、山元向けにプロジェクトファイナンスを供与する。長期購入契約に依拠してプロジェクトファイナンスを組成すること自体は、いわばプロジェクトファイナンスの定石と言っていい。

しかし、問題はもっとマクロ経済的な見通しの誤りにあった。石油危機が沈静化すると石油価格が下がってきたのである。石油危機はいわば一過性のものだった。石油価格の下落により石炭需給も緩和し石炭価格も下がってきた。日本の鉄鋼会社はオーストラリアやカナダの山元と契約見直しの交渉を開始し始めた。当初合意した価格フォーミュラーはとても遵守できない。

筆者が1990年にプロジェクトファイナンスの業務を始めた頃、オーストラリアとカナダの石炭案件はそれぞれリストラ交渉を続けていた。最終的にはノンリコースのファイナンスを供与した銀行が融資金額の一部償却を余儀なくされたのである。経済見通しを誤ったノンリコースローンの恐ろしさをこの時初めて目の当たりにした。

教訓は何か。

石油や石炭という一次エネルギーに対する需給動向や価格動向を見誤ったことである。下方硬直的な価格フォーミュラーの採用も問題であった。そして、かような長期購入契約を持つ石炭開発案件にノンリコースのファイナンスを供与した日本の銀行も判断を誤った。日本の銀行は顧客支援のために融資を行ったとは言え、ファイナンス手法はプロジェクトファイナンスである。むしろ、銀行は石油・石炭の国際市場についてある程度見識を持ち、鉄鋼会社の長期購入契約についてアドバイスすべき立場にあったとも言える。思えば、日本の為替制度が変動相場制に移行したのは1973年。日本の銀行が預金の金利自由化を開始したのが1985年(普通預金の金利自由化が1994年)。当時日本の金融関係者が石油や石炭の長期的な価格変動リスクをどれほど理解していたことか。

プロジェクトファイナンスは「ドキュメンツ・トランザクション」と称されるほど長期購入契約など関係諸契約を重要視するファイナンス手法であ

る。しかし、それらの契約を成立させている経済的な背景を見誤ってはいけない。法的には瑕疵の無い契約書であっても、経済合理性を失った契約書はもはや長期に亘って履行を期待することができない。

　80年代のオーストラリアやカナダの石炭開発案件は、契約書を成立せしめている経済的背景・経済合理性の重要性について大きな教訓を与えるものである。プロジェクトファイナンスの組成において、エネルギー分野の知見を持っていることは昔も今も重要である。そして、プロジェクトファイナンスの醍醐味の一端は、法律文書と経済合理性の両者を同時に検証・追究してゆくところにある。

　さて、80年代のアジア・オセアニア・太平洋地域のプロジェクトファイナンスは、資源開発案件一色だったという点に改めて留意しておきたい。発電案件もまだなければ、石油化学プラント案件もない。LNG液化プラント案件はあったが、当時の認識は資源案件の下流部門の一部というぐらいの位置付けではなかったかと推察する。要はこの時期まではいわゆるプラントもの（発電プラントや石油化学プラントなど）のプロジェクトファイナンスは殆ど市場に存在していなかった。

4. ユーロトンネル
（1980年代その2）

　ここで1980年代の欧州のプロジェクトファイナンス市場に目を転じたい。欧州の1980年代の大型プロジェクトファイナンス案件として、イギリスとフランスを海底トンネルで結ぶユーロトンネル・プロジェクトを見ておきたい。

　今や颯爽とユーロスターの走るユーロトンネルがプロジェクトファイナンスの手法で資金調達を行ったという事実を知っている人は、もはや若い世代では少ないかもしれない。ユーロトンネルはプロジェクトファイナンスの手法で資金調達を行ったが、残念ながらプロジェクトファイナンス案件としては史上最悪の大失敗案件である。融資金額の規模も大きく参加銀行数も多く、そのインパクトは大きい。某金融機関では、プロジェクトファイナンス業務の過去の業績を集計する際、ユーロトンネルを意図的に除外すると云う。ユーロトンネルの損失を算入するかしないかで集計結果と結論が全く異なってしまうからだ。欧州と言えば、先に北海油田にあるＢＰのフォーティーズ油田開発に触れた。北米で生まれた金融手法「プロダクション・ペイメント」

を発展させ、近代的なプロジェクトファイナンスを生み出したと説明した。しかし、その欧州でユーロトンネルはプロジェクトファイナンス史上最悪の結果をもたらす。融資に参加した金融機関は悉く多額の償却を強いられる結果となった。ＢＰのフォーティーズ油田開発案件とユーロトンネル・プロジェクトとがいずれも欧州（英国）にあるという事実は、記憶にとどめておきたい。

さて、英仏海峡の海底にトンネルを掘削するという構想は19世紀始め1802年にまで遡る。仏人技師Albert Mathieuの設計図が残っているという。もっとも、本格的に始動するのは戦後である。1973年に当時の英ヒース首相と仏ポンピデュー大統領がプロジェクトの推進を発表する。しかし、このときは石油危機の発生で程無く頓挫した。

1984年両国政府はユーロトンネル・プロジェクトの推進を再度発表。民間ベースで行うという基本方針を発表する。民間ベースで推進するということは、資金調達方法にプロジェクトファイナンスの要素を加味する可能性があることは容易に想像できたであろう。

1986年プロジェクトの推進母体となる民間スポンサーグループが決まった。55年間のConcession Agreement（事業権契約書）も同年調印された。当時の英国首相は「鉄の女」と称されたサッチャー首相。フランスはミッテラン大統領。

資金調達は約10億英ポンドの出資金と50億英ポンドのプロジェクトファイナンスでの銀行借入金である。Debt/Equity比率は凡そ80:20だったことになる。50億ポンドの融資契約書は1987年11月に調印。世界の金融機関220行が参加した。参加金融機関数220行というのはプロジェクトファイナンスのシンジケーションでは前代未聞の規模である。この参加金融機関数の記録はプロジェクトファイナンス市場では現在（2011年現在）でも破られていないと思う。

建設工事は1987年12月に英国側から始まった。

プロジェクトファイナンスにおいて融資対象物件が完成するかどうかというのは極めて重要な問題である。その理由はプロジェクトファイナンスでは融資対象物件が生み出すキャッシュフローが唯一の返済原資となるからである。完成しなければ、それは収入を生まず、ただの鉄くずになりかねない。プロジェクトファイナンスのリスク分析において、融資対象物件が完成するかどうかというリスクを「完工リスク」と呼ぶ。完工リスクは「完工遅延リ

スク」と「コストオーバーラン（予算超過）リスク」に大別できる*5。完工リスクの分析は常に慎重を期する。

　ユーロトンネルではこの完工リスクが発生した。完工遅延とコストオーバーランの両方である。建設開始から2年ほど経過した時のことである。

　プロジェクトスポンサーは追加資金の調達に奔走する。筆者が国内支店勤務の銀行員からプロジェクトファイナンスの世界に入ったのはちょうどこの頃である。先輩格の担当者が追加支援に応ずるかどうかで行内調整に奔走していた。「ユーロトンネルの件でこれから常務に説明に行く」などというやり取りを傍らで聞いていて、国内支店から転勤してきたばかりの20代の筆者はただ驚いていたものである。

　この案件は100％民間主導案件であったが、英サッチャー首相と仏ミッテラン大統領が巧みに喧伝していたので、当時の風潮は「英仏両国による国家的なプロジェクト」と解する向きが多かった。「国家的プロジェクト（National Project）」と声高に称する案件は気をつけた方がいい。採算のいい案件は民間で主導できるからである。

　当時も、そして現在も、プロジェクトファイナンス業務を行う金融機関は世界に220行もない。従って、ユーロトンネルの案件に参加した金融機関の中には、プロジェクトファイナンスの経験のない金融機関が随分あった。「国家的なプロジェクト」という広報活動が奏功したとも言える。

　追加資金調達は1990年暮に成功する。追加融資金額18億英ポンド。追加出資金額6億英ポンド弱。合わせて追加資金の金額は24億英ポンド。当初予算60億ポンドに対し24億英ポンドの追加資金であるから、約40％のコストオーバーランである。

　追加支援を決めた金融機関の理屈は単純に言えば、「完工しなければ現行の貸出金の返済はめどが立たない。追加支援をしてなんとか完工させよう。そうすれば貸出金はいずれ返済される。」というものである。コストオーバーランが発生した案件への追加融資の理屈というのは常に苦しい。バブル崩壊直後の不動産案件への追加融資の理屈もそうである。

　ユーロトンネルではコントラクター（建設会社）は完工を保証していなか

---

*5：「完工遅延リスク」とは、文字通り建設工事が予定より遅れるリスクである。「コストオーバーランリスク」とは、建設工事の費用が当初予算を超過するリスクである。「完工遅延」は「コストオーバーラン」を伴うことが多い。遅いだけではなく、お金も余計にかかるものである。さらに、「完工遅延」が起これぱプロジェクトから得られる事業収入のタイミングも遅れる。逸失利益も大きい。また、借入金の返済スケジュールは予め決まっているので、大幅な「完工遅延」は借入金の返済にも支障を来たす。

ったのか。答えは否である。

　全長約50キロメートルに及ぶ世紀の海底トンネルの建設事業について、完工を保証できる建設会社など居なかった。結果的に銀行団が完工リスクを取った。建設会社が取れない完工リスクを銀行が取るというのもおかしな論理である。プロジェクトファイナンスでの定理のひとつは、「当該リスクをもっとも理解している者がそのリスクを取る」というものである。この原則に基づいてリスク分散（Risk Allocation）を図るのがプロジェクトファイナンスの妙技だとされる。

　金融機関が完工リスクを取るのは今も昔も異例である。近年発電所建設案件などに限って、金融機関が完工リスクを取る例がある。発電案件はあくまで例外である。トンネルのようなインフラ案件や資源エネルギー案件などでは今でも完工リスクは建設会社もしくはスポンサーが取る。建設契約書（EPC契約書）で完工リスクを100％建設会社に転嫁することは容易ではないので、完工リスクは最終的にはスポンサーが取る。

　さて、ユーロトンネルは1990年暮に追加資金調達に成功した。これを仮に第１回追加資金調達と呼ぶ。ユーロトンネルはこのあとさらに２回、つまり全部で３回の追加資金調達を行う。日本の銀行はこの1990年の第１回追加資金要請には応じた。まだ、日本国内のバブル崩壊は本格化していなかった。しかし、以後ユーロトンネルは日本の金融機関（外国の金融機関も同様だと思うが）の業悪案件リストの常連となる。

　1994年ユーロトンネルは晴れて完成する。６年半の歳月を要した。

　「お金をかければ何だって完成する。問題は経済性があるかどうかだ。」と嫌味を言った金融機関は少なくないはずだ。

　そして、同年第２回目の追加資金調達を行う。出資金８億英ポンド、借入金７億英ポンド。合計15億英ポンドである。日本の金融機関の殆どはこれには応じなかったはずだ。日本国内では不良債権が増え始めていた。

　1997年夏にはタイでバーツが暴落する。翌98年１月にはインドネシア・ルピアも暴落。アジア金融危機の発生である。アジア金融危機の日本企業への影響は大きい。

　日本の金融機関は、国内の不良債権への対応に加え、アジア金融危機を境に海外の不良債権にも追われることになる。こういった環境のため、日本の金融機関はユーロトンネルの融資債権を市場で売却し始めた。値段は額面の凡そ半分だったと云われる。

1999年に第3回目の追加資金調達が行われた。資本市場からの増資のみで1億6千万英ポンド。追加で融資をする銀行はもう居ない。
　ここで、資金調達の全貌をまとめておく。
　　1987年：出資金／約10億英ポンド。借入金／50億英ポンド
　　1990年：出資金／6億英ポンド弱。借入金／18億英ポンド
　　1994年：出資金／8億英ポンド。借入金／7億英ポンド
　　1999年：出資金／1億6千万英ポンド
　　単純合計：出資金／25億6千万英ポンド。借入金／65億英ポンド
　つまり、60億英ポンドの予算であったものが、90億英ポンド以上を費やしたことになる。
　ユーロトンネルの全長は50km。そのうち、39kmが海底に敷設されている。敷設されている位置は海底からさらに約40m下位。トンネルは3本。うち、2本が通常の営業用に使用し、1本はメンテナンスや非常用である。375m間隔で3本のトンネルは接続されている。当初55年間であったConcession Agreement（事業権契約書）はリストラ交渉の過程で延長され、現在は2086年まである。
　国内でも「企業再生」がブームだった時期があるが、問題を起こしたプロジェクトファイナンス案件の建て直しは容易ではない。融資した金融機関だって、自ら経営できる訳でもない。
　2006年8月、事業収益に比し過大となった債務のため運営会社ユーロトンネルはついに破綻した。債権者との交渉を経て、2007年5月91億ポンドの債務は41億ポンドに減額された。減額されても債権の完済までには気の遠くなるような時間を要するはずである。
　ユーロトンネルの惨状で思い起こされるのは日本の第3セクターの事業である。営業利益がそこそこ出ている事業は少なくないが、多大な借入金のため最終利益が赤字のものが多い。2005年8月に開通した「つくばエクスプレス」も借入金返済に40年かかると報道されている。
　トンネル、道路、鉄道など交通インフラの整備は経済発展の要ではある。しかし、個々の事業の経済性はけして高くない。i) 利用者が不特定多数であること、ii) 莫大な初期投資を要すること、iii) 交通インフラの経済効果は当該インフラだけの収支では計りきれないこと、などインフラ特有の問題がある。経済学でいう「外部経済効果」が高い。民間金融機関がプロジェクトファイナンス・ベースで融資するには非常に困難が伴う領域である。

5. 北米のコジェネ案件
（1980年代後半－1990年代前半）

さて、ここで北米マーケットに戻りたい。

ユーロトンネルが資金を集めていた頃、つまり80年代には北米で新しい潮流が芽生えつつあった。コジェネレーション案件（電力・熱併給の発電所の建設・操業の案件、以下「コジェネ案件」）へのプロジェクトファイナンスの利用である。この潮流はのちに発展途上国でのBOT（Build, Operate and Transfer）スキームによる発電所案件に発展してゆく。そして、現在のIPP（Independent Power Producer）事業やIWPP（Independent Water and Power Producer）事業へと成長する。米国で80年代中頃から90年代中頃までの約10年間、コジェネ案件向けのプロジェクトファイナンス・マーケットは非常に活発だった。発電所案件向けのプロジェクトファイナンスのファイナンスモデルがこの時期に出来上がったといっていい。

それでは何故、この時期に北米でコジェネ案件が出てきたのか。そして、プロジェクトファイナンスが資金調達手段として利用されたのか。

これは1978年成立のパーパ法（PURPA法）に遡る。パーパ法はPublic Utility Regulatory Policy Actの略称である。カーター大統領の時代に成立した。第１次石油危機が発生し（1973年10月）、米国でも省エネに関心が向かった。パーパ法は省エネを企図した法制である。

火力発電の仕組みというのは、通常石炭、重油、天然ガスなどの化石燃料を燃やし、まず蒸気（スチーム）を作る。その蒸気でタービンを回し発電する。化石燃料を燃やしたときに発生する一次エネルギー量のうち最終的に電力になる部分は実は多くは無い。30-40％だといわれる。蒸気の部分（排熱）は従来特に再利用していなかった。この排熱の部分を再利用するよう法制化したのがパーパ法である。これにより、熱エネルギー変換効率の向上を目指した。

パーパ法は、コジェネレーション事業主が発電する電力について既存の電力会社が長期にわたり購入するよう義務付けた。これにより、コジェネレーションの建設を促進し、国全体の熱エネルギー変換効率の向上を期した。パーパ法は、この結果、長期間（20-25年）に亘る「買電契約」（Power Purchase Agreement-PPA）を米国市場に出現させることになる。パーパ法の適用を受けるコジェネレーション事業施設をQualifying Facilities（QFs

／キュー・エフス）と呼んだ。

 既存の電力会社がコジェネレーション事業主から電力を購入する時の電力価格は、いわゆるアボイデッド・コスト（Avoided Cost）である。このアボイデッド・コストの水準は、当該電力会社が自ら追加的に発電を行った際に要する限界的な費用を意味する。アボイデッド・コストの水準は買電契約締結時に決定する。電力会社は後日経営努力により発電コストを低下させたとしても、アボイデッド・コストの見直しは行われない。コジェネレーション事業主の利益を守るためである。電力会社は電力需要者に電力コストを転嫁するので、最終的には電力需要者がアボイデッド・コストを負担する。この仕組みは、コジェネレーション事業主を保護しすぎるだけで国民経済的には好ましくないと、後日米国内で大議論となる[*6]。

 話を当時に戻す。

 コジェネレーション事業者は、パーパ法の適用を受けようとすれば、蒸気（スチーム）の購入者を見つけなければならない。蒸気（スチーム）は、化学工場、製紙工場、石油採掘現場（Enhanced Oil Recovery向け）などで需要がある。コジェネレーション事業者は、用地の確保、燃料供給の確保、そして蒸気（スチーム）の長期購入者の確保などに全力を注ぐ。これらが確保されれば、電力会社との買電契約締結はパーパ法によって保障される。現在のIPP事業においてはこの買電契約の締結が最も重要であるが、コジェネレーション事業では買電契約の締結は法律によって保護されていた点が注目される。

 パーパ法に基づくコジェネレーション事業への参入者は、既存産業（電力会社、ガス会社、パイプライン会社、石油会社等々）からもあったが、みずから会社を興し新興勢力として事業を開始したものも随分いた。既存産業からの参入者の例では、InterGen, Mission Energy, CMS, Enron, Shell Power, Coastal Powerといったところが好例だ。独立系新興勢力の例では、AES, Destec, Calpineなどの名前が思い浮かぶ。

 長期燃料供給契約、長期スチーム購入契約、長期買電契約、建設契約などが揃うと、コジェネレーション事業は動き出す。コジェネレーション事業主は、ここで資金調達の手段としてプロジェクトファイナンスを考えた。長期燃料供給契約、長期スチーム購入契約、長期買電契約などの主要契約が揃え

[*6]：90年代にもパーパ法改正の動きはあったが、2005年8月に至って漸く改正案が可決した。

ば、コジェネレーション事業の事業収入は安定する。そうであれば、金融機関はノンリコースで資金が供与できる。

その通りである。

かくして、北米で80年中頃からパーパ法に基づくコジェネ案件向けのプロジェクトファイナンスが出現し始めた。米国の銀行はもちろん、欧州の銀行も絶好の機会と見て積極的に資金を供与した。日本の銀行も80年代後半から参入する。

1990年初頭、北米市場と言えば「プロジェクトファイナンス＝コジェネ案件」であった。当時の日本の電力業界事情・銀行業界事情からすると、米国で起こっている現象は隔世の感がある。何故「プロジェクトファイナンス＝コジェネ案件」なのか。「パーパ法」、「アボイデッド・コスト」、「買電契約（PPA）」、「コジェネ」といった言葉が飛び交い、銀行が多額のノンリコースローンを供与する。

当時筆者が勤務する邦銀では北米でのコジェネレーション事業向けプロジェクトファイナンスに非常に積極的に取り組んだ。プロジェクトファイナンス業務を行うチームは北米ではニューヨークにしか駐在していなかったが、コジェネ案件に限っては全米の拠点が自ら採り上げ始めた。行内稟議書の添付資料のひとつとしてコジェネ案件用のものを作成したほどである。また、当時まで海外案件の審査はすべて日本で行っていたが、コジェネ案件をはじめ北米のファイナンス案件が活発になってきたため、1991年ニューヨークに米州の審査部門を設立する。邦銀で米国内に審査体制を整えた先駆的な動きである。

筆者は1991年夏１ヶ月間ニューヨークへ出張し、米州審査部門プロジェクトファイナンス担当ラインの立ち上げの手伝いをした。新規採用した米人の新人審査担当者を短期教育するのが目的である。毎日彼と一緒に仕事をしているうちお互い随分親しくなった。あっという間に１ヶ月が過ぎ帰国の日が近づくと、彼が自宅での夕食に招待してくれた。マンハッタンの北、ホワイトプレーンの一戸建ての大きな家である。奥さんと小さな娘さん二人の４人家族。懐かしい思い出である。

1985年に出版された横井士郎氏の『プロジェクトファイナンス』は、コジェネ案件について全く言及していない。1996年に出版されたジョン・D・フィナティー著『（邦題）プロジェクトファイナンス－ベンチャーのための金

融工学』（朝倉書店）*7はコジェネ案件への言及が多い。ケース・スタディーとして米国コジェネ案件を採り上げている。ジョン・D・フィナティーは米国人である。1997年に出版された小原克馬氏の『プロジェクトファイナンス』（金融財政事情）でも米国コジェネ案件の説明にページを割いており、ケース・スタディーに米国コジェネ案件を1件採り上げている。

しかし、米国のコジェネ案件が活況を呈していたのは、まさに横井氏の著書が出版されてから、フィナティー氏や小原氏の著書が出版されるまでの約10年間である。小原氏の著書が出版され日本でコジェネ案件向けのプロジェクトファイナンスの仕組みが広く理解されるようになった頃には、米国のファイナンスマーケットからコジェネ案件がほぼ消失しつつあった。

筆者は90年代後半米国ヒューストンに駐在しプロジェクトファイナンス業務を行っていた。1996年にDestec社の主導するフロリダのコジェネ案件の融資契約書を調印した。Destec社は当時米国西側で活躍する有力コジェネ・ディベロッパーの1社である。調印した後に関係者が「Destecのコジェネ案件はこれが最後かも知れない」と聞いたのを思い出す。事実そのとおりであった。しかも、Destec社自身がその後他社に買収される。Destec社が買収され消滅したことは、奇しくも米国コジェネ案件市場の終焉を象徴している。

最後にパーパ法がプロジェクトファイナンスにおいて果たした役割について簡単にまとめたい。米国のパーパ法は後年その欠点が露見し改正されるが、プロジェクトファイナンスの分野で果たした役割は小さくない。

つまり、パーパ法は電力会社とコジェネ事業主との間に長期買電契約（Power Purchase Agreement）を創りあげた。長期買電契約の中では、電力価格のフォーミュラーを形成する「Capacity Charge」や「Energy Charge」の概念が重要である。コジェネ案件向けプロジェクトファイナンスの組成・開発を通じ、これらの概念が洗練され発展した。

「Capacity Charge」は資本コストの回収を求める部分である。実際に電力を供給してもしなくても、電力供給できる状態にあるだけで一定水準の料金を徴収できるものである。この価格水準は資本コストに見合うように設定

---

*7：ジョン・D・フィナティー著『(邦題)プロジェクトファイナンス—ベンチャーのための金融工学』（朝倉書店）の原書が1996年に出版されている。その日本語訳が出版されたのは2002年10月である。この本の日本語副題「ベンチャーのための金融工学」は筆者にはどうも馴染めない。ジョン・D・フィナティーの著書はプロジェクトファイナンスについて書かれたものである。ベンチャーとも金融工学ともあまり関係がない。

される。資本コストの中には当然借入金の返済部分が含まれる。

「Energy Charge」は主に変動費用の回収を求める部分である。この中の費用項目では燃料費用の占める割合が大きい。燃料（例えば天然ガス）コストは変動するので、これをいかに電力価格に転嫁できる仕組みとしておくかが鍵である。

こういった長期買電契約（Power Purchase Agreement）のノウハウが、発展途上国で発電所案件を推進する際に役立った。90年代に欧州やアジアで民間主導の発電所案件が出てくるが、このような市場で特に米国勢のスポンサーが活躍する。資金調達の手法は悉くプロジェクトファイナンスの手法である。海外の発電所案件で米国系企業が活躍したのは偶然ではない。パーパ法を背景とし米国国内で民間主導の発電所案件のノウハウを積み重ねていたのである。

6. アジア金融危機までのアジア市場（1990年－1997年）

1990年代のプロジェクトファイナンスのアジア市場を振り返るとき、まず時間軸としてアジア金融危機までを一区切りと見ることに異論はないと思う。1990年から1997年までの7年余のアジア市場は、アジア各国の高度経済成長に合わせ発電所案件や工業プラント案件が続出した。これらの建設資金の調達にプロジェクトファイナンスを利用しようとする動きが活発になる。

それまでプロジェクトファイナンスは石油・ガス、石炭、金・銅などの資源開発の資金調達に多く利用されてきたファイナンス手法である。この時期、北米では「パーパ法」という法制度に支えられ「コジェネ案件」にプロジェクトファイナンスが利用されている。英仏間のユーロトンネルの事例もある。しかし、これらは米国や欧州でのこと。先進国の案件である。

つまり、90年代初頭のアジア市場でプロジェクトファイナンスを利用しようとすることは、
(1) アジアの発展途上国で行うこと
(2) 資源開発案件ではなく、電力プラント案件や石油精製所案件・石油化学プラント案件などのプラント案件にプロジェクトファイナンスを利用すること

という二重の挑戦があったということになる。こういう点に90年代初頭のプロジェクトファイナンス・アジア市場の特徴が認められる。

因みに、1990年は筆者がプロジェクトファイナンスの仕事を始めた年である。プロジェクトファイナンスの案件とりわけ電力案件や石油精製所案件・石油化学プラント案件は融資期間が10年以上に及ぶ。審査部門は「アジアの案件で融資期間が長期に及ぶものは過去に殆どない。」という反応である。当時海外案件といえば殆ど北米か欧州の案件のこと。シンガポールと香港に拠点を置いているとはいえ日系企業向けコーポレートファイナンスが業務の中心である。日本の銀行にとってアジア市場でプロジェクトファイナンスを行うというのは、融資期間が長期に及ぶという点でも新機軸であった。もちろん、この頃欧米の銀行にとってもアジア市場で融資期間の長いプロジェクトファイナンスを供与することは容易ではなかったはずである。

　さて、アジア市場と総称してきたが、当時日本企業が関与する案件の大半はタイとインドネシアに集中している。戦後日本企業が積極的に進出してきた国々である。これらの国々で登場した具体的な案件として、例えば次のような案件が挙げられる。

- カルテックス社の石油製油所（タイ）
- シェル社の石油製油所（タイ）
- ポリエチレンプラント（タイ）
- その他石油化学プラント（タイ）
- パイトン石炭火力発電所（インドネシア）
- チャンドラ・アスリ石油化学プラント（インドネシア）
- その他石油化学プラント（インドネシア）

　タイもインドネシアも石油精製製品や石油化学製品の国内生産を目指していた。海外からの輸入に依存するのを止め自国内で生産・供給しようとしていた。例えば、タイの新規大型石油製油所は1990年代初頭2つ同時に進行する。米国カルテックス社[*8]（当時はテキサコとシェブロンの合弁会社。本社テキサス州ダラス。）とロイヤル・ダッチ・シェル社がタイの国営石油会社PTTと新規石油製油所の建設計画をそれぞれ発表する。いずれも大型の資

[*8]：カルテックス社（Caltex）は1936年テキサコとシェブロンがアジア戦略のために設立した合弁会社である。アジアの石油業界では確固たる地位を占める。カルテックスの「カル」はシェブロンの本社のあるカリフォルニア州の「カル（Cal）」を、カルテックスの「テックス」はテキサコの本社のあるテキサス州の「テックス（Tex）」を取ったものである。設立当初はCalifornia Texas Oil Co., Ltd.と称した。後年テキサコとシェブロンは合併し、現在カルテックス社はシェブロンの傘下にある。

金調達を計画し資金調達方法はプロジェクトファイナンスを利用するという。カルテックスは英国のバークレイズ銀行をフィナンシャル・アドバイザーとして雇用。約2年余を要し融資契約書の調印を果たす。

筆者はこのカルテックスの石油製油所案件に携わる機会を得た。プロジェクトファイナンスのフィナンシャル・アドバイザーの仕事ぶりを目の当たりにした最初の経験である。フィナンシャル・アドバイザーがスポンサーと親しく打ち合わせをする姿が印象に残っている。

タイの2つの新規石油精製所案件には日本企業の出資はない。カルテックスの石油精製所の案件には日本のエンジニアリング会社がEPCコントラクターとして参画する。

タイのポリエチレン・プロジェクトには日本の商社の出資がある。プロジェクトファイナンスは日本の銀行とタイの銀行とだけで組成した。金額的には大型の案件ではないが、当時としてはアジア市場で日本企業主導の案件で日本の銀行主体でプロジェクトファイナンスを組成した数少ない案件のうちの1つである。

石油製油所や石油化学プラントというのは、原料（原油やナフサ）を加工して製品を作るというプロセス産業である。使用するプラントや機器はほぼ世界共通である。従って、プロセス産業の弱点は、価格競争力の点で差別化が難しいという点にある。原料が格段に安いのであれば間違いなく価格競争力はある。しかし、原料を市場価格で調達する限り、製品価格の優位性を見出すのは容易ではない。使用するプラントや機器はほぼ大同小異の性能・生産性である。

後日米国駐在時代に米国国内の石油精製所や石油化学プラントのプロジェクトファイナンス案件の機会に幾つか遭遇したが、価格競争力をどうやって維持するのかという議論で難渋した。90年代後半の米国国内では国内産業が成熟しているため、そもそも石油精製所や石油化学プラントの新規建設は少なく、従って同種のプロジェクトファイナンス案件が殆ど存在しないのを知った。

さて、次にインドネシアであるが、パイトン石炭発電所案件はアジア市場で日本企業が出資者として参画した初の大型発電所案件である[9]。三井物産

---

[9]：1980年代後半にパキスタンでハブ・リバーという大型発電所案件がプロジェクトファイナンスの手法で資金調達を行った。この案件がプロジェクトファイナンス・アジア市場初の大型発電所案件といえる。しかし、この案件に日本企業は出資していない。

と米国のミッション・エナジー社が主導した。発電容量は1,230MWを誇る。

北米の「コジェネ案件」で培ったノウハウも存分に生かされている。複数のファイナンス誌から1995年のDeal of the Yearの表彰を受けている。パイトン石炭発電所案件は、1）アジアの発展途上国でも発電所案件がプロジェクトファイナンスで組成できることを実証した、2）日本企業が出資者・事業主として参画した、3）日米の政府系輸出信用機関が融資を行った、などの点が特筆される。

もっとも、アジア金融危機の発生でインドネシアの発電所案件は後続が殆ど中断してしまった[*10]。しかし、アジア市場全般の新設発電所建設の需要は強く、後日タイ、フィリピン、ベトナムなどでプロジェクトファイナンスでの資金調達が成功する。プロジェクトファイナンスの発電所案件アジア市場は90年代を通じてほぼ確立されたといっていい。

アジア金融危機の発生で、タイやインドネシアで多くの案件が中断を余儀なくされる。上記で言及した案件の多くはアジア金融危機前に資金調達を終え操業を迎えていたが、経済環境の悪化でプロジェクトファイナンスで調達した借入金のリスケジュール交渉を行わざるを得なくなる。新規案件の中断と既存案件のリスケジュール。日本企業や邦銀関係者のダメージは小さくない。タイ・インドネシアの両国はその後暫く停滞期に入る。両国のプロジェクトファイナンス案件もしばらく市場から消えた。

7. カタールLNG
（1994年）

1990年代に日本企業が関与したプロジェクトファイナンス案件として、カタールLNG[*11]案件に言及しない訳にいかない。この案件は日本企業関連のプロジェクトファイナンス史上、非常に意義のある案件である。案件の意義としては次のような点が挙げられる。

- 日本の電力会社（中部電力）が熱心に推進したこと

[*10]：中断したインドネシアの電力案件で記憶に残るのは、エンロンが推進していたジャワ島東部の新規発電所建設案件である。パイトン発電所案件の成功に魅かれエンロンもインドネシアでの発電所計画に着手した。エンロンは当時インド・ダホール発電所第2次拡張事業の資金調達にも奔走。インドネシア発電所案件の担当者（女性）はヒューストンから飛来シンガポールのホテルに長期滞留した。1997年夏に発生したタイ・バーツの暴落が1998年1月早々インドネシア・ルピアに伝播。これでインドネシアの大型案件は悉く頓挫を余儀なくされた。

[*11]：LNGは液化天然ガス（Liquefied Natural Gas）のこと。天然ガスを摂氏マイナス162度まで冷却し液体にしたもの。気体に比べて体積が600分の1になる。液化は天然ガスの輸送手段して行われている。天然ガスの産出国で液化し専用タンカー（LNG船）で輸出する。輸入国で気化し発電燃料や都市ガス原料として使用する。日本は世界最大のLNG輸入国である。

- 日本の商社（丸紅・三井物産）が出資したこと
- 日本のエンジニアリング会社（千代田化工）がプラントを建設し日本の船会社（商船三井、日本郵船、川崎汽船）がLNG船での運搬を担ったこと
- カタールにとって初めてのLNG案件であったこと
- 日本の銀行にとって初の中東ペルシャ湾沿岸国での大型プロジェクトファイナンス案件であったこと

　カタールはペルシャ湾の中央南側に突出した半島の小国である。首都はドーハ。人口は約80万人。国土面積は日本の四国の6割程度。1940年には石油が発見され戦後石油の輸出で潤った。1971年英国から独立。単一のガス田として世界最大のノースフィールドガス田は1971年ロイヤル・ダッチ・シェルによって発見された。しばらく商業生産は行われなかった。1980年代後半カタールの国営石油会社（QGPC、のちにQP）は英国ブリティッシュ・ペトロリアム（BP）や仏トタール（Total）と共に豊富な天然ガスを液化し輸出する事業を計画する。

　一方、中部電力は1980年代後半カナダで進行していた液化天然ガス（LNG）輸入事業が頓挫する。原子力発電に代わる電源としてLNGを燃料とした火力発電所の推進以外に途はない。1989年ニューヨークにExxon社を訪ねる。ナツナ、アラスカ、サハリンなどで同社が計画するLNG案件の相談である。結果は思わしくない。

　同年後半中部電力は初めてカタール国営石油会社と接触を図る。翌年にはカタール国営石油会社からプロポーザルがあり、1990年10月両社は名古屋でレター・オブ・インタレストを調印する。そして、1992年5月ドーハでLNG売買契約書の調印式にまで至る。

　中部電力はLNG年間400万トンの購入を約した。別途年間200万トンについても日本企業7社の購入が決まる。もっとも、1991年には湾岸戦争が勃発、1992年初めにはブリティッシュ・ペトロリアムが案件から撤退する（のちに米国モービル社が参加）など1992年5月までの道のりは困難を極めた。これを成し遂げた関係者に敬意を表する。

　LNG案件は信用力のある長期購入者が決まれば事業推進ができる。1992年5月のLNG売買契約締結は、カタールにとってLNG時代の幕開けである。カタール金融センターCEOのスチュアート・ピアース氏は「カタールは

LNG参入の契機をつくった日本に対して感謝と敬意の念を持っている。」[*12]
と述べている。

　当時の金融市場はカタール向け融資について懐疑的であった。日本の銀行の多くが「カタールのカントリーリスクは取れない」としていた。中部電力がLNG購入契約を締結した時点でもこの認識に変わりはなかった。従って、プロジェクトファイナンスの組成に当たり政府系金融機関のポリティカル・リスク保険・保証のプログラムを活用するなどストラクチャリングに細心の注意を払った。

　1994年LNGプラント設備建設の資金として約20億米ドルの資金調達を果たした。民間の銀行もカタールのカントリーリスクを一部取った。政府系金融機関のポリティカル・リスク保険・保証のプログラムでは完全にカントリーリスクをカバーすることはできなかったのである。こういうときの民間銀行の融資判断はどういうものか。下からひとつひとつ積み上げた論理ではない。経営判断である。

　1994年建設着工。1997年1月LNG船がカタール初のLNGを日本に搬出した。

　カタールはこれを契機にLNG事業開発に邁進する。LNG輸出を開始した1997年からの10年間で同国の名目国内総生産（GDP）は5倍乃至6倍に伸長している。2010年12月においてカタールは、年産77百万トンのLNG生産能力を有するに至った。どのLNG案件も資金調達にはプロジェクトファイナンスを利用している。

　年産77百万トンはかつて世界最大のLNG生産量を誇ったインドネシアの2倍近い。LNGの主役はインドネシアからカタールへ移ったのである。

8. アジア金融危機からの10年
（1998年－2007年）

　カタールから初めてLNG船が搬出した1997年、アジアでは金融危機・通貨危機が起こる。その年の夏タイの通貨バーツが暴落した。

　この頃筆者は米国ヒューストンで、米国鉱山会社がインドネシアで同社の鉱山事業に供給する電力設備の譲渡・増設に関わるプロジェクトファイナン

---

*12：日経ビジネス・オンラインのインタビュー記事「LNGを基盤に新たな経済圏構築に向けて動き出したカタール」（2007年2月23日）

ス案件のリードアレンジャー業務に専念していた。米銀2行邦銀1行の合計3行で融資金額全額を引き受けた。1997年12月ニューヨークで同案件のシンジケーションのためバンク・ミーティングを開催。翌年1月シンガポールでも同種のバンク・ミーティングの開催を予定していた。しかし、1998年新年早々インドネシア・ルピアが暴落する。ルピアの通貨価値が対米ドルで4分の1以下になる。シンガポールでのバンク・ミーティングは無期延期。その後もついぞ開催することはできなかった。

この案件の融資の返済原資は鉱山事業から産出される鉱物を輸出して得られる外貨収入である。従って、インドネシア・ルピアが暴落してもプロジェクト収入には影響なく融資の返済にも影響は無かった。しかし、シンジケーションは大失敗である。

さて、アジア金融危機後の10年間について、日本企業・邦銀の関わってきたプロジェクトファイナンス市場を振り返ってみたい。大方次のような現象・傾向を把握することができよう[13]。

a. アジア電力案件の教訓
b. ブラジル案件の台頭
c. 中国案件の台頭
d. 中東案件の台頭
e. LNG船・FPSO案件
f. アジア電力案件の復活

■ a. アジア電力案件の教訓

アジア金融危機の発生は新規案件を頓挫させただけではない。既存案件の事業計画を狂わせ借入金の返済を困難にした。プロジェクトファイナンスで資金調達した案件は返済スケジュールの見直し（リスケジュール）やスポンサーによる追加出資など対応策に追われた。既存案件の収拾がつかないうちは新規案件の復活もありえない。

「プロジェクトファイナンスの発電所案件アジア市場は90年代を通じてほぼ確立された」と先に書いた。しかし、同時にアジア金融危機を通じて電力

---

[13]：ここでは触れなかったが、「黒海海底パイプライン・ブルーストリーム案件」（2000年）やアゼルバイジャン・バクーからトルコ・セイハンまでの「BTC石油パイプライン案件」（2004年）は規模も大きく特筆に価する。しかし、それぞれ独立性の強い案件で類似した後続案件なく業界の傾向として捉えるのは難しい。

案件に大きな教訓も残した。それは電力の長期購入者（Offtaker）の信用力の問題である。

インドネシアの通貨ルピアはアジア金融危機の発生で対米ドルの通貨価値が4分の1になった。インドネシアの発電所は発電した電力を国営電力庁（PLN）に販売する。しかし、アジア金融危機の発生以後、国営電力庁が4分の1の電力代金しか支払わなくなった。

この出来事はプロジェクトファイナンス市場関係者にとっても、電力事業（IPP事業）を手掛ける事業主にとっても、非常にショッキングな出来事である。アジア金融危機が理由とは言え、国営電力庁はインドネシア国家の一部である。国営電力庁PLNが不払いを起こしたので、業界関係者はこれを「PLNリスク」と称している。

念のため付け加えると、インドネシアの資源開発案件（LNG、石油、金、銅などの開発案件）には影響はなかった。外貨収入を稼ぐ輸出型案件の強さはこのときも証明された。冒頭に触れた筆者の体験も、発電所案件ではあったが"Inside the Fence"[*14]の案件で資源開発案件の一部であったので幸いした。

国家唯一の国営電力庁が電力購入について広く不履行を起こすという出来事は、発展途上国で電力案件を推進する関係者に多くの教訓を残した[*15]。そして、インドネシアにとっても手痛い失点である。インドネシアはその後信用回復に手間取り、アジア金融危機以後10年間で外資主導の新規発電所建設案件は殆ど実現していない[*16]。

■ b. ブラジル案件の台頭

1997年ブラジルの国営石油会社ペトロブラスの国内独占が終了し石油開発に外資が参入できるようになった。ペトロブラスは海上油田開発や石油・ガス関連施設の投資に力を入れる。ブラジル東方沖合にあるカンポス油田群には膨大な石油とガスが埋蔵されている。ペトロブラスの多額の資金需要に照

[*14]："Inside the Fence"案件とは特定の案件に内生している案件のこと。ここでは鉱山案件で使用される電力を供給するための発電所案件である。発展途上国の発電所案件は国営の電力会社に対して電力を販売するのが普通であるが、特定の案件に内生した発電所案件も存在する。Inside the fence projectは特定の案件に依存しているため、事業リスクの内容が一般の電力案件とは異なる。
[*15]：日本企業関連ではないので言及しなかったが、米国企業が手掛けていたインドネシアの発電所案件でアジア金融危機のために建設途上で中断してしまった案件がある。同米国企業は訴訟を起こし損害賠償を請求。勝訴した。
[*16]：日本の商社が所有する新規大型石炭火力発電所建設が2003年インドネシアで着工、2006年に操業開始した。アジア金融危機で中断していた案件の再開である。民間金融機関はPLNリスクを取らない形で資金供与に参加している。

準を合わせたのは日本の商社である。

筆者がブラジル・ペトロブラスの大型案件の話を初めて耳にしたのは1997年。日本の金融業界もまだ半信半疑の状態である。2000年から具体的な案件が成約を見る。日本の政府系金融機関も支援する。2000年から2006年に見られた具体的な成約例には次のようなものがある。

- バラクーダ・カラチンガ油田開発案件（2000年）
- EVM（エスパダルチ、ボアドール、マリンバ）油田開発案件（2000年）
- カビウナス・ガス処理プラント案件（2000年）
- アルバコーラ油田開発（2000年）
- ヘブラン製油所近代化案件（2002年）
- マーリャ・ガスパイプライン案件（2003年）
- ペデッチ原油輸送設備案件（2005年）
- ヘバッピ製油所近代化案件（2006年）

これらの案件のファイナンススキームは必ずしもプロジェクトファイナンスという訳ではない。その多くは最終的にペトロブラスのコーポレートリスクに収斂する。しかし、いずれの融資金額も大型であり、日本の商社、エンジニアリング会社、政府系金融機関、邦銀が関わってきたという点で注目に価する。民間銀行の多くはプロジェクトファイナンス部門で案件を採り上げている。

ペトロブラスの原油生産量は1998年日量約100万バレルだったが、積極的な投資が奏功し2006年には日量約190万バレルに達し、原油輸入が不要になった。同社CEOガブリエリ氏の発言によれば、プレセル油田の開発等により原油生産量は2014年にも日量400万バーレルに達するという[17]。また、米国の格付機関から既にトリプルBの格付を取得し、格付水準としては投資適格[18]である。

格付水準の向上により、同社は資金調達面で非常に有利になった。資金調達に悩むことがなくなってきたといっていい。従って、ストラクチャーもの

---

*17：2011年2月4日付英フィナンシャル・タイムズ紙。
*18：世界的に認知されている格付機関に米国のStandard & Poors CorporationとMoodys Corporationがある。最高位の格付ランクはそれぞれAAAとAaaでトリプルAと呼ばれる。トリプルB（それぞれBBB-とBaa3）以上の格付ランクが投資適格（Investment Grade）と呼ばれる。投資適格以上の格付を取得すると資金調達は格段に楽になる。

のファイナンスを利用する必要性が減り、政府系金融機関の融資を利用することも必然ではなくなってきた。

　借主の成長は（これまでの支援が実ったという意味で）嬉しくもあり、（プロジェクトファイナンスの機会が減ったという意味で）悲しくもある。

■ c. 中国案件の台頭

　中国という国は、プロジェクトファイナンスの市場としてはけして大きくはない。プロジェクトファイナンスを組成するのが困難な国である。

　1980年代後半香港の事業家ゴードン・ウー率いるホープウェル社が広東省で石炭火力発電所を建設した。プロジェクトファイナンスの手法で資金調達をした。外資スポンサー側の借主と地元スポンサー側の借主を別々にし、借主を2社設立するなど特殊なスキームを用いた。また、同時期には広東省で高速道路の建設・操業案件もあった。プロジェクトファイナンスの手法を用いて資金調達を果たした。しかし、これらの広東省周辺でのプロジェクトファイナンス案件に後続するものは、残念ながら無かった。

　1990年代中国本土に大型のプロジェクトファイナンス案件は見当たらない。中国返還後の香港で2000年香港ディズニーランド[19][20]の建設資金がプロジェクトファイナンスの手法で調達された。久しぶりの中国向け大型プロジェクトファイナンスである。

　新世紀に入ってオイル・メジャー等が中国本土で大型石油化学プロジェクトを推進すると発表してから、中国本土にも久しぶりにプロジェクトファイナンス案件が登場すると期待された。具体的には次のような案件である。

- ロイヤル・ダッチ・シェルとCNOOCの合弁事業「Shell南海石化プロジェクト」
- ブリティッシュ・ペトロリアム（BP）とシノペック（Sinopec）の合弁事業「上海石化プロジェクト」
- 独BASFとシノペックの合弁事業「南京石化プロジェクト」

---

*19：香港ディズニーランドはディズニーランド海外進出3番目である。1983年開園の東京ディズニーランド、1992年開園のパリのユーロ・ディズニーランドに次ぐ。ユーロ・ディズニーランドの建設資金もプロジェクトファイナンスの手法で資金調達をしている。なお、ユーロ・ディズニーランドというのは開園当初の呼称で、現在英語ではDisneyland Parisと呼ぶ。

*20：香港ディズニーランドはケース・スタディーとしてBenjamin C.Esty著「Modern Project Finance」（John Wiley & Sons Inc., 2004, p383以下）が採り上げている。専らシンジケーションを説明するためである。

- エクソン・モービル（ExxonMobil）、サウジアラビア・アラムコ（Aramco）とシノペックの合弁事業「福建省製油所石化プロジェクト」

　ブリティッシュ・ペトロリアムは早々にプロジェクトファイナンスでの資金調達を断念し早期建設着工を最優先した。ブリティッシュ・ペトロリアムとシノペックは借入金全額に債務保証を行い2002年コーポレートファイナンス・ベースで資金調達を行った。

　ロイヤル・ダッチ・シェルはプロジェクトファイナンスでの資金調達を成功させる。借入金総額は26億8千万米ドル。プロジェクト総額44億6千万米ドルの60％に当る。2003年8月に融資契約書の調印を果たす。この案件には日本のエンジニアリング会社も総額1千億円相当のプラント受注を果たし参入する。国際協力銀行や邦銀も融資に参加した。

　ロイヤル・ダッチ・シェルは、この案件の推進のためバンク・オブ・アメリカ香港支店のチームをフィナンシャル・アドバイザーとして雇用する。ところが、しばらくしてこのバンク・オブ・アメリカ香港支店の主要チームメンバーがイタリアの銀行インテサ香港支店に転職してしまう。Shell南海石化プロジェクトのフィナンシャル・アドバイザー・チームはインテサに転職してもそのまま業務を継続した。

　Shell南海石化プロジェクトの調印式は2004年北京市内の迎賓館で行われた。中国の関係者が前面に出た式典で外国の金融機関も多数参加しているにも拘わらず殆ど中国語で議事次第が進んだ。

　Shell南海石化プロジェクトに続き中国本土のプロジェクトファイナンス案件がもう少し成約するかに思われたが、そうでもなかった。日本の化学会社も一部を除いて中国国内に生産拠点を設けようという動きが活発にならない。Shell南海石化プロジェクト[*21]は中国プロジェクトファイナンス市場に布石を残した。しかし、中国国内のプロジェクトファイナンス市場の成熟化にはまだまだ時間がかかる。これは専ら法制度の整備と軌を一にする問題である。欧米メディアは中国の法制度について"opaque and arbitrary"（不透明で恣意的）と評することが多い。

---

*21：Shell南海石化プロジェクトは、完工してほどなく2007年5月中国の銀行によってリファイナンス（借入金の借り換え）が行われた。

■ d. 中東案件の台頭

　石油価格の高騰が中東地域に莫大な資金流入を実現した。特に親米派のペルシャ湾沿岸国へは投融資の資金が流入している。カタール、UAE、バーレーンなどはいずれも小国ではあるが外資に友好的である。そして、サウジアラビア。この国の潜在力も大きい。

　こういったペルシャ湾沿岸国は電力と水の供給に苦心してきた。外資の資金力と技術力を利用して発電所と淡水化プラントの建設の促進を図る。これをIWPP事業という。IWPPはIndependent Water and Power Producerの略称である。IWPP事業者の発電する電力と淡水化する水の長期購入を国営企業が約する。電力における買電契約（Power Purchase Agreement）を水にまで拡張したと考えればいい。こういう電力と水の長期購入契約書（Power and Water Purchase Agreement）が存在することによって、外資のIWPP事業者はプロジェクトファイナンスの手法で資金調達が可能となった。

　中東のIWPP事業に日本の商社が商機を見出した。中東のIWPP事業は事業規模が１千億円を越える大型案件ばかりである。次のような案件は日本の商社も出資を行い、中東のIWPP事業の嚆矢となる案件である。

- UAEのタウィーラB・プロジェクト（2004年）
- バーレーンのアルヒッド・プロジェクト（2006年）
- カタールのメサイッド・プロジェクト（2007年）

　また、中東への日本企業の投融資はIWPP事業だけに限らない。カタールの一連のLNG事業にも参加している（例えばカタールガスIII（2005年））。

　さらに、日本企業の中東への投資は商社だけではない。2006年にプロジェクトファイナンスの融資契約書の調印を果たした住友化学のサウジアラビアにおけるラービク・プロジェクトは注目に値する。総プロジェクトコスト約１兆円とも言われ金額規模もさることながら、日本企業によるサウジアラビアへの大型投資として特筆される。サウジアラビアの安価な天然ガスを利用した石油化学製品の製造という点に商機がある。サウジアラビアにとっても原油ではなく天然ガスを商業化し輸出するという点に新しい外貨収入源を見出せる。資金調達方法にプロジェクトファイナンスを利用したことにより、住友化学は事業リスクの一部を金融機関に分散するという効果も期待できる。

■ e. LNG船・FPSO案件

　日本は液化天然ガス（LNG）の輸入大国である。世界で生産されるLNGの約４割は日本に輸入され消費されている。この関係で日本の船舶会社はLNGを輸送する専用船LNG船の建造・保有・運航にも強みを発揮してきた。商船三井、日本郵船、川崎汽船の３社はLNG船分野で世界的に名高い。

　LNG船は長期売買契約の多いLNGを輸送するので、LNG船の傭船契約も長期間に及ぶ。長いものは15年から25年にも及ぶ。この長期傭船契約の存在により、LNG船の建造資金をプロジェクトファイナンスで調達することが少なくない。LNG船を所有する特別目的会社（SPC）を設立し借入を行う。LNG船の運航はこれら邦船会社が行う。資金調達をノンリコースで行えるので、邦船会社にとってもメリットがある。こうして、邦船３社の推進するLNG船のプロジェクトファイナンス案件が市場に多く出るようになった。

　もう一つ指摘しておきたい新種のプロジェクトファイナンス案件がある。海上の石油ガス生産用に利用されるFPSO（エフ・ピー・エス・オー）の案件である。FPSOとはFloating Production Storage Off-loading[22]の頭文字を取った。海上に浮体した石油ガス生産設備である。オイルタンカーを改造して建造することが多い。いまや新規の油田開発は殆ど海上である。陸上の新規大型油田開発というのは殆どなくなった。海上での油田開発にはこれまで莫大な資金を要した。船舶のように海上に浮かび油田生産を可能とするFPSO。これによる海上油田開発はコスト面から革命をもたらした。

　このFPSOの建造・操業に先見の明を以って臨んだ日本企業が三井海洋開発である。いまや同社はFPSO建造・操業実績で世界第２位である。当社はベトナムのFPSO案件で初めて建造資金の調達にプロジェクトファイナンスを利用した。2003年のことである。FPSOも一定期間の傭船契約を締結する。この傭船契約の存在がプロジェクトファイナンスを可能とする。当社は以後FPSO案件の資金調達に頻繁にプロジェクトファイナンスを利用しており、日本のFPSOプロジェクトファイナンス案件を主導する。

＊22：Floating Production Storage Off-loadingは日本語で「浮体式海洋石油・ガス生産貯蔵積出設備」と訳されている。三井海洋開発のホームページに詳しい（http://www.modec.com/about/index.html）。

■ f. アジア電力案件の復活

　アジアの各国が経済成長を遂げる中で、電力の供給能力はどうしても確保しなければならない。発電所の建設には多額の資金を要する。外資の技術力・資金調達能力を活用するのがIPP（Independent Power Producer）だといえる。外資にとっては海外での事業投資の機会である。

　アジアの電力案件はアジア金融危機後ほどなく復活してきた。アジア金融危機以前と以後では主役の交代が見られる。米州系スポンサーの撤退と日本勢の台頭である。この分野での日本勢の主流は専ら商社と電力会社である。

　日本の電力会社が海外のIPP事業に参入を開始したのは1998年。関西電力がフィリピンの「サンロケ水力発電所」に出資したのが第１号である。2002年にベトナムで初のIPP案件がプロジェクトファイナンスの融資契約書を調印する。「フーミー２（Phu My2.2）」である。天然ガス火力発電所で715MWの発電量を誇る。この案件には日本の住友商事、東京電力が出資している。翌2003年にもベトナムでIPP案件のプロジェクトファイナンスの融資契約を調印する。「フーミー３（Phu My3）」である。天然ガス火力発電所で716MWの発電量。「フーミー２（Phu My2.2）」と同規模である。これには日商岩井（現双日）と九州電力が出資している。操業開始は2004年で「フーミー２（Phu My2.2）」より早い。

　また、2003年にはインドネシアで「タンジュン・ジャティB石炭火力発電所プロジェクト」の融資契約書が調印された。住友商事がアジア金融危機前から推進してきた案件である。1,320MWの発電量を誇る大型案件。アジア金融危機からの回復が遅れていたインドネシアでの久々の日系大型案件の立ち上げに関係者も喝采を送る。

　2005年にラオスで大型の水力発電所がプロジェクトファイナンスの手法で資金調達を果たした。「ナム・テン２」である。フランスの国営電力会社が推進した。日本勢は出資していない。発電した電力をタイの国営電力会社（EGAT）に長期契約で販売する点がファイナンスを可能にした。

　タイのIPP案件にも日本勢が多く出資している。電源開発、中部電力、豊田通商（旧トーメンを含む）などが活発である。

　既存の発電所案件を日本勢が買収する動きも見逃せない。アジアの発電所資産を売却するのは主に北米（カナダ、米国等）の資本である。

　2004年には英国インターナショナル・パワー（IP）と三井物産が共同で米国のエジソン・ミッション・エナジー社所有の海外発電所資産を一括約20億

米ドルで買収した。資金の一部をプロジェクトファイナンスで調達している。金額規模の大きさに当時は業界で反響があった。米国エジソン・ミッション・エネジー社が海外発電事業から撤退したという点も時代の変遷を物語る。同社は90年代三井物産と共にインドネシアでパイトン発電所を立ち上げている。

2005年に電源開発と住友商事がフィリピンの水力発電所（CBK）を買収した。売却したのは米国資本（エジソン・ミッション・エネジー社）とアルゼンチンの資本（インプサ社）である。同年には東京電力がインドネシア・パイトン発電所の権益の一部を取得した。売却したのはカナダ資本（トランス・カナダ社）と米国資本（GEコマーシャルファイナンス社）である。両案件とも資金調達にプロジェクトファイナンスを利用している。

そして、2006年12月東京電力と丸紅が米国ミラント社所有のフィリピンの既存発電所群を約34億米ドルで買収すると発表した。2年前の英国インターナショナル・パワー（IP）と三井物産の買収金額を大幅に上回る。加えて日本勢だけによる買収である。この時、東京電力と丸紅の社長はそれぞれ勝俣氏で、両名は実の兄弟であった。米国ミラント社のフィリピン発電所資産の買収に入札した主要グループは5グループあった。どのグループにも有力な日本の電力会社もしくは商社が参加していた。従って、入札の段階からいずれかの日本勢が買収に関与することは確実であった。

アジア金融危機からの10年。アジアの発電所案件は日本勢が牽引し復活を遂げたと言える。

9. リーマン・ショックとそれ以後
（2008年-2010年）

リーマン・ブラザーズの破綻は日本時間2008年9月15日月曜に伝わった。

この1週間ほど前にシンガポールで発電所買収のプロジェクトファイナンス案件が融資契約書を調印していた。買収額はシンガポール・ドル建てで30億ドルを越える大型買収案件である。案件名をセノコ・パワーという。丸紅、関西電力、九州電力等が3,300MWの発電所資産を取得した。この発電所資産はシンガポールの政府系投資会社テマセク社が保有していたもので、同社は発電所資産の売却を数年前から計画していた。セノコ・パワー以外にも、同社はチュアス・パワーやセラヤ・パワーなどを売却している。

リーマン・ショックから3ヶ月後の2008年12月、住友商事のタンジュン・

ジャティB拡張案件の融資契約が調印された。この案件は2003年に融資契約された同社のインドネシア発電所案件の拡張である。融資契約の諸条件はリーマン・ショック前に銀行と合意していたとは云え、リーマン・ショック以後初めて融資契約書が調印された日系主導の大型アジア案件である。

　2009年は静かに明けた。2008年の暮れに海外主要金融機関が人員削減を実施した。プロジェクトファイナンス市場も停滞余儀なくされた。そのような環境の中で日系企業が関与した注目すべき案件が少なくとも2つ融資契約調印に至っている。1つは丸紅が関与した南米チリのエスペランザ銅鉱山案件である。融資金額は10億米ドルを超え、2009年5月融資契約書を調印した。もう一つはパプアニューギニアのLNG案件である。米国エクソン・モービル社が主導したパプアニューギニア初のLNGプロジェクトで、総投資額は200億米ドルとも云われる。2009年12月に融資契約を調印した。

　明けて2010年3月には、リーマン・ショックの影響で融資契約の成約が延伸していたインドネシアの発電所案件が2件成約している。ひとつは三井物産および東京電力が出資しているパイトン発電所の拡張案件である。もうひとつは丸紅が出資しているチレボン発電所である。リーマン・ショックが発生していなかったならば、どちらも1年以上前に融資契約書の調印を果たしていたに違いない。

　リーマン・ショックがプロジェクトファイナンス市場に与えた影響については第8章でも述べるが、市場の参加銀行数が減少したという点はここでも指摘しておきたい。上記に言及した調印案件の参加銀行数や参加銀行の顔ぶれを仔細に観ると、このことは明らかである。一方で、案件の大型化は進んでおり融資金額の規模は拡大している。その帰結として、一銀行当たりが融資する金額が増大している。例えば、パプアニューギニアLNG案件では一銀行当たり数億米ドル（数百億円）の融資を行っている。今後市場の回復と共にこのような傾向は改善してゆくのか、プロジェクトファイナンス市場の銀行数は徐々に逓増してゆくのか、予断を許さない状況が続いている。

　なお、2011年以降のアジア市場について展望すれば、インドネシアやベトナムで外資による新規の発電所案件やエネルギー関連案件が計画されている。オセアニアに目を向ければ、西豪州沿岸に建設予定のLNG案件や豪クウィーンズランド州の石炭層ガスをLNG化して海外とりわけアジア市場に輸出する案件などが複数あり、いずれも2011年以降本格的な資金調達の時期を迎える。2011年3月に発生した東日本大震災によって被災した福島原子力

発電所の事故は、日本はもちろん世界のエネルギー政策に影響を与えるのは間違いない。その影響はプロジェクトファイナンス市場にも波及するのは必須である。

第4章

プロジェクトファイナンスの利用分野と類型

海外プロジェクトファイナンスはどのような産業に利用されてきた資金調達手段か。そして、それぞれの産業で利用されるプロジェクトファイナンスはどういう点に特徴があるのか。これが本章の主題である。

　プロジェクトファイナンスはリミテッドリコースもしくはノンリコースのローンである。リミテッドリコースもしくはノンリコースのローンを可能にするためには幾つかの要件を満たす必要がある。要件を満たしやすい産業というものがある。産業とプロジェクトファイナンスの相性というものがある。

　本章ではプロジェクトファイナンスが多く利用されてきた産業毎に、プロジェクトファイナンスが組成される際の主要点を探ってみたい。具体的な産業の中におけるプロジェクトファイナンスを見ることによって、自ずとプロジェクトファイナンスの本質や特徴も浮かび上がってくるであろう。

　本章は次のような7節を以って説明を進める。
　　（1）　資源開発（石油・ガス、金、銅、石炭等）
　　（2）　LNGプラント
　　（3）　工業プラント（石油精製所、石油化学、精錬所、肥料等）
　　（4）　発電所
　　（5）　LNG船・FPSO/FSO・パイプライン
　　（6）　その他インフラ設備（道路、トンネル、港湾、通信施設、テーマパーク他）
　　（7）　プロジェクトファイナンス案件の類型

　なお、上記の分類は、専らプロジェクトファイナンスの観点から見てそのファイナンス・ストラクチャーに類似性があるかどうかで行ったものである。詳しくは本章中で説明する。第1節から第6節までの分類方法はプロジェクトファイナンス市場で永く業務に携わる者の意識の中に存するものではないかと思う。そういう業界のいわば「暗黙知」「経験知」をベースにしながら本章を構成した。なお、第7節「プロジェクトファイナンス案件の類型」は、そういう「暗黙知」「経験知」にもう少し踏み込んで解きほぐし、プロジェクトファイナンス案件の体系的分類を試みたものである。

第4章　プロジェクトファイナンスの利用分野と類型

1. 資源開発
（石油・ガス、金、銅、石炭等）

　資源開発案件とは、石油・天然ガス、金、銅、石炭などの天然資源の採掘、開発、生産の案件をいう。もちろん、これ以外の鉱物資源の開発生産案件もある。例えば、亜鉛、銀、ニッケル、ボーキサイト、鉄鉱石などである。しかし、プロジェクトファイナンスの資源開発案件としては石油・天然ガス、金、銅、石炭の案件は他の資源開発案件に比べ圧倒的に数が多い。なお、レアーメタル（例えばモリブデン、チタンなど）やウラン（原子力発電の原料）の開発案件で資金調達手段としてプロジェクトファイナンスを利用した例はまだ少ない。

　第3章で採り上げたとおり、プロジェクトファイナンスというファイナンス手法は資源開発の世界で生まれてきた。そして今でも資源分野で多く利用されている。

　資源開発案件におけるプロジェクトファイナンスのアプローチは、地中にある地下資源の経済的価値に着目している[*1]。地下に眠っている資源を採掘し地上に上げてくれば、これを販売し現金化することができる。借入金の返済原資を確保することができる訳である。これは「プロダクション・ペイメント」の基本的な考え方でもあり、この考え方は今でもプロジェクトファイナンスの資源開発案件の中に生きている。

　プロジェクトファイナンスのレンダーが資源開発案件で留意する主要点は、

(i) 　資源の埋蔵量は十分あるのか（「埋蔵量の問題」-より厳密には経済的に採掘できる埋蔵量はどのくらい存在するのか）

(ii) 　資源を採掘・開発・生産するための設備費用はどのくらいかかるのか（「設備費用（CAPEX[*2]）の問題」）

(iii) 　資源を採掘するのにどのくらいのコストがかかるのか（「操業費（OPEX[*3]）の問題」）

(iv) 　将来生産物の価格はどのように推移するのか（「生産物価格の問題」

[*1]：「プロジェクトファイナンスは質屋業に類似している」（横井士郎編『プロジェクトファイナンス』有斐閣、1985年、p29）という指摘は資源開発案件についてある程度当てはまる。しかし、買電契約書などの契約書群に経済価値を見出す発電所案件などでは必ずしも当てはまらない。
[*2]：CAPEX（キャペックスと読む）はCapital Expenditureの略称。当初の投資金額である。
[*3]：OPEX（オペックスと読む）はOperating Expenditureの略称。操業費用である。

の4つの問題に収斂するといえる[*4]。このうちii）とiii）は合わせて「採掘コストの問題」とくくってもいい。以下では「埋蔵量の問題」、「採掘コストの問題」、「生産物価格の問題」という問題点を切り口に資源開発案件を見てゆきたい。

■ a. 埋蔵量の問題

「埋蔵量の問題」は資源開発案件における根源的な問題である。埋蔵量が十分に存在することはプロジェクトファイナンス組成の重要な要件である。従って、埋蔵量を発見するために行う探査作業の資金を融資するということはプロジェクトファイナンスの世界ではない[*5]。

経済的に採掘可能な埋蔵量がどの程度存在するのかについては、地質専門家（Geologist）／埋蔵量コンサルタントを雇用して調査を依頼する。専門家が調査・作成したレポートを「埋蔵量レポート（Reserve Report）」という。石油・天然ガス、石炭などの化石燃料と金や銅の鉱物資源とでは専門家の分野は異なる。石油・天然ガスの埋蔵量の専門家をペトロリアム・エンジニア（Petroleum Engineer）ともいう。埋蔵量については当然当該資源開発事業の事業家（投資家あるいはスポンサー）も十分調査をする。自身の投資判断に当然必要である。プロジェクトファイナンスのレンダーは事業家が専門家に依頼して作成させた埋蔵量レポートを二次的に検証する作業を行うのが普通である。この二次的な検証作業のためにレンダーが別の埋蔵量コンサルタントを短期間雇用する。資源開発案件に強い金融機関には埋蔵量に精通したエンジニアを社内で雇用しているところもある。

埋蔵量の問題に関連して「採掘権の問題」にも言及しておきたい。地中に存する天然資源に関する権利義務関係はその所在国の国内法に従う。採掘権に関して事業主は私有の可否や外資保有の可否などについて当該国の関連法制を確認する必要がある。国内人の保有は可とするが外資の保有は不可とするなどの例もあるので注意を要する。また、プロジェクトファイナンスを供与する債権者の立場からは担保設定の可否や処分の可否につき当該国の関連法制を確認する必要がある。担保設定は不可ではないにしても、登記・登録の制度が不十分で対抗要件を具備するのが難しいなどの例もあるのでこの点

[*4]：なお、ここでは技術的な問題や環境問題などは捨象している。
[*5]：探査業務の資金の出し手が存在しないという意味ではない。一攫千金を狙ってハイリスク・ハイリターンの資金を投ずる者は居る。ここではプロジェクトファイナンスというファイナンスの俎上には載らないという意味である。

も注意を要する。概して北米や豪州など先進資源国の法制や裁判事例は充実していて「採掘権」の諸問題につき事前にリスク評価が行いやすいが、発展途上国のそれは充実しておらずリスク評価自体が困難なことが多い。さらに、ここ数年ロシアや南米において国家権力を以って外国勢が有する「採掘権」や資源案件に関わる事業権を強引に買収するなどの事例が散見される。一般に「資源ナショナリズム」の高揚と称されるが、事業主や債権者の立場からは将来の投資・融資計画が立てにくく、資源案件の新たな問題となっている。

■ b. 埋蔵量の種類

地下に存在する埋蔵量を測定する技術や採掘技術は日進月歩で進んでいる。例えば、30年以上前にも石油の埋蔵量は枯渇すると言われた。しかし、現在でもまだ30−40年は枯渇しないとされる。その理由の一つは、埋蔵量の測定技術や採掘技術が進歩し続けているからである。特に海底油田開発の分野の進歩が著しい。

さて、石油・天然ガスを例に採って「埋蔵量の種類」について以下簡単に説明する。

■ **石油・天然ガスの埋蔵量の種類**

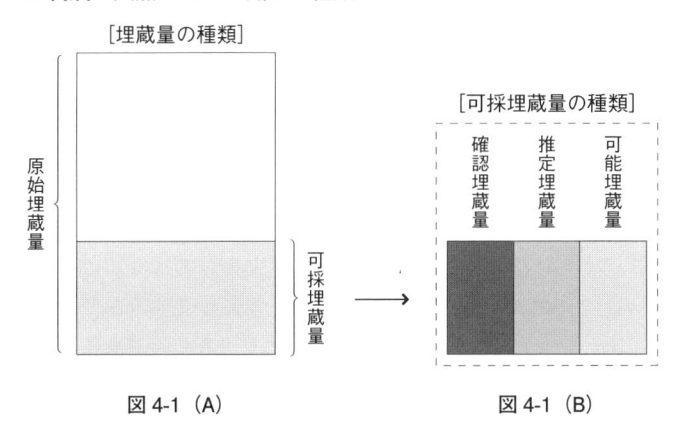

図4-1（A）　　　　　図4-1（B）

まず、最も大きな埋蔵量の概念として「原始埋蔵量」がある。「原始埋蔵量」は、そのすべてを採掘し尽くすことは到底できないと考えられている。この

うち採掘可能な埋蔵量を「可採埋蔵量」（Recoverable Reserve）という。現在の採掘技術・経済性の観点からは「可採埋蔵量」は「原始埋蔵量」の３－４割程度である。採掘できるかどうかは単に採掘技術だけの問題ではなく、経済性の問題（つまり、石油価格に比して採掘コストが高すぎると採掘する経済的な意味がないということ）でもある点注意を要する。従って、「原始埋蔵量」は不変でも「可採埋蔵量」が増減するということはありうる。メディアで報道される埋蔵量の概念の多くはこの「可採埋蔵量」のことである。なお、「原始埋蔵量」と「可採埋蔵量」の関係は上記図４－１（A）に示した。

「可採埋蔵量」はさらに採掘可能性の確度によって３種類に区別される。

- 確認埋蔵量（Proved Reserve）
- 推定埋蔵量（Probable Reserve）
- 可能埋蔵量（Possible Reserve）

「確認」・「推定」・「可能」の順序で確度は下がってゆく。日本語の語感では「推定」と「可能」のどちらが確度が高いのかやや分かりにくい。英語では"Probable"の方が"Possible"より確度が高い。この両者の単語につき英語のネイテイブ・スピーカーから説明されたことがある。そのときの説明の締めくくりに、"Anything possible"（「（その気になれば）なんだって可能」）だからだ、と"Possible"の語感を説明されたのが印象に残っている。従って、"Possible"という英語は甚だ当てにならないということが分かる。「可採埋蔵量」が「確認埋蔵量」、「推定埋蔵量」、「可能埋蔵量」の３種類から成っている点を上記図４－１（B）に示した。

プロジェクトファイナンスのレンダーとりわけ北米マーケットのレンダーは原則「確認埋蔵量」だけを融資評価の際の対象としている。これはプロジェクトファイナンスが「融資」であって「投資」ではないことに由来するといっていい。「融資」はそのリターンに相当する金利水準[*6]が予め決まっている。リターンが決まっているということはリスクの質や内容も決まっていなければ釣り合いが取れない。埋蔵量の種類の中で最も確度の高い「確認埋蔵量」だけを評価するという金融機関の態度は「融資」の本質に合致すると

＊6：米ドル建て資金の調達コストに当るLibor（「ライボー」と読む）に一定の利鞘（Loan Margin）を付加した水準を通常金利水準とする。これを「Libor + Loan Margin」と表記する。レンダーのリターンとはこの「Loan Margin」の部分である。「Libor + Loan Margin」の和すべてではない。

言える。仮に「投資」であれば収益の水準に応じて高配当も期待できる。「投資」の場合、リスクもあるがリターンもあるというわけである。

　北米マーケットの「リザーブ・ファイナンス（Reserve Finance）」（石油・天然ガスの埋蔵量の経済価値に着目したファイナンス）の世界では、「確認埋蔵量」をさらに細分化している。"Proved Developed（PD）Reserve"や"Proved Undeveloped（PU）Reserve"などである。ここでいう"Developed/Undeveloped"は石油・天然ガスを生産するための諸設備が整っているかどうかを示している。そして、「確認埋蔵量」を細分化したうえでそれぞれのリスク評価を行っている。ちょうど日本語の語彙に魚の名称が豊富にあるように、北米マーケットでは「確認埋蔵量」を仔細に見ていることを示す証左である。北米マーケットでの「リザーブ・ファイナンス」の歴史の古さを示す一端であると言っていい。なお、上記で説明してきた「可採埋蔵量」の3種類の埋蔵量（「確認埋蔵量」、「推定埋蔵量」、「可能埋蔵量」）は実は主に北米で使用されている分類概念である。北海油田を有する欧州では少々異なった埋蔵量の分類概念を使用している。欧州では、「可採埋蔵量」の分類につき、「P90」、「P50」、「P10」という概念を使用している。「P」は「確度」を示す"Probability"の「P」を採ったものと推測される。数字の「90」「50」「10」はそれぞれ確度を数値化したものである。すなわち、「P90」は90％程度の確率で埋蔵量が確認されているという趣旨である。90％「程度」であって、90％ちょうどである必要はない。「P50」、「P10」もそれぞれ同様に解してよい。

　北米で使用されている「確認埋蔵量」、「推定埋蔵量」、「可能埋蔵量」の3種類の区分と欧州で使用されている「P90」、「P50」、「P10」の3種類の区分はそれぞれ対応しているのかどうかが大いに疑問に思われると思う。筆者が関係者に確認した限りではそれぞれが必ずしも対応している訳ではない。一致している点はどちらも可採埋蔵量を3分類にした点である。そしてもう1点一致している点は、金融機関関係者は北米では「確認埋蔵量」をベースに融資を審査し、また欧州では「P90」をベースに融資を審査している点である。もっとも、欧州では「P90」に加え「P50」の埋蔵量も条件付きで融資

の審査対象として評価する傾向がある*7。

可採埋蔵量に関する北米での分類方法と欧州での分類方法につき、次のとおり一覧表にまとめておく。

■ 表4-1　可採埋蔵量の分類方法比較

北米（North America）	欧州（Europe）
確認埋蔵量　（Proved Reserve）	P90
推定埋蔵量　（Probable Reserve）	P50
可能埋蔵量　（Possible Reserve）	P10

リザーブ・カバー・レシオ／リザーブ・テール

金融機関が資源開発案件を分析する際に用いる数値指標について触れたい。まず、「リザーブ・カバー・レシオ」（Reserve Cover Ratio）である。これは「確認埋蔵量」を「ローン完済までに採掘を要する埋蔵量」で除した割合である。

■ 式4-1

$$\text{リザーブ・カバー・レシオ} = \frac{\text{確認埋蔵量}}{\text{ローン完済までに採掘を要する埋蔵量}}$$

金融機関はこの「リザーブ・カバー・レシオ」が通常2.0以上になることを借主に求める。

上記に示した式の分母に当たる「ローン完済までに採掘を要する埋蔵量」を算出するには生産物の価格について一定の仮定を置くことを要する（ローンは金額表示で埋蔵量はトン表示なので、生産物価格を用いて金額表示のローンをトン表示の埋蔵量に換算する）。生産物の価格の将来予想をどのように設定するかは資源開発案件において非常に重要な問題である。この「リザーブ・カバー・レシオ」の算出だけに止まらない。

一方、「リザーブ・テール」（Reserve Tail）とは、「当初の確認埋蔵量の

---

*7：欧州の金融機関はP90のみならずP50の埋蔵量も条件付で評価することがある。例えば、「現在生産を行っている油田でのP50の埋蔵量は評価する」といった具合である。北米の金融機関は「確認埋蔵量」だけを評価し「推定埋蔵量」を評価することはまずない。これは「確認埋蔵量」とP90との概念の微妙な差異に由来しているのか、北米の石油市場が19世紀以来の長い歴史を有するのに対し北海油田のそれは30年程度の歴史しか有しないことに関連しているのか、あるいは北米・欧州それぞれの金融機関の審査基準の高低に由来しているのか、定かではない。

うち、ローン完済時に残存する確認埋蔵量の比率（％）」をいう。

■ 式4-2

$$リザーブ・テール = \frac{ローン完済時に残存する確認埋蔵量}{当初の確認埋蔵量}$$

　資源開発案件で金融機関が求める「リザーブ・テール」の数値は凡そ30％前後である。つまり、ローン完済時までに30％以上の確認埋蔵量が残るような生産計画・借入金返済計画を求める。言い換えれば、確認埋蔵量の70％以内でローンが完済できることを求める。この「リザーブ・テール」の際にも、生産物の価格の予想値が非常に重要である。

　金融機関が「リザーブ・カバー・レシオ」と「リザーブ・テール」で求めているものは本質的に同じである。つまり、ローン完済時までに埋蔵量にどれだけ余裕があるのかということを確認しようとしている。埋蔵量に関わるリスクを軽減しようとしているわけである。上記で金融機関は「リザーブ・カバー・レシオ」は2.0以上を求めると書き、「リザーブ・テール」では30％程度を求めると書いた。「リザーブ・カバー・レシオ」が2.0であれば、「リザーブ・テール」は50％になる。「リザーブ・テール」が30％であれば、「リザーブ・カバー・レシオ」は1.43である。従って、上記記載は数字上一見矛盾している。この相違はそれぞれの指標を主として用いている業界が異なるためだと考えられる。「リザーブ・カバー・レシオ」は主に石炭案件・鉱物案件で使用されている。一方、「リザーブ・テール」は主に石油・天然ガス案件で使用されている[*8]。石炭案件・鉱物案件の方が石油・天然ガス案件に比べて埋蔵量の数字のブレが大きいためではないかと推測される。

■ c. 採掘コストの問題

　さて、次に「採掘コストの問題」について考えたい。「採掘コスト」は「設備費用（CAPEX）」と「操業費用（OPEX）」からなる。例えば、掘削機器の調達につき購入ではなくリースで調達することによって、初期の設備費用

[*8]：「リザーブ・テール」を石炭・鉱物案件に適用する事例も散見される。「リザーブ・カバー・レシオ」と「リザーブ・テール」の使い分けは無くなりつつある。上記記述の通り、両者の目的とするところは本質的には同じである。

をその分減じ操業費用として計上することは可能である。しかしながら、単位当たりの掘削コスト・生産コストには殆ど影響を与えないであろう[*9]。重要なことはもちろん単位当たりの「採掘コスト」がどのくらいになるのかということである。このとき、既存案件や競合案件の単位当たりの「採掘コスト」と、ある程度比較できると理想的である。石油・天然ガス、金、銅、石炭などの主要な天然資源は需要そのものが激減するとか無くなってしまうということは短期的には（少なくとも融資期間に当る10年程度の単位では）想定しなくてよかろう。万が一、需給が緩和した際に「採掘コスト」が非常に高いために真っ先に操業停止や生産量減産に追い込まれるような案件ではないということを確認するために、競合他社との「採掘コスト」比較は有用である。この資源分野ではM&A等が盛んに行われ、それぞれのプレーヤーが規模の利益を追求する。規模拡大のメリットの1つは生産コスト・採掘コストの削減にあることは間違いない。

既に稼働中の案件は設備の減価償却が進んでいるとか借入金が減少しているなどの要因で、単位当たりの「採掘コスト」が低くなっている可能性がある。また、設備費用（CAPEX）は後年になるほどインフレ等のため上昇する傾向がある。これらは新規案件にとって不利となる要因である。一方、新規案件では最新の設備を導入し生産効率を上げられる可能性がある。あるいはまったく新しい地域（例えば消費地に近い地域）で採掘を開始できるメリットがある。先行案件は「採掘コスト」の安い区域（例えば露天掘り）の採掘を終え「採掘コスト」の高い区域（例えば井戸掘り）の採掘に移行せざるを得ないなどの要因も考えられる。競合案件との関係では「採掘コスト」は非常に相対的なものである。

「設備費用の問題」との関連で「完工リスク」の問題にも触れておきたい。プロジェクトファイナンスでいう「完工リスク」とは「当該生産物を生産するために要する諸生産設備が稼動する状態になるまでの間の諸リスク」をいう。「完工リスク」は通常「コストオーバーラン」のリスクと「完工遅延」のリスクに分かれる。プロジェクトファイナンスの案件で一番問題が発生する時期は実は完工前後である。資源開発案件においても諸生産設備が整うのは非常に重要である。生産に入れなければ収入は生まれない。プロジェクト

[*9]：掘削機器の購入かリースかという例では、リースの方がリース取引に含まれるファイナンス・コストの分だけ単位コストはわずかに割高になる可能性が高い。しかし、膨大な生産量があればたいした違いではなかろう。

ファイナンスにおいて通常「完工リスク」を取るのは事業家・投資家（スポンサー）である。具体的には「完工」までの間、融資がスポンサーにリコースする形をとる。「完工」後に融資はノンリコースあるいはリミテッドリコースとなるのが通常である。発電案件で近年これが例外となり「完工リスク」をレンダーが取ることが増えた（具体的には建設期間中もノンリコース）。しかし、資源開発案件においては今も昔も「完工リスク」はスポンサーが取る。この理由は「完工リスク」の内容・規模が大きいからに他ならない。とても「融資」（「投資」ではなく）を行う金融機関の取れるリスクではないからである。

■ d. 生産物価格の問題

資源開発案件の最後のポイント、生産物価格の問題について説明する。例えば、原油の価格や銅の価格が向こう10年間どの程度の水準で推移するのか、といった将来価格の予想ほど難しいものはない。これまでに述べてきた「埋蔵量」や「採掘コスト」の問題に比べると、この「生産物価格の問題」が最も取り扱いが困難である。既に「リザーブ・カバー・レシオ」や「リザーブ・テール」の説明のくだりでも、生産物価格をどのように想定するかによってこれらの数値指標が大きく左右されると指摘した。事業家・投資家の立場から見ても、この生産物価格の将来予想は彼らの投資判断に大変大きな影響を与える。「埋蔵量」や「採掘コスト」の問題はやや静的なもので緻密な分析・調査が大いに功を奏するが、「生産物価格」の問題は動的で将来の予想を伴う問題である。

例えば、新規の資源開発案件ではなく、既存の資源権益を買収するケースを想定してみると、この点がさらに浮き彫りになる。既に生産が行われている資源権益の買収案件では、「埋蔵量」や「採掘コスト」の既存データはかなり揃っている。しかしながら、当該生産物の価格が買収後どのように推移するのかは正確なところ誰にも分からない。将来の生産物価格がどのように推移するとみるかが買収価格算定の大きな要因であることは多くの説明を要しないであろう（もちろん、埋蔵量の追加発見の可能性や採掘コスト増減の可能性も重要ではあるが）。

21世紀に入って資源価格は高騰し始め、資源案件の事業収入が大幅に増加している。例えばWTI先物価格は2008年7月にUSD147/bblを記録した。その後サブプライムローンに端を発する金融危機で原油価格も一旦暴落する

が、再びUSD110/bbl[*10]を超えている。原油価格は80年代90年代を通じて1バレル当たり15ドルから20ドルの範囲で推移していた。天然ガス価格も同じく1ドル台（thousand cubic feet当たり）で推移していた。従って、近年の資源価格の高騰は10年以上前には誰にも予想だにできなかったことである。

　資源開発案件に対するプロジェクトファイナンスにおいては、レンダーはこの生産物価格変動のリスクをある程度取る。一般には「マーケットリスク」と呼ぶ。「マーケットリスク」という概念は正確には「量のリスク」（生産したものが全部販売できるか）と「価格のリスク」（生産物はいくらの価格で販売できるか）の両方を含む。しかし、石油や金、銅といった主要資源の「マーケットリスク」は「価格のリスク」に収斂するといっていい。どういうことかというと、生産した全量がなかなか完売できないような自体が発生したとしても、価格を引き下げれば最終的に完売することは可能であると考えられるからである。そういう意味で「量のリスク」は最終的には「価格のリスク」に収斂する。「マーケットリスク」と言っても要は「価格のリスク」であると言える[*11]。

　プロジェクトファイナンスのレンダーが「価格リスク」を取るといっても、その程度は極めて限定的と言わざるを得ない。具体的には、レンダーは非常に保守的な価格予想を想定する。事業家・投資家が想定する生産物価格の予想に比べると一段も二段も下方に価格予想線が引かれる。こういう保守的な価格予想を前提としてレンダーは資源開発案件で「価格リスク」を取る。このレンダーの保守的な姿勢は、さきほど言及した「融資のリターンに当る金利は予め決まっている」という点に起因している。プロジェクトファイナンスはどこまで行っても「融資」なのであって「投資」ではないのである。

　もっとも、プロジェクトファイナンスのレンダーが取る「価格リスク」の範囲が限定的だからといって、プロジェクトファイナンスの持つ魅力が減殺するわけではない。「プロダクション・ペイメント」の昔からこの種の資源開発案件で通常の金融機関が取るリスクとはそういうものであった。事業家・投資家の立場から言えば、一定のコスト（金利支払）でレンダーがある程度「価格リスク」を取ってくれるというのは相応の利用価値がある。理論

[*10]：2011年4月末現在。
[*11]：経済学的に言えば、供給者と需要者が多数存在し、なんの制約もない完全な競争市場であることが前提である。石油や金、銅などはこれに当てはまる。この点、輸送手段に制約のある「天然ガス」などは例外である。天然ガスの場合、価格を下げても供給者から需要者に引き渡す手段がないために生産しても販売できないということが起こりうる。

的にはレンダーの想定した保守的な価格予想をある期間下回る可能性はある。その際に事業家・投資家（スポンサー）が借入金の返済義務を負わない（つまりノンリコースである）という利点は、一定のコスト支払（金利支払）に比して余りある利点だと考えられる。

　借主の全資産を引き当てとしたコーポレート・ファイナンスと比較して考えると、このプロジェクトファイナンスの利点はけして過小評価すべきではない。通常のコーポレート・ファイナンスでは市況商品の価格下落のリスクであろうといかなる事業リスクであろうとすべて当該借主が負担するわけである。この場合金融機関は市況商品の価格が下落し業況が悪化しようとも、「借りたお金は返して下さい」と身もふたもない態度で返済を迫る。プロジェクトファイナンスにおいては保守的な価格予想を前提とするとは言え、この価格予想を下回るリスクを金融機関が取る。「価格リスク」をプロジェクトファイナンスのレンダーが取るという点が実は資源開発案件のプロジェクトファイナンスの真骨頂でもある。

　以下に資源開発案件の典型的な関係者図を示しておく。

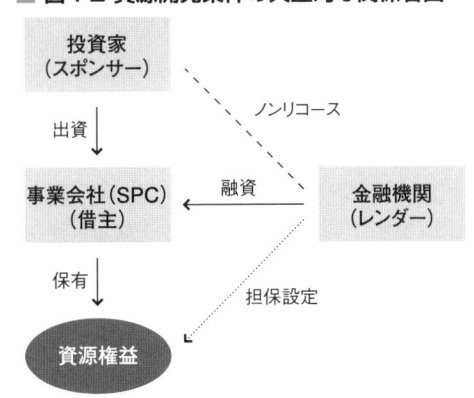

■ 図4-2 資源開発案件の典型的な関係者図

2. LNGプラント

　次に、LNGプラントを検討する。LNGプラントも数多くある工業プラントの一種といえる。ここで工業プラント案件とは、ある原料のインプットがありこれを加工して新たな生産物を生産する案件である。その加工作業に要

するプラントの建設が伴う。「加工作業」があるという点が資源開発案件と大きく異なる。資源開発案件は地下の資源を地上に掘り起こすところまでである（粉砕や洗浄などの作業は施すが別な生産物を作るということはない）。

そういう意味での工業プラント案件には、LNGプラントや発電所その他さまざまな工業プラントが存在する。その他の工業プラントの例としては石油精製所、石油化学プラント、精錬所（銅精錬所）、肥料プラント、メタノールプラントなどがある。しかし、ここではプロジェクトファイナンスのファイナンス・ストラクチャー上の特徴から見て案件を分類しているので、LNGプラント、工業プラント全般、発電所の3種はそれぞれ区別する。本節ではLNGプラントを採り上げる。次節以降工業プラントと発電所を採り上げる。これらを区別する理由は本章中で順を追って説明する。

LNGプラントとは

LNGとは液化天然ガス（Liquefied Natural Gas）のことである。天然ガスはメタンを主成分とする炭化水素の化石燃料で、発熱量が高く、硫黄・窒素酸化物が少ないクリーンなエネルギーである。埋蔵量は石油に比べると広範に分布している。天然ガスの主成分であるメタンは常温・常圧では気体であるが、セ氏マイナス162度で液体になる。液体になると体積は600分の1に縮小する。天然ガスを輸送する手段は気体のままガスパイプラインを通じて運搬する方法が一般的ではあるが、この方法では遠方への輸送が困難である。そこで天然ガスを液化して輸送する方法が開発された。天然ガスの液化は専ら輸送手段のためのものである。従って、消費地では再びガス化する。LNGはLNG船という専用船で洋上を石油の如く輸送することができる。このLNGを生産するプラントがLNGプラント（LNG生産プラント）である。

■ a. LNG事業概観

LNGプラントの事業の位置づけを理解するために、まずLNG事業全体を概観しておきたい。LNG事業は凡そ次のような一連の事業が一体となって運営される。この一連の事業のつながりは「LNGチェーン」などとも呼ばれる。

LNGチェーン
  (ア) 天然ガスの開発・生産
  (イ) LNGプラント（液化設備）
  (ウ) LNG船による輸送
  (エ) LNG受入ターミナル

■ 図4-3

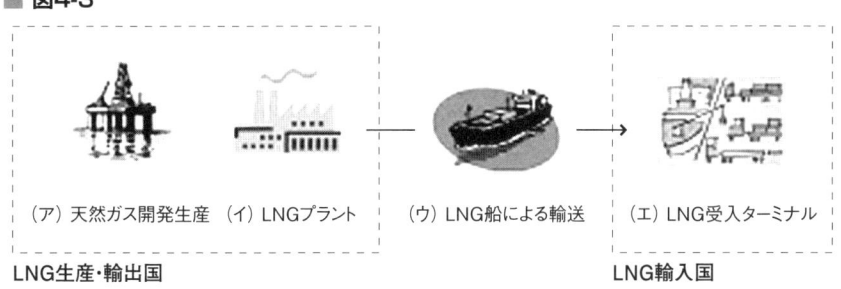

```
(ア) 天然ガス開発生産   (イ) LNGプラント     (ウ) LNG船による輸送     (エ) LNG受入ターミナル
LNG生産・輸出国                                                        LNG輸入国
```

上記の図を用いて一連のLNG事業を以下簡単に説明する。

(ア) 天然ガスの開発生産
　これは既に取り上げた資源開発の領域である。現在では大型のガス田の多くは海底で発見されている（例えば、インドネシア・カリマンタン島東側海域やカタールのノースフィールドガス田）。ここで生産された天然ガスはガスパイプラインで陸上のLNGプラント（液化設備）へ運ばれる。

(イ) LNGプラント
　ここで天然ガスを液化する。このLNGプラントの設備コストは小さくない。現在では資材等の値上がりにより一基当たり一千億円を下らない。因みに、LNGプラントの設計・建設は日本のエンジニアリング会社[*12]が得意とする分野である。

(ウ) LNG船による輸送
　LNG生産国からLNG輸入国までLNG船という専用船で輸送するものである。LNG船は一隻200−250億円ともいわれ同規模の石油タンカーの数倍の値段がする。LNGプラントが一基立ち上がると輸送距離にも拠るが通常数

[*12]：千代田化工建設や日揮がLNGプラントに強い。

隻のLNG船が必要になる。LNG船の建造[*13]・オペレーションも日本の得意とする分野である。なお、LNG船建造の資金調達手段としてもプロジェクトファイナンスは頻繁に利用されている。LNG船のプロジェクトファイナンスについては本章第5節で採り上げる。

(エ) LNG受入ターミナル

　LNG受入ターミナルはLNG輸入国側に建造される。液化天然ガスを受け入れ、ガス化（気化）する設備である。この設備費用もけして小さくない。数百億円から1千億円近くの投資を必要とする。このLNG受入ターミナルの資金調達にもプロジェクトファイナンスを利用する例が散見される。しかし、LNGの一連の業務の中では比較的プロジェクトファイナンスの組成が難しい設備である。理由はLNG受入ターミナルのサービス需要者との間で長期に亘る利用契約が存在することが稀である点と「国内向け」案件（本章第3節および第6節参照）だからである。先進国に建設されるLNG受入ターミナルより発展途上国に建設されるLNG受入ターミナルの方がプロジェクトファイナンスの組成は難易度が高い。

　以上のようにLNG事業の一連の流れを4つに分けて見ると、どの分野でも資金調達手段としてプロジェクトファイナンスが利用されている。さらに、（ア）天然ガスの開発・生産事業と（イ）LNGプラント事業は同一の事業者（スポンサー）によって推進されることが多い点を付け加えておく。これは、天然ガスの商業化という観点で天然ガス開発を考えLNG事業の推進を選択したならば、同一事業者（スポンサー）が両者の事業を一体として推進するのは理に叶っているからである。欧米のオイルメジャーをはじめ石油ガス業界の主要プレーヤーにとって、天然ガス事業の一環としてのLNG事業はいまや非常に重要な位置を占めている。

　さて、LNG事業の全体像を踏まえた上で、以下では「（イ）LNGプラント」向けのプロジェクトファイナンス案件について説明したい。

　LNGプラント向けのプロジェクトファイナンスはいまやオーソドックスなものである。80年代から90年代はインドネシアのLNGプラント案件が隆盛を極めた。今世紀に入って早々カタールのLNGプラント案件が続出した。カタールの世界最初のLNGプラント案件は日本勢が牽引したと第3章「プ

＊13：LNG船の建造では韓国勢が急伸しており、また中国勢も手掛け始めている。

ロジェクトファイナンス小史」で述べた。いまやナイジェリアや赤道ギニアなどでもLNGプラントが稼動している。2009年暮れにはパプアニューギニア初のLNGプロジェクトの融資契約書が調印を果たした。2011年以降は豪州でのLNGプロジェクトが陸続と出てくる予定である。また、LNGプロジェクトの新しい潮流として、洋上に設置する浮体式のLNGプラントが検討されている。これは原油におけるFPSOのLNG版である。今後の動向が注目される分野である。さらに、日本の福島原子力発電所事故に端を発する原子力発電に対する忌避感は、当座の代替エネルギーとして天然ガス（LNG）に注目することとなろう。

　LNGプラント案件におけるプロジェクトファイナンス上の主要な留意点は以下の通りである。
- LNGプラントの完工リスク
- 天然ガスの供給能力と価格水準
- LNGのマーケットリスク

■ b. LNGプラントの完工リスク

　「LNGプラントの完工リスク」については資源開発案件の場合と同様、事業者（スポンサー）が負担するのが通常である。既に述べたとおり、「完工リスク」というリスクは本質的に金融機関が取れるリスク範囲を超えている。今世紀に入ってカタールがLNGプラントを急速に増設しているが、この際のプロジェクトファイナンスの組成においてもスポンサーによる完工保証は厳然と残っている[*14]。もっとも、事業者（スポンサー）が「完工リスク」を取っているとはいえ、事業者（スポンサー）もこのリスクをEPCコントラクター[*15]に殆ど転嫁しているのが普通である。EPCコントラクターは、「ターンキー（Turn-key）ベース」といわれる契約で文字通り「キーを入れさえすればプラントが稼動する」状態にまで仕立てた上で発注者（オーナー）にプラントを引き渡す。その状態（つまり「完工」）に至るまではEPCコントラクターが一切責任を負うとするものである。「ターンキー契約」は日本のエンジニアリング会社が考案したといわれる。因みに、「ターンキー契約」

---

*14：2000年以降のカタールのLNGプラント案件は、ファイナンス条件がかなり借主有利になっている（例えば、追加借入金の許容や金利水準など）。しかしながら、「完工リスク」の点についてはスポンサーが100％負担している。
*15：EPCはEngineering（設計）、Procurement（機材調達）、Construction（建設）の略称。設計から建設までを請け負う契約をEPC契約という。EPCコントラクターとはEPC契約の受注者のことをいい、つまり設計から建設まで一括受注するエンジニアリング会社・建設会社のことである。

の反対の概念は「コスト・ベース」「コスト・プラス」といわれるもので、実費（コスト）にEPCコントラクターの一定の利益を上乗せするものである。どちらの場合もEPCコントラクターは完工まで仕事を担うわけであるが、万が一コスト・オーバーラン（予算超過）や完工遅延が発生した場合に、その責任（具体的には追加資金の拠出等）を発注者が負担するのか、EPCコントラクターが負担するのか、という点で大きな違いがある。契約金額はどうしても「ターンキー契約」の方が高くなる。しかし、「ターンキー契約」には完工に伴う諸リスクをEPCコントラクターに転嫁できるという点で相応のメリットがある。

■ c. 天然ガスの供給能力と価格水準

次に「天然ガスの供給能力と価格水準」であるが、LNGプラント事業の推進には十二分な天然ガスの埋蔵量があることが大前提である。LNGプラント事業は規模の利益を目指し将来的に増設・拡張されることが多く、そういう点では天然ガスの埋蔵量はふんだんに存在しその多寡が云々されるケースは殆どない。埋蔵量に疑念があるようであれば、そもそも事業者自身がLNGプラント事業推進に二の足を踏むであろう。天然ガスの埋蔵量が莫大であるからLNGプラント事業を目指すのであって、天然ガスの埋蔵量を云々するようであれば事業化は初めから難しい。実際これまでLNGの事業化を実現してきた案件では、天然ガスの埋蔵量は十二分にある。この点、個別の石油・ガスの資源開発案件の分析の際に「確認埋蔵量」を検証し「リザーブ・テール」の数値を云々するようなレンダーの分析を要した事例はほとんど無い。

次に天然ガスの価格水準である。天然ガスの価格水準は当該LNGプラント事業の競争力や事業性に大きな影響を及ぼす。先に、（ア）天然ガスの開発・生産事業と（イ）LNGプラント事業は同一の事業者（スポンサー）によって推進されることが多いと指摘した。両事業が同一の事業者で推進される限り、LNGプラントへ供給する「天然ガス価格」の問題が俎上に載ることはない。なぜなら、同一の事業者によって推進されるのであれば、（ア）天然ガスの開発・生産事業と（イ）LNGプラント事業とのどちらで利益を計上するかだけの問題にとどまるからである。天然ガスの採掘コストがLNGプラント事業の採算を確保するのに十分低い水準であることは当然である。

■ d. LNGのマーケットリスク

「LNGのマーケットリスク」はLNGの販売リスクのことである。先に触れたように「量」と「価格」の両面の問題がある。LNG事業の特長の一つは長期契約でLNGの購入者が存在していることである[*16]。LNGプラントの初期投資金額が膨大なため、事業者の立場から見てもLNGの販売計画に目処が付かないと案件を推進するわけにはいかない。通常LNGプラントの事業者はLNG生産予定量の大半について予め購入者に目処を付けてからLNGプラントの建設に着手する。つまり、マーケットリスクの「量」の問題は事業開始前にほぼ解決している。さらに「価格」の問題についても長期購入者との間で予め一定の価格フォーミュラーに合意する。例えば、日本に輸入されるLNG価格は日本の輸入原油価格の平均値であるJCC（Japan Crude Cocktail）価格がベースとして使用されている。しかも、この場合LNG価格は上方にも下方にもやや硬直的なフォーミュラーとなっており、LNGの売主・買主の双方が原油価格の大きな変動から影響を和らげる効果を期待している。その価格曲線の形状から、これを「S字カーブ」と呼ぶ。北米では天然ガス価格の指標として永く「ヘンリー・ハブ（Henry Hub）」が使用されてきた。国内には天然ガスパイプライン網が発達しているので、テキサス州に在るヘンリー・ハブからの輸送コストを加味すれば北米主要地域での天然ガス価格が分かる。因みに、北米向け販売を想定したLNGプラント案件では、LNG販売契約上の価格指標は当然「ヘンリー・ハブ」が使用されている。

LNGプラント案件にはLNG長期販売契約が存在するため、LNGプラント案件の資金調達手段としてプロジェクトファイナンスの利用は活発に行われている。LNG長期販売契約の期間は15－20年程度が多い。上記のようにLNG長期販売契約の存在は将来の事業収入を予想する上で非常に役に立つ。この点がプロジェクトファイナンスの利用を促進している最大の要因である。

3. 工業プラント
（石油精製所、石油化学、精錬所、肥料等）

次にLNGプラント以外の工業プラント案件について見ていきたい。具体

[*16]：この種の長期契約のことを購入者の立場から英語では「オフテイク契約（Offtake Agreement）」と呼ぶ。英語の「Offtake」とは「（製品を）引き取る」という意味である。

的には石油精製所、石油化学プラント、精錬所（銅精錬所）、肥料プラント、メタノールプラントなどの例である。これらの工業プラントの資金調達につき、過去プロジェクトファイナンスを活用した実例は少なくない。しかし、本節で敢えてファイナンス・ストラクチャーが異なるとしてLNGプラントと区別した理由には次のような点が挙げられる。

(i) 強固な長期販売（オフテイク）契約が存在するか（「オフテイク契約の問題」）
(ii) 原料の調達が第三者から行われる（「原料調達の問題」）
(iii) 製品は輸出向けではなく事業所在国の国内向けに販売することもある（「輸出向けか国内向けか」）

■ a. オフテイク契約の問題

　長期販売（オフテイク）契約が存在することの有用性はLNGプラントのところで述べた。プロジェクトファイナンス組成の重要な要件である。資源開発案件の説明のところでは、長期販売契約が重要だとは強調していない。理由は生産物（石油や金、銅など）の市場流通性が高い資源はそもそも長期契約で売買する慣行がないからである。長期契約が存在しなくとも販売に苦労することはまずない。広く取引されている商品なので極端をいえばスポットでも販売できる。資源開発案件では地下に存在する資源の価値そのものが重要なのであって、長期オフテイク契約の有無はさほど重要ではない。

　一方、工業プラントから産出される生産物というのは、資源のように市場流通性が極めて高いわけでもなく、かといってLNGのように強固な長期オフテイク契約が必ず存在するというわけでもない。例えば「石油精製所」から産出されるナフサ、ジェット燃料、ガソリン、灯油、軽油、重油などについて見ると、それぞれの販売先を10年以上にも亘って固定化するというのは市場慣行としてあまり考えられない。90年代初頭にタイで推進した石油製油所案件の例では、タイの中長期的な経済成長を期待し石油精製品は国内需要の伸長で吸収されてゆくと見込んだ。アジア通貨危機でその予想は外れ、後日リスケジュールの憂き目に遭っている。

　「石油化学プラント」の例も見ておきたい。代表例としてエチレンプラントがある。エチレンは石油化学産業の「コメ（米）」とも評され石油化学製品の基礎原料である。エチレンプラントで産出されたエチレンは、下流のプラント群（例えばポリエチレン・プラント）に長期供給するということはよ

くあることだが、その下流のプラントもプロジェクトファイナンスで資金調達をしているSPCベースの事業会社であったりする。オフテイク契約が存在してもその契約先の信用力が高くなければ、オフテイク契約の有用性は大幅に減殺してしまう[*17]。例えば2006年から操業している中国の南海石油化学エチレンプラントの案件ではプロジェクトファイナンス組成のための手段としてスポンサー（この案件ではRoyal Dutch Shell社）がエチレンの引取を一定量保証した。

「精錬所（銅精錬所）」、「肥料プラント」、「メタノールプラント」などの案件では長期オフテイク契約が存在する例は少なくないようである。もっとも、この種のオフテイク契約でも「引取量」については約束するものの、「引取価格」については市場価格に基づいて決定するのが普通である。プロジェクトファイナンスのレンダーは、「マーケットリスク」のうち「量（ボリューム）のリスク」は軽減されているものの、「価格（プライス）のリスク」は残っていると見る。

■ b. 原料調達の問題

「石油精製所」や「石油化学プラント」の案件では原料（前者は原油、後者は例えばナフサ）を第三者あるいは第三国から調達することが少なくない。これは両案件が発展途上国で新設される場合には、石油精製製品や石油化学製品の自国生産（輸入代替[*18]）という国家施策で推進される場合が多い[*19]ことと関連している。つまり、石油精製製品や石油化学製品の輸入から自国生産にシフトしてゆくものの、それぞれの原料は依然海外から輸入しなければならないような事態である。このような現象は、自国資源は比較的少ないが工業化が進展しつつある国に多く見られる（例えばタイ）。

原料が海外から輸入されるということは、通常それは市場価格で購入する

[*17]：プロジェクトファイナンスにおけるオフテイク契約の重要な要素としては、i) 引取量、ii) 引取価格、iii) オフテイク契約期間、iv) オフテイカー（引取者）の信用力などが挙げられる。どの要素が欠落してもプロジェクトファイナンスの組成に影響を与える。

[*18]：石油製品（たとえばガソリン）や石油化学製品（たとえばエチレンやポリエチレン）を自国で生産していなければ海外から輸入する以外に調達の方法はない。これらの製品を自国内で生産することは発展途上国の経済発展に伴って当然起こってくることである。日本も戦後復興期に石油製油所や石油化学コンビナートを急速に整えた。自国内でかような工業プラントを所有するようになれば輸入は要らなくなるので、これを「輸入代替」の事業とも呼ぶ。また、石油製品や石油化学製品を自国内で生産するということは「消費地」で生産することであるから、その点を強調して「消費地主義」とも呼ぶ。因みに、住友化学のサウジアラビア・ラービグ石油製油所/石油化学プロジェクト（2009年11月竣工式）は製品の消費地で生産せず、原料の所在地で生産するので、「生産地主義」の案件と言える。

[*19]：1990年代中頃に建設した「タイの石油製油所（カルテックスおよびシェルがそれぞれ推進した２基）」や2006年から操業開始した「中国の南海石油化学プラント」などはいずれも国家施策として推進された輸入代替事業の例である。

ということである。原油もナフサも価格は市場で常に上下している。そうすると原料の量的な確保はできたとしても価格上昇のリスクが常に存在することになる。一方、製品である石油精製製品や石油化学製品の価格に原料価格の上昇分をスムーズに転嫁できれば良いが、転嫁がスムーズに行われなければ収益の圧迫要因となる。「石油精製所」や「石油化学プラント」のビジネスは一般にマージン（英語ではデルタともいう）の商売だといわれる。その理由は文字通り原料価格と製品価格の値幅で収益の大半が決まるからである。

　なお、住友化学がサウジアラビアで推進しているラービグ石油製油所・石油化学プロジェクトは製品消費地ではなく、原料生産地で行おうとするものである。安価な原料が確保されている点が本案件の強みのひとつである。従来の製品消費地型の「石油精製所」や「石油化学プラント」の案件とはこの点で一線を画している。

　「精錬所（銅精錬所）」、「肥料プラント」、「メタノールプラント」などは原料（銅精錬所であれば銅、肥料・メタノールであれば天然ガス）の所在地で事業を行うことが多い。そして製品を消費地に輸出する。とりわけ、肥料・メタノールの原料である天然ガスは輸送の問題があるので、原料生産地以外での製品生産は経済性がない。「肥料プラント」、「メタノールプラント」の案件についての「原料調達の問題」はもっぱらどのくらいの価格で調達できるのかという点である。天然ガスの調達価格水準が事業の経済性を決定付けるといっても過言ではない。

■ c. 輸出向けか国内向けか

　発展途上国において「石油精製所」や「石油化学プラント」の案件で石油精製製品や石油化学製品の自国生産（輸入代替）を目指したものであれば、製品は当然国内向け販売である。発展途上国における国内向け販売の案件というのは、プロジェクトファイナンス組成上必ずしも有利に働かない。理由は、i）当該発展途上国の中長期的経済発展のリスクを取ることになる、ii）当該発展途上国の為替・送金リスクを取ることになる、などである。前者は国内販売を前提とし輸出を前提としていないとすれば、当該国の経済成長鈍化などにより販売が停滞しかねないリスクが存在するということである。後者は国内販売は一応順調であったとしても、売上の通貨が国内通貨であるために当通貨価値の為替変動のリスクや通貨交換のリスクが伴うということで

ある。

　一国の経済成長に伴い当該国の現地通貨価値は通常上昇するのが普通である（例えば、日本の70年代80年代の円切り上げや昨今の中国元の切り上げなど）。従って、当該国の経済が順調に推移している限り同国現地通貨の価値の下落は発生しない蓋然性が高いはずではあるが、現実にはさまざまな要因によって現地通貨の価値下落も発生する。1997年－98年に発生したアジア金融危機ではアジア各国の主要通貨が大幅に下落した。

　一方、資源開発案件やLNGプラント案件は、生産物を先進国へ輸出し代金は米ドル建で回収する。この「輸出」「米ドル建」という要素はプロジェクトファイナンス組成上非常に有利な点である。金融機関の中には発展途上国の案件は「輸出」「米ドル建」でなければ融資しないとする方針を有するところもあるくらいである。輸入代替を目論む「石油精製所」や「石油化学プラント」をプロジェクトファイナンスで資金調達しようとしたときに必ず逢着する問題である。

　なお、「精錬所（銅精錬所）」、「肥料プラント」、「メタノールプラント」は原料生産地で生産しながらも、製品は消費地へ輸出することが少なくない。従って、事業所在国は発展途上国であっても「輸出」「米ドル建」の案件であることが多い。プロジェクトファイナンス組成上は有利である。

4. 発電所

　次に発電所案件を見ていきたい。

　プロジェクトファイナンスの観点から見ると、通常の商業ベースで融資の対象となるのは、火力発電所（燃料は石炭、重油、天然ガス等）、水力発電所、地熱発電所である。風力発電所と太陽光（ソーラー）発電所は現行では商業ベースで採算に乗らない。いずれも環境の点からは特筆されるが、経済性・採算性の問題はまだ解決していない。採算性の問題解決には、現行では政府等からの補助金や高い電力価格で買取を義務付けるなどの制度的な枠組みが前提となる。さらに、風力発電所と太陽光発電所は火力・水力発電所などに比べると1案件当たりの発電量や投資額が小さい。プロジェクトファイナンスでは弁護士費用等の組成コストが小さくないので、規模の小さい案件は採り上げにくいという問題がある。これらの理由からプロジェクトファイナンスの対象となった風力発電所・太陽光発電所の事例は過去極めて少ない。ま

た、昨今原子力発電所の建設が中国等で多く計画されているが、原子力発電所向けプロジェクトファイナンスというのも寡聞にしてあまり聞いたことがない。これは原子力発電所の建設そのものが社会的合意形成が容易でないためであろう。

なお、2000年以降中東諸国で大型のIWPP（Independent Water and Power Producer）案件が台頭してきた。1案件当たり1千億円から2千億円もの大型事業である。電力と水の両方を生産する事業であるが、プロジェクトファイナンスの観点から見たときにはIWPP案件はこの発電所案件の範疇で考えていい。買電契約（Power Purchase Agreement）に代えて買電水契約（Power and Water Purchase Agreement）が存在するが、ファイナンス・ストラクチャーそのものは従来の発電所案件と大きく変わるところはない。ホスト国側の出資比率は一定比率を確保する、などの特徴が見られる程度である。

プロジェクトファイナンスの対象として採り上げられている発電所案件の多くは火力発電所である。従って、以下では火力発電所案件を中心に見ていきたい（以下「発電所案件」と記すが特に注記がなければ火力発電所を念頭に置く）。

プロジェクトファイナンスにおける発電所案件の特徴は次のような点である。
  a. 買電契約書の存在
  b. 完工リスクの問題
  c. 燃料供給の問題
  d. 電力代金支払方法
  e. 為替・送金リスク

なお、以下説明の便宜のため、発電所案件における主要関係者と主要契約書を下記に図示しておく。

■ 図4-4　発電所案件の主要関係者・主要契約書

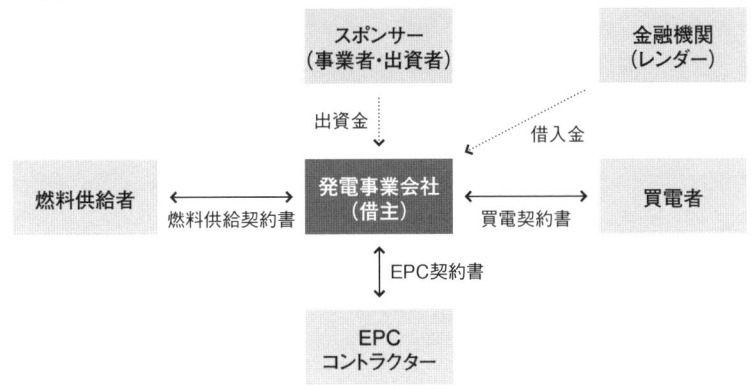

```
                    スポンサー              金融機関
                　（事業者・出資者）        （レンダー）
                        │                      ╎
                      出資金　　　　　　　　 借入金
                        ↓                      ╎
    燃料供給者  ←燃料供給契約書→  発電事業会社  ←買電契約書→  買電者
                                    （借主）
                                      ↕
                                   EPC契約書
                                      ↓
                                     EPC
                                   コントラクター
```

■ a. 買電契約書の存在

　発電所案件の資金調達手段としてプロジェクトファイナンスが利用され始めたのは北米である。第3章で触れたとおり、カーター政権下で採択された「パーパ（PURPA）法」により北米にはコジェネ案件が80年代から90年代前半までの間多数出現した。「パーパ法」は既存の電力会社にコジェネ事業者が発電する電力の長期購入を義務付けた。「買電契約書（PPA）」の締結が法制上要請されたのである。これにより、コジェネ建設資金の調達にプロジェクトファイナンスが大いに活用された。

　一方、発展途上国では経済発展とともに電力供給能力の増設は常に課題である。発展途上国側は民間の技術や資本を活用して発電所の建設を促進できないかと願っている。こうしてBOT（Build, Operate and Transfer）の手法やIPP（Independent Power Producer）の概念が生まれてきた。これらの手法や概念の中核にある重要な契約書は「買電契約書」である。これは発電所案件におけるオフテイク契約書である。発電所が完成し操業を開始すれば、長期に亘り電力を購入するということを約した契約書である。この「買電契約書」のお陰で投資家は投資の採算を見込むことができる。また、借入金による資金調達手段としてプロジェクトファイナンスを利用することができる。発展途上国は先進国事業家の技術と資金を活用して発電所を新設することができる。

　発展途上国における買電契約書上の買電者はホスト国の国営電力会社であることが多い。この事実は、発電所案件が当該ホスト国の社会インフラ整備

119

の一環であることを物語っている。この点は発展途上国における発電所案件の特徴の1つである。これまで見てきた資源開発案件やLNGプラント／工業プラント案件ではオフテイカーが当該国の国営会社であるという例はほとんどなく、発電所案件ほど国家主導の社会インフラ整備という色彩はない。

　買電契約書の契約期間は20年程度が多い。発電所設備の物理的な耐用年数はさらに長いが、投資家の観点からもプロジェクトファイナンスを組成するレンダーの観点からも20年は十分の長さである。

　買電契約書には電力価格が明記されている。通常"Capacity Charge"と"Energy Charge"という2つの電力価格の概念がある。

　"Capacity Charge"は発電所側が規定の電力量を供給できる状態になりさえすれば（実際に電力を供給しなくても）受領できる電力料金である。これは発電所の資本コスト（当初の建設費用）を回収する狙いがある。資本コストの回収ということは、資本コストが通常借入金と出資金から資金調達されていることから、借入金返済と配当金の原資を確保する狙いがある。

　"Energy Charge"は実際の操業に応じて受領できる電力料金である。これは操業に伴う変動費用（燃料費等）を回収する狙いがある。

　このように発電事業者が受領する電力料金は2つの概念の合計値となる。注目すべき点は電力価格（料金）の水準は一定の発電能力を整えれば長期に亘り予め決まっているという点である。投資家・事業家の立場からは投資利回りが比較的見込みやすい。プロジェクトファイナンスを供与する金融機関の立場からは、将来のキャッシュフロー予想が比較的容易で借入金の返済能力が判断しやすい。発電所案件がいまやプロジェクトファイナンス市場の過半を占めるようになった理由の1つは、この買電契約書の持つ「長期間に亘り事業収入を予想しやすい」という点にある。資源開発案件やLNGプラント／工業プラント案件では、発電所案件ほどの確度を以って事業収入を予想することは困難である。「買電契約書」のお陰で発電所向けプロジェクトファイナンス案件はやや「コモディティー化」の様相を呈しつつあるといえる。

　なお、「マーチャント・プラント」と呼ばれ「買電契約書」のない発電所案件がある。これは送電線網が整備された地域・国（例えば米国・欧州・豪州の一部）で見られる現象で、電力を自由に売買取引できる「市場」が整備されていることが前提である。このような地域・国では電力が「市場」で売買される。こういう方法で電力を販売している発電所を「マーチャント・プラント」と呼ぶ。「マーチャント・プラント」向けにもプロジェクトファイ

ナンスを利用できるかというと、組成された実例が90年代後半以降米国や豪州で見られる。しかし、これまで述べてきたように「買電契約書」の存在は発電所案件の最大の特長である。これが存在しない「マーチャント・プラント」案件は、同じ発電所案件とはいえ事業リスクの観点からは似て非なるものである。従って、多くの投資家・事業家はいまのところ是々非々で対応しており、またプロジェクトファイナンスの市場でも「マーチャント・プラント」案件が発電所案件の主流になる気配は見られない。

■ b. 完工リスクの問題

　発電所案件におけるプロジェクトファイナンスでは建設開始時からノンリコースになる例が少なくない。これは「完工リスク」をレンダーが取るということである。「完工リスク」をレンダーが取る発電所案件の種類としては、火力発電所（ガス焚、石炭焚、重油焚）が主流ではある。水力発電所や地熱発電所のケースでは「完工リスク」につきレンダーは慎重になる。

　さて、レンダーが発電所案件で「完工リスク」を取る場合でも次のような点は大前提となってくる。

　（i）　EPCコントラクター（建設会社）が実績のある先であること
　（ii）　EPC契約がターンキー・ベースであること
　（iii）　ボイラーやタービンなど主要機器が有力メーカーのものであること
　（iv）　コストオーバーランに対応する予算が相応計上されていること

　「EPCコントラクターが実績のある先であること」は多言を要しまい。実績のないEPCコントラクターに数百億円規模の発電所の建設を任せるのは、事業者にとってもレンダーにとっても許容しがたい。

　「EPC契約がターンキー・ベースであること」は完工リスク（コストオーバーランと完工遅延）を軽減する上でもっとも重要である。

　「ボイラーやタービンなど主要機器が有力メーカーのものであること」という点は上記4つの条件の中でやや相対化しつつあるかもしれない。米のGE製、独のシーメンス製、日本の三菱重工、日立、東芝などが名高いが、最近はコストを削減するため他のメーカーの機器も使用しようという動きが見られる。機器の信頼性とトレードオフになるかもしれず、レンダーは慎重である。

　最後の「コストオーバーランに対応する予算計上」であるが、この点「EPC

契約がターンキー」であるにもかかわらずどうして必要かと疑問に思う節もあるかもしれない。これはターンキー・ベースのEPC契約といえども、プロジェクト全体の予算が絶対に超過しないということはないからである。当初のEPC契約書には明記していなかった追加工事（EPC契約上の"Change of Order"という）が必要になる場合もある。追加工事が起こればEPC契約範囲外の工事となり予算超過が発生する。建設期間中借入金の金利水準が思いのほか上昇し「建設期間中の金利（IDC/Interest During Construction）」支払いが膨らむこともある。ターンキー・ベースのEPC契約であれば法外なコストオーバーランは発生しないと想定していいが、コストオーバーランが一切発生しないということにはならない。

　従って、ターンキー・ベースのEPC契約が存在してもなお、コストオーバーランの対策が必要になる。コストオーバーランの対策とはすなわち、コストオーバーランが発生した場合にその追加資金をどうやって調達するかを予めスポンサー・レンダー間で決めておくことである。

　コストオーバーランのための資金調達方法としては、
（a）すべて追加出資金で賄う
（b）追加出資金と追加融資で賄う
（c）すべて追加融資で賄う
の3通りが考えられる。

　最も一般的なのは「（b）追加出資金と追加融資で賄う」方法である。この場合、当初のDebt/Equity Ratio（借入／出資比率）に応じてスポンサーの追加出資金とレンダーの追加融資を拠出することが多い。レンダーの追加融資については予め融資契約書上に追加融資用の借入枠（ローン・ファシリティー／Loan Facility）を用意しておかなければならない。追加融資用の借入枠には当然金額に上限がある。追加融資用の借入枠をすべて利用してもなおコストオーバーランを賄い切れない場合にどうするかはこれも約定次第である。この場合にスポンサーがさらなる追加出資金を拠出する義務を負わないのであれば、「完工リスク」は最終的にレンダーが取るということになる。逆にスポンサーがさらなる追加出資金を拠出する義務を負うのであれば、「完工リスク」は最終的にスポンサーが取るということになる。これは「完工リスク」をめぐってのスポンサーとレンダーとの間の「リスク配分の問題」である。そもそも当該案件でコストオーバーランの可能性はどのくらい高いのか、追加出資金と追加融資の合計金額はコストオーバーランの大半のケー

スをカバーできる水準なのか、スポンサーに追加出資金拠出の義務付けはしなくともスポンサーは自発的に追加出資金を拠出して完工を成し遂げるインセンティブはどのくらい高いのか、など諸点を勘案して両者間で合意を目指す。これはスポンサーとレンダー間のリスク配分をめぐる交渉の一例と言える。プロジェクトファイナンスではスポンサーとレンダー間で「リスク配分の問題」が時折議論の焦点になる。

■ c. 燃料供給の問題

　燃料供給の問題には、「供給量」の確保の問題と「供給価格」の問題の二面性がある。もっとも、マーケットリスクのところで言及したとおり燃料についても市場で広く調達できるのであれば、「量」の問題は最終的には「価格」の問題に収斂する。値段が高いのを厭わないのであれば調達はできるはずというわけである。

　発電所案件における燃料供給の問題は、燃料価格が上昇した場合に電力代金に転嫁できるかという点で非常に重要である。この問題は通常「買電契約書」で取り扱う。具体的には"Energy Charge"の定義の問題である。多くの発電所案件の場合、買電者が燃料価格の上昇を負担するのが普通である。発電事業者に期待されているのは発電所の建設・操業（従って電力の供給、もう少し正確に言えば規定の料金で安定した電力の供給）であって、燃料価格上昇のリスクまで負担を期待されているわけではない。燃料価格が上昇した場合にはそれ相応に買電者（買電者も最終電力需要者に転嫁する）に負担してもらうというのが電力業界の通例である。

　なお、「買電契約書」の変形で"Energy Conversion Agreement（ECA[20]）"という契約スタイルがある。発電所案件における燃料価格の問題を考える上で示唆的である。"Energy Conversion Agreement"という契約は、買電者が燃料調達およびその調達コストについて責任を持つという点に特徴がある。発電事業者は燃料調達について一切心配しなくていい。従って、"Energy Conversion Agreement"の下では発電事業者が受領する電力代金には燃料コストを含まない。この場合の買電者の立場というのは、「燃料については自らが責任をもって調達するので、発電事業者には規定の料金

---

[20]：ECAという略語にはもう1つ頻繁に使用されるものがある。各国の政府系輸出信用機関のこともECAと呼ぶ。これは"Export Credit Agency"の略である。単に"ECA"というと大変紛らわしい。

で電力を供給してほしい」というものである。

■ d. 電力代金支払方法

　ここでいう「電力代金支払方法」とは「支払通貨の問題」である。

　まず、電力代金の支払通貨が全額米ドルであれば最も理想的である。発電事業者は発電事業推進のために多額で長期に亘る資金調達を行う。多額で長期間となると通常米ドル通貨を選ぶことが多い。発展途上国の現地通貨などでは多額で長期の資金調達は困難だからである。一方、為替リスクを回避するためには借入金の通貨と事業収入の通貨は一致させておく必要がある。発展途上国で推進される発電事業では買電者（多くは当該国の国営電力会社）にとって米ドル通貨で電力代金を支払うことは必ずしも便宜ではない。買電者は購入した電力を最終電力需要者に供給するわけであるが、最終電力需要者の電力代金の支払いは通常現地通貨で行われている。従って、発展途上国の買電者としては当該国の現地通貨で電力代金を支払うことを望む。そうすると、発展途上国で民間が推進する発電事業では「為替リスク」の問題が常に内在する。

　この「為替リスク」の問題の対処方法としては、買電契約書で電力料金の支払通貨を定めるのが普通である。通常買電契約上の電力料金は米ドル建てで表示されている。しかし、電力料金を米ドル建てで表示しているということと、実際に支払う際に米ドルなのか現地通貨なのかは別問題である。そこで、「規定した米ドル建ての電力料金に相当する金額を現地通貨で支払う」とか「50％を現地通貨で残り50％を米ドルで支払う[*21]」などと買電契約書にさらに定める。現地通貨で支払う場合には、常に最新の現地通貨／米ドル間の為替水準が反映されることが大前提である。

　この支払通貨の問題あるいは為替リスクの問題については、教訓がある。アジア金融危機が発生したときのインドネシアである。当時インドネシアで民間主導の発電所案件が操業していた。一方金融危機の発生でインドネシア現地通貨のルピアの価値が米ドル比4分の一以下に下落した。インドネシアの国営電力会社（PLN）はこのルピア下落に苦慮し、下落前の為替水準のままルピア建てで電力代金を発電事業者に支払ったことがある。これは明らかに「買電契約」上の違反であった。

＊21：例えば、タイの発電所（IPP）案件では50％がタイバーツ建て支払い、残り50％が米ドル建て支払いである。

■ e. 為替・送金リスク

　約定した通りの電力料金がたとえ現地通貨であっても支払われるのであれば、特に問題ではなかろうと一応考えられる。しかし、ここにも「通貨交換のリスク」や「送金のリスク」が内在している。「通貨交換のリスク」とは、異種通貨間の交換がなんらかの理由でできなくなるリスクのことである。これは現地政府の方針で外貨交換規制を行う場合などを指す。必要十分な金額を受領しても、受領した現地通貨を米ドルに交換できないとなると米ドル建ての借入金を返済することができない。「送金のリスク」とは、当該国から海外に向けて送金ができなくなるリスクである。これも現地政府の通貨政策等で一時的に禁止する場合などがこれに当る。この場合も当該国内にある資金を海外に送金できないとなると、借入金の返済や海外スポンサーへの配当金支払に支障をきたす。

　国内の電力需要に応える発電事業は、本質的に「通貨交換のリスク」や「送金のリスク」から免れることは困難である。発展途上国で推進される事業でも資源開発案件やLNGプラント案件のように「輸出向け」の案件には「通貨交換のリスク」や「送金のリスク」の問題はまず起こらない。資源開発案件やLNGプラント案件では生産物は米ドル建てで販売される。販売代金は海外の銀行口座（オフショア・アカウント）で留保する。借入金の返済も配当金の支払もこういったオフショア・アカウントから直接払い出される。「通貨交換」の必要もなければ、国内から海外への「送金」も発生しない。

　要するに、発電所案件は典型的な「国内向け」案件であり、資源開発案件やLNGプラント案件は「輸出向け」案件である。そして、発展途上国でプロジェクトファイナンスを生業としている金融機関の間では、「国内向け」案件と「輸出向け」案件とでリスク評価上峻別している。例えば、『発展途上国Aでは「輸出向け」案件は採り上げるが、「国内向け」案件は採り上げない』とか『発展途上国Bでは「輸出向け」案件も「国内向け」案件も採り上げる』というような各国別の融資方針を明確に持っている金融機関は少なくない。

　最後に、「国内向け」案件と「輸出向け」案件という観点に触れたので、これらとカントリーリスク（ポリティカル・リスクともいう）との関係にも言及しておきたい。カントリーリスクは通常3種類に類型されている。「戦

争リスク*22」「収用リスク*23」「為替・送金リスク」である。上記でいう「国内向け」案件には当該国のカントリーリスクすべてが存在する。一方、「輸出向け」案件には通常3種類のカントリーリスクのうち「為替・送金リスク」は存在しない。このことを図示すると次のようになる。

■ 図4-5　カントリーリスク3類型と「国内向け」「輸出向け」案件

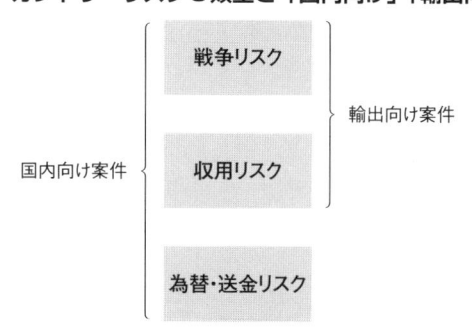

```
                    ┌ 戦争リスク ┐
                    │           │
    国内向け案件 ┤   収用リスク   ├ 輸出向け案件
                    │           │
                    └           ┘
                      為替・送金リスク
```

　もっとも、近年カントリーリスクは上記の伝統的な3類型以外にも広く認識されるようになってきた。先に例示したインドネシアの事例のように、国営会社と締結した契約書を当該国営会社が履行しないというリスクが現実のものとなった。これを"Breach of Contract"という。"Breach of Contract"という英語は字義上「契約不履行」のことであるが、斯界では「国営会社と締結した契約書上で当該国営会社が不履行を起こすこと」を指す。つまり「契約不履行」の当事者が国営会社であることが要点である。国営会社による契約不履行なので、これを「第4のカントリーリスク」と捉えている。発展途上国の発電所案件は買電者が当該国の国営電力会社であることが通常である。従って、この「契約不履行」"Breach of Contract"のリスクが常に内在している。

　さらに、これらのカントリーリスクを担保する保険や保証を「ポリティカル・リスク保険」「ポリティカル・リスク保証」という。それらの付保範囲・保証範囲を示す趣旨でスリー・ポイント・カバー（Three-Point Cover）、フォー・ポイント・カバー（Four-Point Cover）という言い方がある。前者は

---

*22：「戦争リスク」には戦争以外に、革命、内乱、暴動などを含む。
*23：「収用リスク」には収用以外に国有化、忍び寄る収用（Creeping Expropriation）などを含む。

旧来の3種類のカントリーリスクをカバーする趣旨で、後者は"Breach of Contract"を含めた4種類のカントリーリスクをカバーする趣旨である。また、同様の趣旨で、「第4のカントリーリスク」"Breach of Contract"のリスクまでをカバーする保険を"Extended Political Risk Insurance (EPRI)"、保証であれば"Extended Political Risk Guarantee (EPRG)"と呼ぶ。ここでいう"Extended"は「第4のカントリーリスク」"Breach of Contract"を含むよう付保範囲・保証範囲を「拡張・拡大した」という意味である。以上の諸点を下記に図示する。

■ 図4-6　カントリーリスクの4類型

- 戦争リスク
- 収用リスク
- 為替・送金リスク
- 契約不履行（"Breach of Contract"）のリスク
  ［第4のカントリーリスク］

⇐ これをカバーするのが"Extended Political Risk Insurance or Guarantee"

5. LNG船・FPSO/FSO・パイプライン

プロジェクトファイナンスを資金調達手段として比較的頻繁に用いる分野として、さらにLNG船、FPSO/FSO、パイプラインがある。これらの案件には、長期間に亘るサービス提供契約が存在する点に共通点がある。それぞれについて、以下プロジェクトファイナンスの観点から特徴的な点を整理したい。

■ a. LNG船

LNG船については本章第2節LNGプラントのところで少々触れた。LNG船は零下162度に冷やした液化天然ガスを運搬する専用船である。LNG船の歴史は約50年に及ぶ。1964年にアルジェリアから英国に運航したLNG船「メタンプリンセス」がLNG輸出の先駆である。日本は1969年アラスカからLNGの輸入を開始する。LNG船というと船体に半球を4つ5つ乗せた船型が思い浮かぶ。あれがノルウェーのモス社が開発した球形タンク方式という。LNG船の建造隻数は1964年から2000年までの36年間に133隻が建造され

た[24]。今世紀に入って建造数は急増しており、2009年末現在で300隻以上のLNG船が世界の海を運航している。

LNG船の建造資金の調達にプロジェクトファイナンスが利用されることが少なくない。LNG船向けのプロジェクトファイナンスにおける特徴を考えるに当って、次のような点に着目してみたい。

(i) 完工リスク
(ii) 傭船契約
(iii) 他の船舶ファイナンスとの違い

完工リスク

LNG船の建造は韓国や日本の造船会社が得意としている。建造には2年ほど要する。標準的なLNG船一隻当たり200-250億円前後する。LNG船建造資金をプロジェクトファイナンスで調達した場合でも、建造期間中に限っては借入金はノンリコースにならないのが普通である。ノンリコースになるのは通常操業開始後である。建造期間中は借入金にスポンサー（船主）の保証を要する。つまり、「完工リスク」は通常スポンサーが取る。プロジェクトファイナンスのレンダーは「完工リスク」を取らない。この点は他の多くのプロジェクトファイナンスの案件と同様である。

傭船契約

LNG船の所有者つまり船主は、LNG生産者、LNG購入者、LNG船の運航を担当する船舶会社あるいはこれらの組み合わせであることが多い。建造資金をプロジェクトファイナンスで調達しようとする船主は、SPCを設立し当該会社にLNG船を保有させる。LNG船の運航（オペレーション）は船舶会社が担う。LNG船は長期の傭船契約を持つのが普通である。傭船契約の相手方は、LNG生産者（LNG輸出者）かLNG購入者（LNG輸入者）である。LNG船の傭船契約の期間はLNGオフテイク契約の期間と附合していることが多い。従って、15-20年の長期に亘るのが普通である。そして、傭船契約においても買電契約に見られたような傭船料の規定が置かれ、運航できる状態にあれば資本コストに匹敵するCapacity Chargeが支払われるのが普通で

---

[24]：糸山直之氏「LNGコラム-LNG船よもやま」ダイヤモンドガスオペレーション株式会社ホームページ（http://www.dgoweb.com/）に拠る。

ある。傭船契約の期間が15-20年と長期に亘り、安定した傭船料収入が期待できる点がプロジェクトファイナンスの要件を充足する。

なお、LNGプラントとLNG船の両者ともプロジェクトファイナンスで資金調達を行っているケースで、LNG生産者がLNG船の傭船契約を締結しLNGの引渡し条件がLNG購入者の所在国である場合（CIFベースの引渡しの場合）、傭船料はいわばLNG生産コストの一部と捉えることができる。傭船料をLNG生産コストの一部と捉えると、LNGプラント案件における資金の充当順位（Cash Flow Waterfall）において、傭船料は操業コストの一部に当たる。その場合、LNGプラントに融資をしているプロジェクトファイナンスのレンダーへの元利金支払いは、傭船料の支払いに劣後することになる点注意を要する。このことは同時に、LNG船のプロジェクトファイナンスのレンダーは傭船料を返済原資としている訳であるから、LNGプラント向けプロジェクトファイナンスのレンダーよりも優位にある、ということである。

他の船舶ファイナンスとの違い

一般に船舶向けのファイナンスというのは昔から存在していた。英語では「シップ・ファイナンス（Ship Finance）」と呼ぶ。船舶向けのファイナンスにもノンリコースの手法で融資を行うことがある。一般的な船舶向けノンリコース・ファイナンスとLNG船向けのプロジェクトファイナンスとは違うのだろうか。明確な線引きがされているわけではないが、両者の間には違いがある。

一般の船舶向けノンリコース・ファイナンスは必ずしも傭船契約を重要視していない。というより市場の慣行で長期間に亘る傭船契約はまず存在しない。従って、一般船舶向けのノンリコース・ローンを行う者は融資対象となる船舶の残存価値に注目する。万が一、融資返済が滞った際に担保になっている当該船舶を処分して融資回収が図れるのかどうかという視点である。これはいわば「質屋」の発想といわざるを得ない。LNG船のプロジェクトファイナンスの観点から見ると、傭船契約の存在しない船舶に経済価値がどれだけあるのかという疑問が生じる。しかし、さまざまな種類の荷を積載することのできる「ばら積貨物船」などは汎用の用途があり長期の傭船契約が無くとも相応の利用価値があると考えられる。

一方、LNG船向けにプロジェクトファイナンスを供与する金融機関はLNG船そのものの残存価値には重きを置いていない。それよりも、傭船契約から生み出される事業収入（キャッシュフロー）に着目している。LNG船はLNGを運搬するためだけに建造された特殊な船舶である。長期の傭船契約が存在するのがむしろ普通である。傭船契約のないLNG船[25]があったとしたら、そのLNG船はプロジェクトファイナンスの対象とはなり難い。

　融資を行う金融機関の立場から見て、この「残存価値」に着目するか「キャッシュフロー」に着目するかは非常に重要な違いである。長期の傭船契約があるLNG船向けのプロジェクトファイナンスは積極的に採り上げるが、一般の船舶向けファイナンスは採り上げないという金融機関は少なくない。また、一般の船舶向けファイナンスを採り上げる金融機関は「シップ・ファイナンス」の担当グループを設置しているのが普通である。これは各種船舶の残存価値・処分価格に精通している必要があるからである。一方、多くの金融機関ではLNG船向けのプロジェクトファイナンスは「プロジェクトファイナンス」のチームが採り上げる。これは傭船契約に基づく事業収入（キャッシュフロー）を分析するためである。「残存価値」に注目するファイナンス手法はやや旧聞に属するといえる。因みに、バブル時代の日本の不動産業界も不動産向け融資を行った金融機関も、不動産の「価値」そのものに注目して（不動産価格のキャピタルゲインを期待して）、当該不動産が生み出す賃貸事業収入（キャッシュフロー）には注目していなかった。

■ b. FPSO/FSO

　FPSOとはFloating, Production, Storage and Offloadingの略称で、「浮体式海洋石油・ガス生産貯蔵積出設備」と訳される。洋上で石油・ガスを生産し、生産した石油・ガスを設備内のタンクに一時貯蔵して定期的に配送されるタンカーへ積出を行う設備である。外観は船舶のようである。しかし、通常海上の定位置に係留して作業する。近年油田開発は海上で行われるものが益々増えている。海上での石油生産設備でこのFPSOは6割以上を占めるといわれ、現在世界で160基以上のFPSOが稼動している[26]。

　FSOはFloating Storage and Offloadingの略称で、「浮体式海洋石油・ガス

---

[25]：近年長期オフテイク契約に基づかないLNG売買もある程度行われている。いわゆるスポットベースのLNG売買である。スポット売買のためには長期間の傭船契約に縛られないLNG船が必要となってくる。
[26]：三井海洋開発株式会社のホームページ（http://www.modec.com/）に拠る。

貯蔵積出設備」と訳される。石油・ガスの生産を行なうプロセス設備を持たない、洋上での貯蔵・積出専用の設備である。現在世界で100基以上のFSOが稼動している[*27]。

「完工リスク」や「傭船契約」に関わる問題点はすでに述べたLNG船と類似している。FPSO/FSOの傭船契約期間はLNG船のそれに比べ長期に亘らないのが特長である。FPSO/FSOは上記のとおり海上での油田・ガス生産や貯蔵に使用される設備であるので、当該油田ガス田の生産期間次第で傭船契約の期間が定まる。一般にFPSO/FSOの傭船契約の期間は当初5年から7年程度である。当然傭船契約の延長が行われることはある。しかし、傭船契約の延長は通常傭船者のオプションであるので、FPSO/FSOに対するプロジェクトファイナンスを組成する場合、その当初の傭船契約期間（例えば5年から7年）内での完済を想定する。従って、FPSO/FSO向けプロジェクトファイナンスの期間は比較的短い。資金回収の早いのが特長である。

FPSO/FSOの操業を手掛ける企業が日本にもある。それは三井海洋開発で、当社はFPSO/FSO業界で世界のトップを争っている。2003年当社が手掛けるベトナムでのFPSO案件で、日本で初めてプロジェクトファイナンスを組成した。

■ c. パイプライン

パイプラインには大きく分けて原油を運ぶ石油パイプラインと天然ガスを運ぶガスパイプラインとがある[*28]。パイプライン網が発達しているのは欧州と北米である。それは日本の鉄道網の如くであるといえば分かりやすい。日本ではほとんどパイプラインの敷設が進んでいない。天然ガスを運搬する方法にはLNG船を利用する方法とガスパイプラインを利用する方法とがある。長距離の運搬にはLNG船が、比較的近距離の運搬にはパイプラインが経済的だといわれる。その分岐点は3,000kmから5,000kmの間の距離だといわれる。その他地理的条件や政治的情勢にも左右される[*29]。

パイプラインの建設資金の資金調達にプロジェクトファイナンスが利用されることは少なくない。特に基幹となるようなパイプラインには石油もしく

---

*27：前汪に同じ。
*28：パイプラインには石油製品を運搬するパイプラインなどもあるが、大規模なパイプラインは石油もしくは天然ガスを運搬するパイプラインである。
*29：ロシアからヨーロッパへ繋がるパイプラインについては、どの国の領地を通過するのが地政学的観点から適切かで常に議論がある。

は天然ガスを生産・供給する者とそれを購入・需要する者とが存在する。そして、パイプラインが操業したら長期間に亘ってこれを継続利用する者（排他的に継続利用したい者）が存在するのが普通である。

パイプラインの利用契約は英語で一般に「スループット（"Through-Put"）契約」と呼ばれる。スループット契約は、これまで見てきた買電契約や傭船契約に類似した特徴を持つ。つまり、i）長期間に亘る契約であり、ii）資本コスト回収用のCapacity Chargeと同じ概念を持つ規定があり、iii）変動費回収用のEnergy Chargeと同じ概念を持つ規定がある。このような特徴を持つために、従来パイプライン案件向けの資金調達にプロジェクトファイナンスが利用されてきた。筆者が見聞したパイプライン案件向けプロジェクトファイナンスの実例には、カナダ東部と米国東部を結ぶ「イロコイ（Iroquois）・ガスパイプライン」（総延長約400km、1992年操業開始）、ロシアとトルコを死海の海底で結んだ「ブルー・ストリーム・ガスパイプライン」（総延長1,200km、2003年操業開始）、アゼルバイジャンのバクーからトルコ・セイハンまでの「BTC石油パイプライン」（総延長約1,770km、2006年6月操業開始）などがある。

6. その他インフラ設備
（道路、トンネル、港湾、通信施設、テーマパーク他）

プロジェクトファイナンスはこれまでに説明してきた分野以外にも広くインフラ設備の資金調達に利用されたことがある。具体的には道路、トンネル、港湾、通信施設、テーマパークなどである。有料道路の案件例では90年代初頭中国広州の有料道路案件がある。トンネルの案件例では第3章でも触れた「ユーロトンネル」や香港のトンネル案件が名高い。港湾施設の案件には最近韓国やベトナムでの港湾案件の例や1990年代初頭の米国ヒューストン港の例がある。通信施設では通信衛星の案件で「イリジウム」[30]という案件が90年代米国にあった。日本でも2006年ソフトバンクがボーダフォン・ジャパンを買収した際ノンリコース・ベースで資金調達をした。テーマパークでは「フランスのユーロディズニー」、「大阪のユニバーサルスタジオ」[31]、「香港ディズニーランド」などの例がある。

---

[30]：イリジウムは地球上のどこに居ても（砂漠の真ん中でも）通話が出来るという強みを持っていたが、電話機のサイズは大きく持ち運びには便利ではなかった。後刻登場した小型の携帯電話に駆逐され商業的には失敗した。
[31]：ユーロディズニーや大阪のユニバーサルスタジオも商業的に苦戦している。

過去にさまざまなインフラ案件がプロジェクトファイナンスを用いて資金調達を果たして来てはいる。しかし、インフラ案件の資金調達手段としてプロジェクトファイナンスは成功してきたとは言い難い。リストラやリスケジュールなど事業が悪化したプロジェクトファイナンス案件にはこのインフラ分野が少なくない。その理由はかなり明らかである。大きく分けて2つの理由がある。1つは「完工リスク」である。もう1つは「マーケットリスク」である。以下この2つのリスクについてもう少し触れる。

■ a. 完工リスク

インフラ案件における「完工リスク」が問題となるのは専らコストオーバーランのケースである。例えば、道路やトンネルなどの建設契約で費用上限を約束してくれる建設会社は稀である。プラント建設と違い土木工事が大半を占める道路・トンネル建設工事は予め建設費用を正確に見積もるのがそもそも困難を極める。コストオーバーランのリスクは殆ど誰にも転嫁できず厳然として残る。「ユーロトンネル」の例を引くまでもなく、コストオーバーランや完工遅延は如何ともし難い。決定的なリスクである。日本での道路やトンネルの建設工事の例からも容易に想像できよう。インフラ案件というのは完工リスクが大きい。ここでいう完工リスクが大きいというのは完工に達しないという意味ではない。予定されていた予算範囲内で当該設備が完成しないという意味である。建設コストが増加するようであれば、操業当初から事業の採算性は悪化する。事業計画段階で想定した採算予測は操業初期から達成が危うくなる。つまり、完工リスクが大きいということは、事業採算性の予想が難しいということである。

■ b. マーケットリスク

インフラ案件における「マーケットリスク」というのは、当該設備の利用者数の予測が難しいという形で顕在化してくる。従って、事業収入の予測が難しいということになる。インフラ案件の場合当該施設のサービスを提供して収入を得る。サービス単価と利用者数の積が事業収入になるわけだが、インフラ案件の多くは利用者が不特定多数である。果たしてどれだけの利用者数が見込めるのか。損益分岐点を上回り、借入金返済と配当金支払が十分に可能な水準の事業収入が見込めるのか。不特定多数の潜在的利用者・需要者を相手にするため、外部のコンサルタントを雇用して需要予測などを推計す

る。しかし、この需要予測は当たったためしがない。既に言及したが、インフラ設備の需要予測はときに天気予報よりも当たる確率が低いというのは、単なる揶揄ではなく、もはや事実である。いかなる事業にもこのような事業収入のリスクは少なからず存在する。しかし、プロジェクトファイナンスという観点から見たとき、プロジェクトファイナンスの「融資」としての要件を満たさなければならない。それは「返済の確実性」である。資源開発案件では地下の資源が採掘されればそれでよい。採掘された生産物（例えば石油や金、銅）の換金は殆ど問題にならない。LNGプラントでもLNGが生産できればよい。あとはオフテイク契約に基づき購入は約束されている。発電所案件でも電力供給ができればよい。あとは買電契約書に基づき電力料金が支払われる。このようにプロジェクトファイナンスが成功裏に組成されている分野を精査すると、「事業収入確保の仕組み」が周到に用意されていることが分かる。「事業収入確保の仕組み」の有無がプロジェクトファイナンスの組成可否を決める大きな要因の１つなのである。プロジェクトファイナンスには実は「タネも仕掛けもある」というのが真相である。

　このように見てくると、インフラ案件の資金調達手段としては「事業収入確保の仕組み」を創り出さない限り、プロジェクトファイナンスの利用はなかなか困難が伴うと言わざるを得ない[*32]。

7. プロジェクトファイナンス案件の類型

　さて、これまで見てきた各分野別のプロジェクトファイナンス案件について、以下ある程度分類を試みてみたい。大きな分類方法として、１）「輸出型」と「国内型」の分類と、２）「資源型」と「電力型」の分類が可能である。両者の分類方法はプロジェクトファイナンスの業界では概ね人口に膾炙している。特に後者の分類方法は、金融機関や商社でのプロジェクトファイナンス部門の組織体制において反映されることが多い。つまり、資源案件担当部門と電力案件担当部門を二分するような組織のあり方である。

[*32]：出資金の比率を厚くし借入金（特にシニアローン部分）比率を下げて「返済の確実性」を高めるなどの工夫を施し、プロジェクトファイナンスを組成している例はある。こういう手法は苦肉の策ではある。

■ a.「輸出型」と「国内型」

　この「輸出型」と「国内型」の分類方法については本章第3節「工業プラント」のところで少々触れた。この分類方法は事業で産出する生産物を国内で販売するのか海外で販売するのかという点に着目した分類方法である。これによって事業収入をどんな通貨で得られるのかが決まる。「為替・送金のリスク」を負うか負わないかという岐路に立つ。この分類はとくに発展途上国の事業において意味を持つ。先進国の事業であれば国内販売であっても有力なハードカレンシー（主要国の通貨）での事業収入が期待できるので、ここでいう分類の意味はない。また、発展途上国における事業であっても、生産物の過半は輸出するが一部国内需要に応じるものもある。従って、ここでいう「輸出型」「国内型」の分類は必ずしも100％明確に切り分けできるというわけではない。しかし、「輸出型」「国内型」にはリスク面に大きな差異があるので、分類に意味があるのである。

　本章第4節「発電所」でも言及したが、この「輸出型」と「国内型」の分類は「為替・送金のリスク」があるかないかという点にとりわけ大きな違いがある。因みに、「輸出型」案件ではハードカレンシーで得られる輸出代金を海外に開設した「オフショア・アカウント（offshore account）」で管理するのが通常である。ハードカレンシーの資金を海外で保有している限り、「為替・送金のリスク」を免れる。ハードカレンシーではあっても、一旦発展途上国の国内銀行に輸出代金を持ってきてしまうと当該国の「為替・送金のリスク」を免れない。「オフショア・アカウント」の開設場所は通常資本取引の自由な先進国が選ばれる。ニューヨーク、ロンドン、シンガポールなどがその例である。

　これまで本章で採り上げた案件例を見てゆくと、「輸出型」案件には資源開発案件（第1節）、LNGプラント案件（第2節）、LNG船、FPSO/FSO案件（第5節）が入る。LNGプラントは遠方にLNGを輸出するためにあるので、例外なく「輸出型」である。工業プラント案件（第3節。石油製油所、石油化学プラント、精錬所、肥料プラント、メタノールプラント等）には「輸出型」と「国内型」の両方の例がある。パイプライン案件（第5節）にも「輸出型」と「国内型」の両方がある。LNG船やFPSO/FSOはサービスを提供するもので、モノを販売するものではない。しかし、これらを利用する者（傭船者）との間では通常ハードカレンシー（多くは米ドル）で利用料金を支払う慣行があるので「輸出型」に分類できる。

「国内型」案件は上記以外の案件である。発展途上国における発電所案件（第4節）はこの典型である。しかし、電力料金の支払を米ドルで行うことを買電者が約するなど「輸出型」に擬する工夫がなされていることが多い。ラオスで操業する水力発電所はその電力の多くをタイの電力会社（EGAT）に売電している。これは電力を文字通り「輸出」する稀な事例である[*33]。インフラ案件（第6節）は通常「国内型」の典型である。生産物を国内市場へ販売する輸入代替型の石油製油所や石油化学プラント案件（第3節）も「国内型」である。

パイプラインは一般的な常識ではインフラ案件であろう。しかし、すでに記述のとおり「スループット契約」の存在により、他の一般的なインフラ案件とはその性格において一線を画している。本章では「スループット契約」の観点から、パイプライン案件はLNG船やFPSO/FSO案件と共に第5節で扱い、インフラ案件（第6節）では扱っていない。以上の諸点を一表にまとめるとおおよそ次の通りである。

■ 表4-2 「輸出型」と「国内型」

	「輸出型」案件	「国内型」案件
実例	資源開発 LNGプラント 工業プラント＊（石油製油所、石油化学プラント、精錬所、肥料プラント、メタノールプラント等） LNG船 FPSO/FSO パイプライン＊	発電所 工業プラント＊（同左） パイプライン＊ インフラ案件（道路、トンネル、港湾、通信施設、テーマパーク等） （＊印の案件は「輸出型」「国内型」両方あり得る）
事業収入	事業収入は輸出によるハードカレンシー（多くは米ドル）。	事業収入は国内通貨建て（ハードカレンシーに連動する場合もある）。
ファイナンス・ストラクチャー	発展途上国の案件なら「オフショア・アカウント」を設置し輸出による収入を国外で捕捉。	左記に匹敵するものはなし。
リスク	オフショア・アカウントの利用により発展途上国であっても「為替・送金リスク」が回避される。	「為替・送金リスク」から免れない。第4のカントリーリスク「契約不履行」"Breach of Contract"のリスクが伴うことも多い。従って、「ポリティカル・リスク保険」などを利用する。

[*33]：長距離の送電線では消失する電力量が増えるので、電力を輸出する事例は国境が隣接しているなど特定の事例に限定される。

■ b.「資源型」と「電力型」

　次に、プロジェクトの事業収入をどのような方法で確保しているのかという観点でプロジェクトファイナンスの案件を分類しておきたい。以下に、「資源型」「電力型」の２分類を試みる。

　「資源型」案件は、文字通り大半の資源案件に見られる類型である。その事業収入の源泉は資源の埋蔵量そのものである。従って、資源の埋蔵量がどれだけ存在するかが最も重要である。オフテイク契約（当該資源の売買契約）の存在はプロジェクトファイナンス組成上補完的なものである。

　「電力型」案件は、長期の買電契約書を持つ電力発電所案件がその典型である。事業収入の源泉は長期のオフテイク契約（このオフテイク契約はモノの売買契約というよりサービス利用契約である）に在る。長期のサービス利用契約によって将来の事業収入がいわば保障される、という点がこの類型の最大の特長である。この観点から、LNG船案件、FPSO案件、パイプライン案件をこの類型に入れる。

　以下、それぞれの類型の特徴をもう少し見ていきたい。

「資源型」

　「資源型」の案件はその名の通り資源開発案件に利用されるプロジェクトファイナンスである。すでに本章第１節で見てきた石油・ガスの開発案件、金、銅、石炭などの鉱物資源の開発案件がこれに該当する。これらの案件に利用されているプロジェクトファイナンスには次のような特徴が認められる。

「資源型」案件の特徴

　（a）　事業収入の源泉は資源の埋蔵量そのものであり、資源の埋蔵量に経済的価値が在る。
　（b）　生産物は市場の換金性が高い。従って、オフテイク（生産物販売）契約はプロジェクトファイナンス組成上補完的な役割を担う。
　（c）　生産設備完工までの期間（建設期間）はリコースローンである（ノンリコースではない）。
　（d）　融資の返済期間は生産設備完工後５－10年程度と比較的短い。

「資源型」案件の特徴の中でも「事業収入の源泉は資源の埋蔵量そのものであり、資源の埋蔵量に経済的価値がある」という点は最大の特徴であろう。この特徴は他のプロジェクトファイナンス案件に見られないものである。また、次に説明する「電力型」案件との関係で最も対比される部分である。なお、資源開発案件にもオフテイク（生産物販売）契約は存在する。しかし、その存在意義は後述する「電力型」案件に見られるオフテイク契約（サービス利用契約）とは性格を大きく異にする。

「電力型」

　「電力型」の案件もその名の通り、本章第4節でみてきた発電所案件に代表されるプロジェクトファイナンスである。他の例としては、第5節で採り上げたLNG船、FPSO/FSO案件、パイプライン案件などもこの範疇で捉える。

　この「電力型」案件の特徴は、Capacity ChargeやEnergy Chargeの概念の規定を有する「オフテイク契約」が存在することである。発電所で言えば「買電契約（Power Purchase Agreement）」、LNG船/FPSO/FSO案件で言えば「傭船契約（Charter Agreement）」、パイプライン案件で言えば「スループット（Through-put）契約」である。これらのオフテイク契約があることにより将来の事業収入水準を予測しやすい。この点に最大の特長がある。なお、ここでいう「電力型」案件の「オフテイク契約」はモノの売買契約ではない。サービスの利用契約である[34]。

　加えて、「資源型」案件におけるモノの「オフテイク契約」の相手方は複数であることが少なくなく、時間の経過に伴い相手方が多少変更になる可能性もある（例えば、石油や石炭の販売先が変更になるなど）。しかし、「電力型」案件の「オフテイク契約（サービス利用契約）」の相手方は単数[35]で特定しており、時間の経過に伴い変更するような事態はまず想定していない。こういう点から「電力型」案件は「オフテイク契約（サービス利用契約）」の相手方との結びつきが堅固であるという特徴が指摘できる。

　かような「電力型」案件に見られるプロジェクトファイナンス上の特徴をまとめると次の通りである。

---

[34]：電力の販売はモノの販売とも言えるが、ここでは電力発電というサービスと捉える。そうするとLNG船、FPSO、パイプラインなどの案件と同一視できる。
[35]：「電力型」案件の「オフテイク契約（サービス利用契約）」の相手方は単数、と書いたが、これは電力発電所案件やFPSO案件などによく当てはまる。パイプライン案件については単数より複数の利用者が存在することの方が多いと思われる。

「電力型」案件の特徴

(a) Capacity Charge/Energy Chargeの性格を持った「電力型」の「オフテイク契約（サービス利用契約）」がある[*36]。この存在が重要である。

(b) 融資対象物件に当たるプラント等建造物そのものには大きな経済的価値は認められない（極端な例を挙げると、電力の買い手が居ない発電所や利用者の見当たらないパイプラインなど）。

(c) プラント完工までは通常リコースローンである（ノンリコースではない）。もっとも、発電所案件に限っては建設期間中からノンリコースになるものが多い。

(d) 融資の返済期間は完工後10-15年と比較的長い。FPSO/FSO案件の融資期間は比較的短く、この例外である。

　「電力型」案件の最大の特徴は、長期に亘るサービス利用の「オフテイク契約」の存在である。長期に亘るサービス利用者・需要者（オフテイカー）の存在と言ってもいい。利用者・需要者（発電所案件であれば買電者）の側から見た場合、「電力型」の「オフテイク契約（サービス利用契約）」を締結することにより、事業の資金調達ならびに運営・操業を事業者（サービス提供者）に担ってもらえるというメリットがある。他方、事業者（サービス提供者）は資金調達、設備の建設ならびに運営・操業をビジネスとし担う。

電力型オフテイク契約（サービス利用契約）とリース契約

　サービス利用者・需要者自身が当該事業（例えば発電事業）を行うのであれば「電力型」の「オフテイク契約（サービス利用契約）」を締結する必要はない。その場合、自ら資金調達、建設、操業を行うことになる。
　第3者に資金調達および建設を依頼する方法が実はもうひとつある。「オフテイク契約（サービス利用契約）」に似て非なる「リース契約」である。第3者と「リース契約」を締結することにより、その第3者に資金調達、建設、資産保有をしてもらい、リース料を払ってその資産の利用を図る方法である。もっともこの場合、借入金についてはもはやサービス利用者・需要者

[*36]：発電所案件にはマーチャント・プラントと呼ばれる買電契約のない案件も例外的には存在する。

にとってノンリコースにはならない。また、操業についてはサービス利用者・需要者自身が行う必要がある。発展途上国における発電所案件の中には、国営電力会社と「買電契約」ではなく「リース契約」を締結して事業推進した例[*37]がある。さて、上記記述から察せられるように、「電力型オフテイク契約（サービス利用契約）」[*38]とリース契約はその目的とするところが非常に似ている。両者の違いは、操業者が誰かという点と財務会計上オフバランス化が可能かどうかという点に見られる。

「電力型オフテイク契約（サービス利用契約）」では操業者はサービス提供者である。リース契約では操業者はサービス利用者である。オフバランス化は、「電力型オフテイク契約（サービス利用契約）」では今のところ可能であるが、リース契約ではもはや不可能である。もっとも、「電力型オフテイク契約（サービス利用契約）」で財務会計上オフバランス化が可能であるとは云え、サービス利用者の責務は重く、任意に契約を解除した場合などはサービス提供者が調達した設備資金の借入金債務やサービス提供者の期待収益等を最終的に負担するのが通常である。

以下に、「電力型オフテイク契約（サービス利用契約）」とリース契約との比較表を示す。

■ 表4-3　電力型オフテイク契約（サービス利用契約）とリース契約の比較表

	「電力型オフテイク契約（サービス利用契約）」	リース契約
資産保有者	サービス提供者	サービス提供者
操業者	サービス提供者	サービス利用者
設備資金借入の債務者	サービス提供者	サービス提供者
サービス利用者のオフバランス化	可	（原則）不可[*39]
サービスの受益者	サービス利用者	サービス利用者

■ c.「資源型」「電力型」以外の類型

　　プロジェクトファイナンスの案件を分類してゆくと、上記「資源型」「電

[*37]：例えば、インドネシアのタンジュン・ジャティB発電所案件
[*38]：「電力型オフテイク契約」という用語は本書で初めて試用するもので、プロジェクトファイナンス市場で一般に使用されているものではない。
[*39]：国際会計基準（IFRS）の下では、リース契約によってサービス利用者のオフバランスとすることは殆ど不可能である。

力型」のいずれにも該当しない案件群がある。例えば、LNGプラント案件や工業プラント案件、インフラ案件などである。

　LNGプラント案件は常に「輸出型」であるが、工業プラント案件には「輸出型」と「国内型」がある。サウジアラビアのラービク・プロジェクトやブルネイのメタノール・プロジェクトは前者の例で、タイの石油製油所や中国の石油化学プラントは後者の例である。発展途上国における「国内型」工業プラント案件は輸入代替を目的していることが多い点、既に述べた。インフラ案件はすべからく「国内型」であろう。

　LNGプラント案件は、上流のガス田開発事業と同時に事業推進されるのが通常である。加えて、事業開始に当たりLNG購入者と長期のオフテイク契約を締結するのが通常である。これらの点から、LNGプラント案件は「資源型」に近似した性格を有すると共に、通常の「資源型」案件ではオフテイク契約の存在意義は補完的なものであるのに対し、LNGプラント案件では長期のオフテイク契約の存在は事業推進上欠かすことができないものである。これは液化天然ガスという生産物の特殊性に由来するといっていい。

　工業プラント案件は、プラントの建設・操業という点では物理的には電力発電所プラント案件と共通点がある。しかし、電力発電所プラント案件が長期のサービス利用契約（買電契約）を持ち将来の事業収入が安定的に確保されるのに対し、工業プラント案件には通常同種の長期のサービス利用契約は見られない。工業プラント案件には生産物の販売契約が存在する程度である。もっとも、プロジェクトファイナンスの組成を目的として、工業プラント案件に長期のサービス利用契約を導入する例が稀にある。この契約をトーリング・アレンジメントなどと言う。これは原材料価格や生産物価格などとは無関係に、一定水準の操業に対して対価を支払う契約のことで、その対価の中には操業コスト、借入返済金（資本回収コスト）、利益（配当原資）などを網羅する。いわば、長期の操業委託契約と云える。

　インフラ案件は不特定多数の利用者を想定していることが多く、オフテイク契約などはまず存在しない。それ故に、工業プラント案件よりもさらにプロジェクトファイナンスの組成を困難にしている。

　以下に、LNGプラント案件、工業プラント案件、インフラ案件の主要点を比較した簡単な一覧表を示す。

■ **表4-4　LNGプラント案件、工業プラント案件、インフラ案件の比較表**

	LNGプラント	工業プラント	インフラ
「資源型」要素	ガス田開発部分が「資源型」である	なし	なし
「電力型」要素	なし	なし（トーリング・アレンジメントの例外あり）	なし
オフテイク契約	あり（長期で内容堅固）	あり（内容さまざま）	なし
建設中のリコース	あり	あり	あり
建造物の経済的価値	相応あり	相応あり	あまりない
融資期間	長期（15−18年）	長期（12−15年）	長期（15年超）

サービスとモノのオフテイク契約

　なお、これまでに説明してきたオフテイク契約というものには、少なくとも2種類のものがあった。一つは「電力型」案件に見られるサービスの利用契約である。もう一つはモノの売買契約である。特に、サービス利用契約は「電力型」案件を特徴付ける。モノの売買契約は「資源型」案件やLNGプラント案件・工業プラント案件などに見られる。LNGプラント案件においては、長期LNG売買契約は案件の組成上欠かすことができない。

　さて、以下では、サービス利用契約とモノの売買契約を比較し、それぞれの特徴を明らかにしておく。

　「電力型」案件に見られる長期サービス利用契約はCapacity ChargeやEnergy Chargeの概念を持ちサービス提供者が一定水準のサービス提供をする限り（サービス提供をできる状態を用意している限り）、サービス利用者はサービス提供者に対してサービス利用代金を支払うものである。また、サービス利用者による任意の契約解除は、サービス提供者に対し資本コストや期待収益を補償する義務を負うのが通常である。

　一方、モノの（売買の）オフテイク契約は、引取量については約するものの、価格については一定のフォーミュラーに準ずるか市場価格等に連動させるのが普通である。従って、モノの売買価格は変動する。モノのオフテイク契約上の購入者の負担する義務は、サービス利用契約上のサービス利用者が負担する義務に比べると軽微なのが通常である。

　以下に、サービスとモノのオフテイク契約の比較表をまとめておく。

■ 表4-5　サービスとモノのオフテイク契約比較

サービス利用契約 （電力型オフテイク契約）	・Capacity Chargeにより資本コスト（借入金や配当金等）回収の規定があり、Energy Chargeにより変動費用（燃料費等）回収の規定がある（Capacity/Energyという用語を使用していなくとも、事業収入の水準を安定させるような同種の概念がある）。 ・サービス利用者による任意の契約解除は、サービス提供者に対し資本コストや期待収益を補償する義務を負う。 ・サービス提供者（事業主）は一定水準のサービスをサービス利用者（オフテイカー）に提供すれば（あるいは提供する用意をすれば）、一定の事業収入が期待できる。従って、事業主は提供するサービスの価格変動リスクを取らない。 （例） 買電契約（PPA）、買電水契約（PWPA）、LNG船やFPSOの傭船契約、パイプラインのスループット契約
モノの売買契約 （モノのオフテイク契約）	・オフテイカーは取引量につき約するものの、引取価格については市場価格等に連動させる。 ・従って、モノの売買価格は原則変動する。これに伴い、事業収入も増減する。 （例） LNGオフテイク契約、石油、金、銅、石炭、石油精製製品、石油化学製品などのオフテイク契約

　なお、近年国内の公共施設の資金調達・建設・操業について、民間のノウハウを活用する手段としてPFI/PPP[40]の手法が見られようになった。これらにはプロジェクトファイナンスの手法が多く借用されているが、PFI/PPPの案件はその多くがこの「電力型オフテイク契約（サービス利用契約）」に類似した長期契約を有している。本書では一般にインフラ案件向けのプロジェクトファイナンスの組成は難しいと指摘してきたが、「電力型オフテイク契約（サービス利用契約）」の概念を活用できれば、インフラ案件向けのプロジェクトファイナンスにもある程度途は拓ける。

■ d.「輸出型」「国内型」と「資源型」「電力型」

　さて、これまで述べてきた「輸出型」「国内型」の分類と「資源型」「電力型」の分類とを交錯させて考えてみたい。両分類をマトリックスにして案件例を仕分けすると次の通りである。

---

[40]：PFIはPrivate Finance Initiativeの略。PPPはPublic Private Partnershipの略である。どちらも公共事業に民間の運営手法を導入して公共事業の効率化を図ろうとするものである。

■ 表4-6　「輸出型」「国内型」と「資源型」「電力型」

	「輸出型」	「国内型」
「資源型」	資源開発　(A)	（資源開発）　(B)
「電力型」	LNG船 FPSO/FSO パイプライン　(C)	発電所（IPP/IWPP）　(D)
その他	LNGプラント 工業プラント　(E)	工業プラント インフラ案件　(F)

　上記各欄の右下のアルファベット記号に沿って順を追って見てゆく。

(A) 欄：「輸出型」で「資源型」

　資源開発案件に尽きる。今世紀に入ってラオスにおける金・銅の資源開発案件やマダガスカルにおけるニッケルの資源開発案件がプロジェクトファイナンスでの資金調達に成功している。資源開発案件は低所得の発展途上国においても国際金融市場での資金調達を可能とする。資源開発のプロジェクトファイナンスの強みである。プロジェクトファイナンスの真骨頂とも言える。

(B) 欄：「国内型」で「資源型」

　この類型の例は少ない。発展途上国で行われる資源開発案件で生産物を専ら国内で販売する案件があるとすれば、論理上この範疇に属する。しかし、発展途上国で輸出を一切行わない資源開発案件は国際金融市場でプロジェクトファイナンスによる資金調達が困難であろう。

　なお、先進国（例えば北米や豪州）で行われる資源開発案件はたとえ生産物が輸出されなくとも、(A) 欄の「輸出型」に分類する。なぜなら、事業収入が米ドルや豪ドルになるからである。「輸出型」「国内型」の分類の基準は、事業収入がハードカレンシー（主要国通貨）であるか否か、為替・送金のリスクがあるか否か、というところにある点留意されたい。

(C) 欄：「輸出型」で「電力型」

　「電力型オフテイク契約」を持った案件で「輸出型」案件である。LNG船、FPSO/FSO、パイプラインなどの案件が該当する。

LNG船やFPSO/FSOの案件は事業収入が悉く米ドル建てである。従って、「輸出型」である。プロジェクトファイナンス市場に出てくるパイプライン案件は通常事業収入が米ドル建て等ハードカレンシーである。

(D) 欄：「国内型」で「電力型」

「電力型オフテイク契約」を持ってはいるが、「国内型」である。発電所案件（IPPおよびIWPP）が典型例である。

「電力型オフテイク契約」の存在は事業収入の安定性という観点で強みであり、この点がプロジェクトファイナンス組成上有利に働いているのは事実である。しかし、発展途上国の発電所案件では事業収入がハードカレンシー（主要国通貨）にリンクしていたとしても送金リスクは依然残っており、この点で「国内型」の弱みを内包する。また、発電所案件では事業収入の一部が現地通貨で支払われる場合があるが、操業費用などは現地通貨で支出する必要があるのでその限りでは現地通貨の収入を持つことは合理的である。

なお、発展途上国の発電所案件では「国内型」の持つ弱点を補うべく、買電契約上の買電者（国営電力会社）の義務について中央政府（具体的には財務省）が保証するなどの措置を講ずることが多い。そうすることによって、買電契約の履行リスクを当該国のソブリンリスクにまで昇華させるのである。

(E) 欄：「輸出型」でその他

「資源型」「電力型」のいずれにも属さないが、事業収入が主要国通貨で行われる「輸出型」案件である。LNGプラントや工業プラントの一部の案件がこの範疇に属する。

LNGプラント案件はプロジェクトファイナンスの案件としてはファイナンス・ストラクチャーがほぼ確立した案件である。LNG市場というのはいまだスポット市場の規模が小さく、生産者と需要者が少数である。また、LNGプラントの建設には莫大な初期投資を要する。そのため、生産者と需要者は長期のオフテイク契約で結びつく。この生産者と需要者の長期に亘る結びつきが、プロジェクトファイナンスでの資金調達に功を奏している。LNGプラント案件の融資金額は大きいが、プロジェクトファイナンスでの資金調達は成功が続いている。低所得の発展途上国（例えばアフリカやパプアニューギニア）においてもLNGプラント案件はプロジェクトファイナンスの手法

で大型融資が成約を見ている。プロジェクトファイナンスの真価が発揮されている分野である。

工業プラント案件の一部もこの範疇に入る。但し、事業収入が主要国通貨になる案件である。発展途上国であれば生産物が輸出される案件である。サウジアラビアのラービク・プロジェクトやブルネイのメタノール・プロジェクトがこの実例である。これらの案件は長期のオフテイク契約を軸にプロジェクトファイナンスを組成する。引取量は生産量のほぼ全量をカバーしなければならないが、引取価格は市場価格に連動するのが通常である。LNGプラント案件のオフテイク契約に比べると工業プラント案件のそれは、契約期間の点やオフテイカーの負担する義務の点で見劣りする点は既に述べた。

(F) 欄：「国内型」でその他

「国内型」案件で、「資源型」「電力型」いずれにも属さない案件である。工業プラント案件の一部とインフラ案件がこれに該当する。先に挙げたようにタイの石油製油所や中国の石油化学プラントが前者の例である。これらは輸入代替を目的としている点も触れた。

発展途上国の工業プラント案件で生産物を輸出しない場合、事業収入は現地通貨となることが多く「為替・送金リスク」が伴う。加えて、オフテイク契約が存在したとしてもオフテイカーは発展途上国内の企業となり信用力が十分でないことも少なくない。従って、国際金融市場でのプロジェクトファイナンスの組成の難易度は高くなる。

道路、トンネル、港湾、通信施設、テーマパークなどのインフラ案件は通常オフテイク（サービス利用契約）契約自体が存在しない（港湾や通信施設についてはサービス利用契約が存在する場合もあるが）。オフテイク契約自体が存在しないということがインフラ案件の特徴であると言ってもいい。道路、トンネル、テーマパークなどにおいては個人の不特定多数の利用者を期待するものである。このため、需要予測ひいては事業収入の予測は困難を極める。プロジェクトファイナンスの組成要件の1つは当該事業の事業収入が高い蓋然性を以って予測できることである。これを欠いたインフラ案件はプロジェクトファイナンスでの資金調達が容易ではない。加えて、インフラ案件の事業収入は通常現地通貨建てである。オフテイク契約の不存在と現地通貨建て事業収入。この2点が発展途上国におけるインフラ案件について、民間プロジェクトファイナンス市場での資金調達を難しくしている。

「輸出型」案件と発電所案件が大勢を占める

　　海外プロジェクトファイナンス市場でプロジェクトファイナンスを供与する金融機関は、総じて「国内型」案件より「輸出型」案件を評価する。前記の表４－６にある「輸出型」案件（表左側の（A）（C）（E）の案件）は悉くプロジェクトファイナンス・レンダーに評価される案件である。現在のプロジェクトファイナンス市場では融資する際の通貨は殆ど米ドルであるので、融資対象となる事業の収入が米ドルであることをレンダーが選好するのは致し方ないことである。加えて、米ドル事業収入がオフシュアで捕捉できることは為替・送金リスク回避の点から望ましい。なお、欧州市場ではユーロ建てによるプロジェクトファイナンスが見られ、同様に英国ではポンド建て、カナダではカナダドル建て、豪州では豪ドル建てのプロジェクトファイナンス案件がある。先進国通貨の案件は国際金融市場で歓迎されている。

　　一方、前記表４－６右側はすべて「国内型」案件である。発展途上国で推進される「国内型」案件は、海外プロジェクトファイナンス市場での資金調達の難易度が高い。唯一の例外が発電所案件（IPP及びIWPP）である。発電所案件は出色の存在で、プロジェクトファイナンスの成約事例が多い。この理由は、買電契約の履行義務について当該国の中央政府の保証を得るなどの特別の措置を講じリスク軽減が図られているからである。アジア諸国（例えばインドネシア、ベトナム、フィリピンなど）の発電所案件においては、買電契約上の義務をソブリンリスクに昇華することに加え、先進国の政府系金融機関の供与するポリティカル・リスク保証を得るなどして、プロジェクトファイナンス・レンダーはリスク軽減に万全を期している。

　　なお、発電所案件以外で「国内型」案件にしか見られないのがインフラ案件である。インフラ設備のサービスを国外に輸出するということはまず考えられないので、インフラ案件は悉く「国内型」となる。加えて、インフラ案件は「資源型」「電力型」のいずれの類型にも属さない。さらに、インフラ案件は既に指摘の通りオフテイク契約の不存在や現地通貨建ての事業収入を特徴とする。こうしてプロジェクトファイナンスの分類を試みると、インフラ案件の特異な位置づけが自ずと浮かび上がってくる。

第5章

プロジェクトファイナンスのリスク分析とストラクチャリング

プロジェクトファイナンスを供与しようとする金融機関は個々の具体的案件においてリスク分析を行う。このリスク分析はスポンサー（事業主・出資者）が行うリスク分析と多くの部分で重なる。ノンリコースあるいはリミテッドリコースのローンを供与するということは事業のリスクの一部を取るということである。一方、スポンサーは出資者であり投資家である。金融機関は融資を行う債権者である。従って、プロジェクトファイナンスを供与する金融機関としての立場つまり債権者としての立場は出資者の立場とは少々異なる。

　本章では、プロジェクトファイナンスを供与する金融機関がどのように個々の案件のリスク分析を行っているのかを仔細に見る。そして、それらのリスクに対する対応策としてどのような手法を用いているのかも見る。「リスクに対する対応策」は個々の案件においてテーラーメイドの部分も少なくない。この「リスクに対する対応策」のノウハウの集積がプロジェクトファイナンスにおけるストラクチャリングの妙である。

リスクの分類

　ここではプロジェクトファイナンスで見られる主要なリスクを便宜上12種類に分類している。そのうち10種が「コマーシャル（商業）リスク」である。残りの2種類は自助努力では対応しきれない「災害リスク」および「カントリー（ポリティカル）リスク」である。12種類のリスクを一覧すると次の通りである。これに沿って、以下順を追って説明したい。

表5-1

コマーシャルリスク	1. スポンサーリスク
	2. 完工リスク
	3. 埋蔵量リスク
	4. 原料・燃料調達リスク
	5. 操業リスク
	6. 技術リスク
	7. 販売リスク
	8. 金利・為替リスク
	9. キャッシュフローリスク
	10. 環境リスク
11. 災害リスク	
12. カントリーリスク	

1. スポンサーリスク

　スポンサーリスクとは事業主・出資者に関わるリスクをいう。スポンサーは事業主・出資者である。事業主と出資者は通常同一人格である。事業を遂行する主体でありかつ出資金を投じる主体である。スポンサーリスクとは具体的には、a.「事業遂行能力」に関わるリスクとb.「出資金拠出能力」に関わるリスクである。

■ a. 事業遂行能力

　スポンサーの事業遂行能力はプロジェクトファイナンス案件の優劣を判定する上で非常に重要である。それではスポンサーの事業遂行能力をどうやって判断してゆくか。これは当該スポンサーの事業経験を見る以外にない。まったく経験のない事業分野に新たに進出する場合には、たとえ有名企業といえども当該事業遂行能力は評価しかねる。

　もっとも、スポンサーは2社以上で構成されることが少なくない。従って、スポンサーの事業遂行能力は仮に一スポンサーに及ばない点があったとしても他のスポンサーで補えればよい。つまり、スポンサーの事業遂行能力といった場合に、複数のスポンサーが存在すれば全スポンサーの事業遂行能力の合成で考えてよい。例えば、発電所案件では日本のスポンサーは商社と電力会社から成ることがある。商社はファイナンス、建設、燃料調達、現地事情などに強みを発揮する。電力会社は建設、操業、技術指導などに強みを持つ。

発電所案件における事業遂行能力は両スポンサーの強みを合成したものであることがよく分かる。資源開発案件では事業の操業を担うオペレーターが事業推進の中心的役割を果たす。このオペレーターはスポンサーの中で最大の出資者であることが多い。このオペレーターの事業遂行能力が非常に重要である。他のスポンサーは出資比率に応じて生産物の引取りを担う（オフテイカー）などの分野で役割を果たす。

　万が一スポンサーに事業遂行能力が不足している場合に、そのリスクを回避する策があるか。部分的な事業遂行能力の不足であれば、外部から雇用するなどの手立てがないわけではない。例えば、発電所案件で発電所の操業だけをスポンサー以外の第三者に委託する例がある。この場合、操業（オペレーター）契約を第三者と締結する。しかし、事業遂行能力の中心的根源的な部分で当該スポンサーの事業遂行能力に疑念があったとすると、そのプロジェクト自体の成否が危ういかもしれない。例えば、新分野の事業についてプロジェクトファイナンスの手法で資金調達を行えば当該事業リスクの一部を金融機関に転嫁できると考える事業家がいたとする。金融機関側としてはかような案件の採り上げは見送ることになろう。新分野でのスポンサーの事業遂行能力や経験が欠如しているのに、このリスクをプロジェクトファイナンス・レンダーに転嫁することはできない。これは本末転倒である。

■ b. 出資金拠出能力

　次にスポンサーの出資者としての側面に関わるリスクを見る。スポンサーは出資金を拠出できるかどうかという点である。個別のプロジェクトは通常借入金と出資金で資金調達を行う。この両者の割合をデット・エクイティ・レシオ（Debt/Equity Ratio. 借入金／出資金比率）という。例えば、出資金30％／借入金70％といった具合である。プロジェクトの総コストが500億円でデット・エクイティ・レシオが30％／70％であれば、出資金の金額は150億円、借入金の金額は350億円である。スポンサーはこの150億円の出資金をプロジェクトに拠出することが期待される。ここでのスポンサーリスクとはこの出資金が首尾よく拠出できるかどうかというリスクである。

　出資金の拠出のタイミングには借入金実行[*1]のタイミングとの関係で次の

---

*1：「借入金実行」は英語では"Drawdown"もしくは"Disbursement"という。英語では、Loan Facility（融資枠）から借入金を引き出す（つまりdrawdownする、あるいはdisburseする）という意味である。プロジェクト案件では借入金の実行は建設の進捗に伴い建設会社への支払に応じて分割して行われるのが普通である。

3種類の方法がある。

(a) 出資金拠出と借入金実行を都度デット・エクイティ・レシオに基づいて行う（プロラタ方式）
(b) 出資金を先に拠出し、出資金がすべて拠出されてから借入金の実行を行う（エクイティ・ファースト方式）
(c) 借入金の実行を先に行い、借入金の実行がすべて行われてから出資金の拠出を行う（デット・ファースト方式）

この中でプロラタ方式が最も一般的である。

さて、プロジェクト案件は通常生産設備等の建造物を建設する必要がある。例えば、発電所、LNGプラント、石油精製所、石油化学プラントなどの建造物である。火力発電所だと建設着工から完工まで2年ほど要する。LNGプラントや工業プラント案件だと2年以上要するものもある。出資金拠出の方法がプロラタ方式で行われたとして、上記プロジェクト総コスト500億円の例に戻ると、出資金150億円が向こう2年間（あるいはそれ以上の期間）に亘って順次拠出してもらわなければならない。つまり、出資金拠出のリスクは一時的な問題なのではなく、建設期間（例えば2年間）に亘る問題なのである。万が一、建設期間の途中でスポンサーが出資金を拠出できなくなるような事態が発生すると、建設が中断し延いてはプロジェクトが頓挫しかねない。

要するに、スポンサーリスクのうち、この出資金拠出に関わるリスクは専ら出資金が建設期間に亘って拠出できるかどうかという点に焦点がある。

プロジェクトファイナンスを供与する金融機関の視点からみてスポンサーの出資金拠出能力に疑義があるとしたとすると、どのような対応策があるだろうか。スポンサーの出資金拠出リスクに対する金融機関の対応策は手法がほぼ確立している。次のようなものである。

(ア) エクイティ・ファースト方式で出資金を拠出する
(イ) 出資金拠出予定額相当の銀行保証書（Letter of Credit）[*2]を用意する

---

*2：短縮して「銀行L／C（エル・シー）」と呼ぶ。英語では「Bank L/C（バンク・エル・シー）」と呼ぶ。

（ウ）他に信用力のあるスポンサーが存在すれば、そのスポンサーと共に出資金拠出義務につき連帯保証（joint and several）[*3]とする

（ア）の出資金を先に拠出し出資金がすべて拠出されてから借入金の実行を行うエクイティ・ファースト方式であれば、スポンサーの出資金が全額拠出されたことを確認できる。しかし、これは当該スポンサーの資金効率が悪くなる。
（イ）の銀行保証書を用意する方法も保証書発行銀行に保証料を支払う必要があり、その分コスト高になる。
（ウ）の他のスポンサーと連帯保証とする方法は他のスポンサーの信用力の傘の下に入るものである。信用力を拝借するわけで、銀行保証書同様に保証料を求められる。理論的には（イ）の銀行保証書と同じ手法ではあるが、「他のスポンサー」と永年の取引関係を有するなどの理由で保証料の水準は銀行のそれより低くなる可能性がある。こういう特殊事情があれば（イ）の銀行保証書の手法より有利になる。
　複数のスポンサーで事業を推進する場合で、そのうちのスポンサー1社の財務基盤が脆弱で出資金拠出能力に問題があるとする。例えばその1社は地場企業であった場合などが想定できる。このような場合、上記（イ）の銀行保証で当該スポンサーの出資金部分を補完する方法がもっとも一般的であろう。上記（ア）のエクイティ・ファースト方式は全スポンサーの出資金にも及んでしまうので不都合である。上記（ウ）の連帯保証を甘受するパートナーを見つけることができればいいが、必ずしも容易ではない。

　スポンサーリスクは事業遂行能力の点でも出資金拠出能力の点でも、なんらリスク対応策を講ずる必要がないことがもっとも望ましいのはいうまでもない。プロジェクトの諸リスクの中でこのスポンサーリスクは極めて基本的根源的なリスクなので、この点に大いに疑義のある案件はそもそもその成否が問われる。
　プロジェクトファイナンスはノンリコースもしくはリミテッドリコースのファイナンスなので、金融機関は普段の企業・銀行間の取引関係とは切り離して個別案件ごとに融資の検討を行うのではないかとする風説がある。しか

[*3]：個別保証は英語でseveral guarantee、連帯保証はjoint and several guaranteeという。

し、これはやはり風説であって必ずしも正しくない。なぜなら、ここで述べてきたスポンサーリスクの評価は通常の企業・銀行間の取引関係が少なからず反映される部分だからである。プロジェクトファイナンスにおいて最も重要なことは、どんな種類の案件であっても当該プロジェクトを「誰が」行うのか、つまり「スポンサーは誰なのか」ということである。プロジェクトファイナンスは「スポンサーに始まりスポンサーに終わる」といっていい。

因みに、稼働中のプロジェクトファイナンス案件でスポンサーの変更が行われることがある。既存のスポンサーは当該事業から撤退し新しいスポンサーが当該事業に参入する。このようなスポンサーの変更はプロジェクトファイナンスを供与する債権者の承認事項であるのが普通である。これもプロジェクトファイナンスにおいてスポンサーの重要性を示す証左である。

2. 完工リスク

次に建設完工リスク。短く「完工リスク（Completion Risk）」ということが多い。完工リスクとはプロジェクトに必要な生産設備等が物理的に完成しかつ操業できる状態になるまでに発生する諸々のリスクをいう。

完工リスクは通常「完工遅延（Completion Delay）」と「コストオーバーラン（Cost Overrun）」の２つの側面で捉える。プロジェクトファイナンスの対象となる案件は、その多くが既に操業実績のある分野の事業であって新種の事業ではない。「技術リスク」（後述）を避ける狙いから新種の事業を採り上げることは稀である。従って、「完工リスク」といっても、字義通り完工するかしないかというリスクを俎上に上げるわけではない。予定の建設期間（時間的制約）内に、予算の範囲（金銭的制約）内で完工するかどうかのリスクを問題にしている。過去に実績のある事業であれば、時間とお金をかけさえすれば完工することは間違いなかろう。予定外の時間やお金をかけずに完工できるかどうかがここで問題にする「完工リスク」である。

「完工遅延」は文字通り予定の建設期間内に完工せず完工が遅延することである。これにより建設中の借入金金利（「建中金利」Interest During Construction）の支払いが増加する。操業の開始が遅れるので事業収入を得るタイミングが遅れる。ひいては第１回目の借入金返済に支障をきたす恐れもある。完工遅延は完工が遅れることにより、それによって引き起こされるコスト増加や事業収入の遅れが問題なのである。コストと収入の両面から収

支が悪化するといっていい。事業採算悪化要因である。コスト増加という点でいえば、次に説明する「コストオーバーラン」を併発するといえる。

「コストオーバーラン」も文字通り建設費用の予算超過である。これは直接的に収支の悪化あるいは事業採算の悪化を招く。インフラ案件ではコストオーバーランの発生頻度は多い。ユーロトンネルでも大幅なコストオーバーランが発生した。コストオーバーランが発生すると当該プロジェクトの採算性・経済性が悪化する。ひいては借入金返済に支障をきたす。

完工リスク対応策

さて、これらの完工リスクを回避するためにどのような対応策があるか。大きく分けて次の2つの対応策がある。

　　a. EPCコントラクターの完工保証
　　b. スポンサーの完工保証

■ a. EPCコントラクターの完工保証

スポンサーにとってもレンダーにとっても重要な完工リスク軽減策は、完工保証付きの建設契約を建設会社（EPCコントラクター）と締結することである。そうすることによって完工リスクの大部分を建設会社に転嫁することができる。特にプラント業界ではこの種の完工保証付き建設契約を「ターンキー（Turn-Key）のEPC契約」という。ターンキーとは「キーを入れさえすれば稼動する」状態でプラントを発注者に引き渡すことを意味する。EPC契約とは設計(Engineering)、資材調達(Procurement)、建設(Construction)というプラント完工までに要する一連の建設業務をすべて請け負う建設契約である。さらに、建設価格を予め合意し（Fixed PriceあるいはLump-Sum）かつ完工予定日を設定する（Date Certain）。建設価格を固定せず、要した費用に建設会社の一定の利益を上乗せするという「コスト・プラス」という建設契約も存在する。この契約の方が建設費用を節約できる可能性があるが、コストオーバーランのリスクは発注者（スポンサー）が負担することになる。Fixed PriceあるいはLump-Sumの建設契約であれば、たとえ後日資材価格が上昇したなどの事由が発生してもEPCコントラクターは発注者（スポンサー）に費用増加分を請求することはできない。つまり、コストオーバーのリスクはEPCコントラクターが取る。スポンサーは取らない。また、完工遅延が発生した場合にはEPCコントラクターは遅延損害金（Liquidated

Damages）を発注者（スポンサー）に支払う。この遅延損害金の水準は遅延期間に相当する建中金利分を補って余りある水準であることが理想である。この場合も、完工遅延のリスクはEPCコントラクターが取る。スポンサーは取らない。

　もっとも、完工保証付きの建設契約すなわちターンキーのEPC契約があれば、完工リスクが完全にEPCコントラクターに転嫁され発注者（スポンサー）にはプロジェクトの完工リスクは残らないかというと、実は事はそう単純ではない。プロジェクトの総コストはターンキーのEPC契約だけから構成されるわけではない。それ以外の支出もある。EPC契約の業務範囲はプラントの建設だけに限定され、その他インフラ設備（道路や事務所）の建設等は当該EPC契約の業務対象外ということがある。EPC契約上で合意した業務範囲を超えた仕事が必要だと後日判明することがある。建設期間中に市場の金利水準が上昇し建中金利が増加することがある。これらの諸要因でプロジェクトの総コストは増加するリスクがある。レンダーが見る「完工リスク」とは、このようにプロジェクト総コストの増加となるリスク要因すべてを包含したものである。

■ b. スポンサーの完工保証

　ターンキーのEPC契約のことを先に「完工保証付き建設契約」と称した。建設契約上EPCコントラクターが負担する「完工保証」は具体的にどういうものか。これは債務保証等とはまったく異なるものであるので注意を要する。これはもっぱらパフォーマンス保証である。その不履行が最終遅延損害金等金銭債務になることはある。その場合でも建設契約金額の20％−30％を上限とするのが普通である。

　つまり、EPCコントラクターが負担する「完工保証」は上記に説明したような「ターンキー」状態で完成したプラントを引き渡す義務、当該プラントのコストオーバーランのリスクを引き受ける義務、完工遅延発生時に遅延損害金を発注者に支払う義務などを負担することによって発注者の発注したプラントの完工を保証しようというものである。「EPCコントラクターの完工保証」は建設契約上のものであって、その受益者は発注者（スポンサー）である。発注者（スポンサー）が金融機関から調達した債務について、完工未達の場合にその債務の一部を負担する云々（いわば保証債務）とは一切関係ない。ここにEPCコントラクターの完工保証の限界がある。

「スポンサーによる完工保証」といった場合にはスポンサーとレンダーとの関係において、スポンサーが完工に関連してなんらかの保証をレンダーに対して供与するものである。従って、その受益者はレンダーである。その保証の内容がもっとも堅固な場合にはスポンサーによる債務保証である。この場合、完工を達成するまでローンはスポンサーへのリコース扱いとなる。スポンサーがコストオーバーランに備えて追加出資を行うと約するケースもある。この追加出資金の金額に上限を設ければ、完工保証の内容は上限付きである。上限がなければ、債務保証に準じたものとなろう。

　スポンサーによる完工保証が債務保証の場合には、その形態は多くの場合建設期間中つまり完工までの期間、借入金をリコースローンにする。「完工」を機にリコースローンをノンリコースあるいはリミテッドリコースに変更する。建設段階から借入金で資金調達するが、完工までの間はリコース、完工後にノンリコースあるいはリミテッドリコースにするというものである。建設期間の間リコースローンであるということは通常のコーポレートベースで行なう親会社保証の借入金と変わらないので、完工するまで自己資金やコーポレート借入を利用し完工を機にノンリコースあるいはリミテッドリコースのローンを新たに調達するという方法と経済的・法的効果は同一である。後者の例にLNG船やFPSO/FSOなどのプロジェクトファイナンスの事例がある。両者の違いはプロジェクトファイナンスの融資契約書をどの時点で締結するかの違いに過ぎない。

　EPCコントラクターによる完工保証とスポンサーによる完工保証との違いを以下にまとめておく。

■ 表5-2

EPCコントラクターの完工保証	スポンサーの完工保証
・EPC Contract上のもの ・EPCコントラクターが発注者（スポンサーあるいはスポンサー設立の事業会社）に対して供与 ・受益者は発注者（スポンサーあるいはスポンサー設立の事業会社） ・完工保証の内容は、プラントを完成させ引き渡す義務、コストオーバーランのリスクを引き受ける義務、完工遅延発生時に遅延損害金を発注者に支払う義務などパフォーマンス保証が主となる。	・Loan Agreement上のもの ・スポンサーがレンダーに対して供与。 ・受益者はレンダー ・完工保証の内容は債務保証であることが多い。他にコストオーバーに備え一定金額の追加出資金拠出を約する例（限定的な完工保証）もある。

　上記の関係を図示すると次の通りである。

■ 図5-1

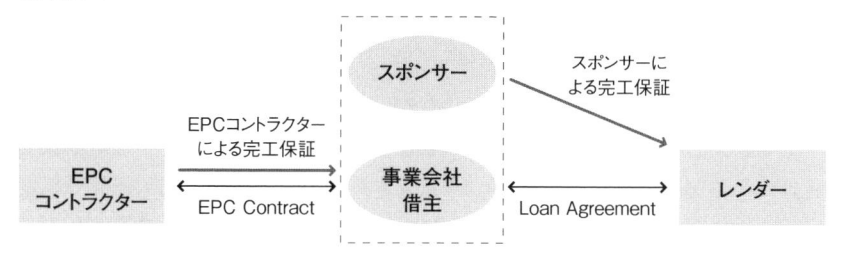

```
                    ┌─────────────┐
                    │  スポンサー   │ ──スポンサーに──┐
                    └─────────────┘   よる完工保証    │
         EPCコントラクター                             ↓
┌──────────┐ ──による完工保証──→ ┌─────────────┐              ┌──────────┐
│   EPC    │                    │  事業会社    │              │          │
│コントラクター│                    │    借主      │              │  レンダー  │
└──────────┘ ←── EPC Contract ── └─────────────┘ ── Loan Agreement ──→└──────────┘
```

■ c. 完工リスクの最終負担者

上記の通り、ターンキーのEPC契約を締結するなどして発注者（スポンサー）はプラントの完工リスクをかなりの程度軽減できる。しかし、プロジェクト総コストが増加する等のリスクがどうしても残る。このような完工リスクの残存部分をスポンサーが取るのかレンダーが取るのか、というのがここでいう「完工リスクの最終負担者」の問題である。

第4章で詳しく見てきたとおり、プロジェクトファイナンスでは「完工リスク」は最終的にはスポンサーが取るのが常態である。スポンサーはターンキーのEPC契約などによって完工リスクの大部分をEPCコントラクターに転嫁しながらも、プロジェクトファイナンスのレンダーとの関係では最終的な完工の責任を担うものである。資源開発、LNGプラント、工業プラント、LNG船、FPSO/FSO、パイプライン、インフラなどほとんどの案件でスポンサーが完工リスクを取る。そのバックボーンとなっている考え方は、i) プロジェクトファイナンスはどこまでいっても「融資」であって「投資」ではないという点とii) 完工リスクというリスクはプロジェクト案件において甚大なリスクに発展しかねないという点に起因する。「融資」であって「投資」ではないという点はリスク・リターンの関係で既に触れた。完工リスクが甚大なリスクに発展しかねないという点については、かつてある金融機関で、問題化したプロジェクトファイナンス案件を数十件検証した結果「完工前後の時期に問題の約50%が発生している」という調査結果を紹介しておく。完工を達成しなければ生産物は生まれず事業収入もない。プロジェクトにおいて完工の達否は生命線である。

なお、完工リスクはスポンサーが取るという原則には例外がある。それが発電所案件である（第4章第4節）。特にガス焚き、石炭焚き、重油焚きな

どの火力発電所において現在ではスポンサーの完工保証を要しなくなった。スポンサーの完工保証を要しないとする火力発電所案件の嚆矢は先進国（米国や英国）で行われたガス焚き火力発電所案件である。i）ターンキーのEPC契約が存在する、ii）コストオーバーランの際の追加資金調達手段（例えば、追加融資枠）が用意されている、iii）テクニカルコンサルタントが完工リスクを検証しているなどの諸条件を満たせば、スポンサーの完工保証を必要としないとした。先進国の発電所案件でスポンサーの完工保証を要しないとした業界慣行は、ほどなく発展途上国の発電所案件にも適用されるようになった。

発電所案件についてはスポンサーの完工保証を求めないとした背景には、さまざまな理由がある。そのうち最大の理由は、発電所建設の事例は世界に夥しい数があり発電所建設における完工遅延やコストオーバーランのリスクは必ずしも大きくないと実証されてきたからだと推測される。この点は発電所の建設契約において「EPCコントラクターの完工保証」が他のプラント案件に比べて相対的に充実した内容で供与されている点からも裏付けられる。

■ d.「完工テスト」とノンリコース化

先に建設期間中はスポンサーの完工保証を得て建設を行い、完工を機にノンリコースあるいはリミテッドリコースのローンになると説明した。プロジェクトファイナンスにおいて、この「完工」というのはスポンサーの完工保証が無くなり本格的なノンリコースローンになる重要な節目である。従って、プロジェクトファイナンスの融資契約書には、この「完工」の定義が仔細に記載され「完工」の効果としてローンのノンリコース化を宣言する。この「完工」の成否を認定するプロセスが「完工テスト」である。完工テストの一例を挙げておくと、例えば次のようなものである。

■ 表5-3　完工テストの例

（ア）EPC契約上のProvisional Acceptance発生
（イ）レンダー雇用のテクニカルコンサルタントによる完工状況実地検証
（ウ）Debt Service Coverage Ratioが所定の数値以上
（エ）Debt Service Reserve Accountに所定の残高を充足する

上記「完工テスト」の例につき説明する。

（ア）EPC契約上のProvisional Acceptance発生

Provisional Acceptanceとは仮検収である。プラントが完工し操業できる状態になる（これをMechanical Completionという）と試運転（Commissioning）を行う。そして発注者に引き渡す。これがProvisional Acceptanceである。発注者は以後自ら操業を開始する。Provisional Acceptanceから一定期間（通常1年程度）経過して問題がなければFinal Acceptance（検収）となる。EPCコントラクターはProvisional Acceptance時点でEPC契約金額の90％−95％を受領し終える。Final Acceptanceで残金（5％−10％）を受領する。この残金部分をリテンション（Retention）という。

（イ）レンダー雇用のテクニカルコンサルタントによる完工状況実地検証

レンダーは技術的な側面については精通していないので、外部の専門家（テクニカルコンサルタント）を短期間雇用し完工状況を確認する。テクニカルコンサルタントはEPCコントラクターの有する資料を机上で確認するほか現場を訪問する。

（ウ）Debt Service Coverage Ratioが所定の数値以上

Debt Service Coverage Ratioとは「元利金返済に利用できるキャッシュフロー」を「元利金返済金額」で除したものである。これは当該プロジェクトの借入金返済能力を評価する指標で、プロジェクトファイナンスでは頻繁に用いられている。略してDSCR（ディー・エス・シー・アール）ともいう。この指標は半年毎や1年毎に算出して使用することが多い。また、借入期間通年に亘って算出する場合Loan Life Debt Service Coverage Ratioという。

完工テストで使用する場合、例えば90日程度の短い期間に限定して便宜的にDebt Service Coverage Ratioの実績値を算出し、これが例えば1.50（150％）以上に達していることなどを完工の条件の1つとすることがある。さらに、実績値ベースのDebt Service Coverage Ratioだけにとどまらず、将来の予想値についても完工の条件とすることがある。Debt Service Coverage Ratioの将来の予想値を「完工テスト」とするのは、生産物の販売価格動向に事業収入が大きく影響を受ける案件などに見られる。

（エ）Debt Service Reserve Accountに所定の残高を充足する

Debt Service Reserve Accountとは次回以降の元利金返済金を準備してお

く口座のことである。「所定の残高」は概ね元利金返済額6か月分程度であることが多い。従って、この口座に「所定の残高」を用意しておくということは、3ヶ月毎の約定返済であれば次回2回分、6か月分毎の約定返済であれば次回1回分の元利金返済金相当額を用意しておくということになる。プロジェクトファイナンスでは一時的な資金不足の事態に備えてDebt Service Reserve Accountを用意するのは普通である。

なお、上記のうち（ア）と（イ）の完工条件はもっぱら物理的な条件を指すものであるが、（ウ）と（エ）は財務的な条件である。

■ e. EPC契約上の「完工」とプロジェクトファイナンス上の「完工」の違い

「完工」という言葉はEPC契約上で使用する場合とプロジェクトファイナンスの融資契約上で使用する場合とで内容が随分異なるという点留意が必要である。

EPC契約で「完工」というと通常物理的な完工（メカ・コン。Mechanical Completion）を指す。この後にProvisional Acceptanceが続く点上記の通りである。一方、プロジェクトファイナンスで「完工」という場合、上記に列記したような「完工テスト」を充足した時点を「完工」と捉えるのが普通である。従って、これを物理的な完工と区別してFinancial Completion（財務的な完工）と呼ぶ。

「完工」前後に発生する重要な事象を時系列で以下に図解する。なお、下記図解ではFinancial Completionの後にFinal Acceptanceが発生するように描いた。通常こういうケースの方が多いはずだが、この両者はときに前後する場合もある。

■ 図5-2 「完工」前後の重要事象

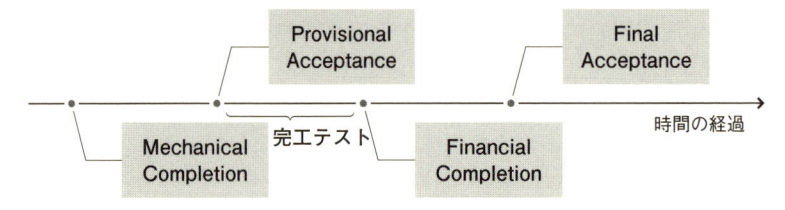

「完工テスト」達成の効果

　融資契約上の「完工テスト」の達成つまりFinancial Completionに達するとどういう効果があるのか。

　多くの場合はローンが晴れてノンリコース（あるいはリミテッドリコース）になることである。また、スポンサーの完工保証が終了するということである。中国の石油化学プラント案件では「完工テスト」を２種類用意し段階的にノンリコース化を行った例がある。万が一完工テストを達成しなかった場合にはスポンサーの完工保証は解除されない。従って、スポンサーの完工保証がリコース・ベース（債務保証）だった場合にはそのままリコースローンとして残ることになる。この場合最終的にはスポンサーが債務を負い続ける。発電所案件のように建設当初からスポンサーの完工保証がほとんど無い場合はどうか。このような場合であっても、「完工テスト」は通常行われる。この場合、完工テストの達否は約定元利金返済後の余剰キャッシュを配当金支払いできるか否かに影響する。つまり、この場合で完工テストが達成しなければ配当金の支払いは許されず、余剰キャッシュはプロジェクト内に留保されるかあるいは借入金の繰上償還に利用される。

3. 埋蔵量リスク

　埋蔵量リスクとは埋蔵量が不足するかもしれぬリスクである。もっぱら地中の天然資源を開発生産する資源開発案件において検討されるリスクである。LNGプラント案件でも天然ガスの埋蔵量が十分になくてはならない。しかし、第４章第２節で言及したように、LNGプラント案件の性格上天然ガスの埋蔵量の多寡が云々されるようではLNG事業自体推進しかねる。従って、これまでのLNGプラント向けプロジェクトファイナンスの案件で天然ガスの埋蔵量の多寡が問題視されたような案件は寡聞にして聞かない。

　中小規模の資源開発案件ではこの埋蔵量のリスクは案件の成否を決する。従って、プロジェクトファイナンス・レンダーは埋蔵量の問題に対しては原則「確認埋蔵量」をベースに保守的な対応をする。具体的なリスク分析の方法として、「リザーブ・カバー・レシオ」や「リザーブ・テール」といった数値指標で計量化する（第４章第１節）。プロジェクトファイナンス・レンダーは資源開発案件では借主の保有する採掘権に担保設定するのが普通である。資源開発案件においては埋蔵量の存在が経済的価値の源泉なので、これ

は債権者にとってかけがえのない最大の担保である。

　資源開発案件でプロジェクトファイナンス・レンダーは「埋蔵量リスク」を取る。保守的な対応ではあるが、埋蔵量リスクを取る。このため、特に中小の資源開発会社がプロジェクトファイナンスの手法で会社規模に比して多額の資金調達を成し得る。メジャーの資源会社には資金調達手段が多様にあるので、プロジェクトファイナンスは資金調達の一方法に過ぎない。しかし、例えばカントリーリスクの高い国での資源開発案件において、同リスクを大幅に回避する目的でメジャーの資源会社がプロジェクトファイナンスを利用することがある。

4. 原料・燃料調達リスク

　原料・燃料調達リスクはLNGプラント、発電所、工業プラントなどのいわゆる広義のプラントものの原料・燃料の調達に関わるリスクである。主要原料はLNGプラントであれば天然ガス、石油精製所であれば原油、エチレンプラントであればナフサや天然ガス、銅精錬所であれば銅、肥料プラント・メタノールプラントであれば天然ガスである。火力発電所であれば原料というより燃料であるが、天然ガス、石炭、重油などである。

　このような主要原料・燃料は当然当該プロジェクト推進に不可欠なものなので、その調達リスクを軽減するために通常長期間に亘る調達契約を締結する。原料・燃料調達契約の主要点をまとめると次の通りである。

原料・燃料調達契約の主要点
- a. 期間（長期に亘る契約）
- b. 数量（必要量の確保）
- c. 品質（必要な品質を充足）
- d. 価格（価格フォーミュラー）
- e. 供給者（供給者の供給能力）

以下、それぞれについて概観する。

■ a. 期間（長期に亘る契約）

　原料・燃料調達契約の期間は当該プロジェクトの計画期間（例えば20年）

を十分カバーしているのが理想である。発電所案件の燃料調達契約ではこの条件を充足していることが普通である。原料の安定供給（かつ安価な供給）がプロジェクトの存立を決める事業では、20年程度の原料供給契約はめずらしくない。例えば、LNGプロジェクト、肥料プロジェクト、メタノールプロジェクトなどがこの例である。原油を輸入する石油製油所やナフサを輸入する石油化学プラントでは、20年にも亘る原料供給契約の締結は通常市場では容易でないかもしれない。20年は無理だとしても、プロジェクトファイナンスでの借入金の期間をカバーして余りある期間（例えば返済期間10年であれば12年の原料供給契約）の原料供給契約が望まれる。このような場合、プロジェクトファイナンス組成のためにスポンサー自ら（この場合のスポンサーは国営石油会社やオイルメジャーが想定される）が原料供給を保証するなどの措置を講じることがある。

■ b. 数量（必要量の確保）

原料・燃料調達契約にはプロジェクトが必要とする量がカバーされていなければならない。必要量をカバーするため、原料・燃料の供給者が2社以上にわたる場合もある。例えば、石炭焚きの大型火力発電所で石炭の供給者が2社に亘る場合がその例である。2社とも十分な石炭産出能力を誇っていれば石炭調達リスクの分散にもなる。もっとも、原料・燃料の調達先があまり多数に及ぶのはリスク分散のメリットを減殺して煩雑になる。延いてはリスク増大要因となる。

■ c. 品質（必要な品質を充足）

原料・燃料調達契約にはプロジェクトが必要とする原料・燃料の質的な内容も充足していなければならない。原油、天然ガス、石炭などは天然資源なので、産出地によって含有物に差異がある。熱量や排出物に違いが出る。原料・燃料調達契約ではかような物理的あるいは質的な面についても規定する。熱量などの点で品質が劣れば価格で調整するなどの措置を講じる仕組みも用意される。

■ d. 価格（価格フォーミュラー）

原料・燃料調達契約にはどういう価格で購入するか明確に記載される。長期間に及ぶので長期間に亘って価格を決定できるような指標（インデック

ス）が合意されることが少なくない。これに基づき価格フォーミュラーを作成する。

　火力発電所に利用される燃料（天然ガス、石炭、重油など）は通常市場価格に基づくが、発電所案件では買電契約を通じて燃料価格の上昇リスクは買電者が負担することが多い（第4章第4節）。

　LNGプラント、肥料プラント、メタノールプラントなどは天然ガスの調達価格がプロジェクトの経済性を大きく左右する。従って、天然ガスが豊富に存在しかつ安価に調達できる場所にプロジェクトを立ち上げるのが常である。天然ガスは輸送方法に制約があるので、その価格は地域毎に格差がある。この点原油と異なる。

　石油精製所と石油化学プラントはその立地場所が製品消費地か原料生産地かに分かれる。製品消費地に建設しようとするのは輸入代替案件であることが多い。当該国で原油を産出していれば、これを石油精製所で利用できる。さらに石油精製所で産出するナフサを石油化学プラントにも利用できる。もっとも、当該国で産出する原油を利用できるとしても、原油は国際市場が成立しているので市場価格に比して安価に入手できるわけではない。原油の調達価格は通常市場価格である。当該国で原油を十分産出してなければ、原油やナフサを輸入する。従って、原油の調達が自国内からであれ輸入であれ、原油の調達価格は市場ベースとなる。原油の性格上致し方ない。石油精製所はむしろ石油精製品の販売先を想定して消費地に建設することが少なくない。原油産出地で石油精製所を操業するメリットは、原油価格が市場ベースであるかぎりさほど大きくない。

　石油化学プラントは日本をはじめアジア市場ではナフサを原料とすることが多い。しかし、天然ガスを原料とすることもできる。天然ガスを原料とした石油化学プラントであれば、天然ガス価格の地域格差を利用して天然ガス産出地にプラントを運営するメリットがある。サウジアラビアのラービク・石油化学プロジェクトは天然ガス価格のメリットを生かそうとする実例である。

■ e. 供給者（供給者の供給能力）

　原料・燃料調達契約は満足のゆく内容だとしても、供給者の契約履行能力や信用力に留意しなくてはならない。契約の相手方である原料・燃料の供給者がその契約を履行する能力を持っていなければ実効は上がらない。契約期

間は長期間に亘るので、問われる契約履行能力・信用力はかなり水準が高い。信用格付でいうと、通常投資適格[*4]以上である。もっとも、プロジェクトに全く関係のない第三者がこのような長期間に亘る原料・燃料の供給者になる例はむしろ稀である。事業主であるスポンサー自身が原料の供給者となる例（例えば、石油化学プラントへのナフサ供給）、発電所案件で所在国の国営石油会社が燃料供給者となる例、肥料プラントやメタノールプラントで所在国の国営石油会社が原料（天然ガス）供給者となる例などの方が多い。原料・燃料の長期供給者がプロジェクトの利害関係者であるということは、プロジェクトの成功を支えるプラス要因といえる。

5. 操業リスク

　操業リスクはプロジェクトの生産設備等の完工後の操業に伴う諸リスクである。

　資源開発案件では通常主要スポンサーがオペレーターを兼務し、生産計画を立案し実行してゆく。斯界の資源分野で経験・知見がなければできない。スポンサーが兼務するといっても、操業自体は独立したビジネスとして事業会社との間でオペレーター契約を締結することが多い。発電所案件やプラント案件でもスポンサーが中心になって操業に携わることが多い。この場合も操業契約（Operation and Maintenance Agreement）を締結する。

　操業費用をコントロールし収益を上げるような操業が常に望まれる。プロジェクトファイナンスのレンダーは通常次のように考える。つまり、(i) スポンサーは収益を上げ配当金額を増大させるインセンティブがある、(ii) 一方、配当金支払より借入金返済の方が優先している、(iii) それゆえ借入金の返済は自ずと確保されると。

　なお、操業リスクへの対応策には別段特別な秘策があるわけではない。スポンサーが事業遂行能力の一環として操業の経験・能力も備えていればこれに越したことはない。さもなければ、操業に経験・知見のある者を外部から雇用し従事させるに尽きる。

[*4]：「投資適格」とは英語のInvestment Gradeのこと。米国のスタンダード・プアーズ社とムーティーズ社の格付システムを参照することが多い。前者の格付ではBBB-以上、後者の格付ではBaa3以上が投資適格である。

6. 技術リスク

　技術リスクは建設中のものと操業に入ってからのものとがある。建設中の技術リスクは完工リスクの一部である。操業中のそれは操業リスクの一部である。しかし、新技術を用いる案件であれば、その技術のリスクは建設中も操業中も発現しかねない技術リスクかもしれない。リスクの顕在化がいつになるかの違いに過ぎない。

　プロジェクトファイナンスを供与する金融機関は通常技術リスクを取らない。これは昔も今も変わらない。従って、新技術を利用している事業なのでその新技術のリスクを転嫁する目的でプロジェクトファイナンスを資金調達の手段とすることは、叶わないことである。もっとも、どんな技術も最初は新技術だったはずで、どういう段階に到達したらプロジェクトファイナンス・レンダーが許容するようになるのか。興味深い点である。ある程度商業利用された実績が前提になると思われるが、この点金融機関によって多少対応が異なる余地がある。当該新技術に対する理解度にも拠る。

　最近の新技術の例として挙げられるのは、カタールでのOryx GTL社[*5]の案件である。ガス・トゥー・リキッド（Gas to Liquid）といって天然ガスを液化する事業である。LNGと異なり常温で化学的な方法で液化する点に特長がある。排出物の少ないディーゼル燃料やナフサなどを生産する。カタールの国営石油会社カタール・ペトロリアム（Qatar Petroleum）社と南アフリカのサソール（Sasol）社の合弁事業で、後者のGTL技術を利用している。2003年1月にプロジェクトファイナンスでの資金調達に成功した。プロジェクト総額は約10億米ドル。プロジェクトファイナンスでの借入金は7億米ドル。南アフリカ国内には同様のプラント操業実績があったが、海外では初めての事業である。2007年1月から操業開始したが、試運転段階から諸種の技術問題が発生し、2007年前半は当初予定生産量の25％程度しか生産できていないと発表[*6]された。

[*5]：Oryx GTL社についてはhttp://www.oryxgtl.com/English/index.htmlを参照。
[*6]：2007年5月のサソール社の発表。

7. 販売リスク

　販売リスクはプロジェクトの生産物（モノだけではなくサービスの場合もある）の販売リスクである。「マーケットリスク」ともいう。販売リスクは「数量」と「価格」のリスクからなる。生産量全量を販売するために価格を引き下げる場合がある。従って、「数量」のリスクは通常「価格」のリスクに収斂する。要は両者の積である事業収入がどれだけ上がるかがポイントであるのは言うまでもない。

　生産物の品質も価格水準に影響を与える。しかし、一定水準の品質を生産できるかどうかのリスクは操業リスクであろう。ここでは一定水準の品質を持った生産物が規定数量生産されていると仮定して、生産物が期待通りに販売できるかというリスクに焦点を当てる。

　この販売リスクはどんな事業にも存在するリスクである。サービスでもモノでも販売されなければ収入は得られない。販売リスクに対する対応策は販売契約を締結しておくことである。プロジェクトファイナンスの案件では長期販売契約あるいはオフテイク契約の締結はこの販売リスク軽減の常套手段である。

　資源開発案件におけるオフテイク契約は他の案件のそれに比してさほど重要ではないと説明したが、石油や銅などでも長期のオフテイク契約があればリスク評価上プラス要因である。オフテイカー（引取者・購入者）がだれか予め判明しているのは資源開発案件でも好ましい。

　「電力型オフテイク契約」（サービス利用契約）とモノのオフテイク契約（売買契約）の分類については既に触れた。前者は発電所、LNG船、FPSO/FSO、パイプラインなどの案件に利用されている。「電力型オフテイク契約」ではプロジェクト側はここでいう販売リスク（マーケットリスク）を負っていない。サービスを提供できれば（提供できる状態であれば）規定の収入が得られる仕組みである。ただし、オフテイカーの信用リスクひいては支払リスク（Payment Risk）はプロジェクト側が負う。いかに立派な「電力型オフテイク契約」があろうとも、オフテイカーが支払を履行しないようなことがあれば致命的である[7]。

---

*7：インドネシアの国営電力会社PLNがアジア通貨危機の直後、IPP事業者に対して過少支払いを行い債務不履行（不完全履行）を起こしたことがある点、既に触れた。

後者のモノのオフテイク契約（売買契約）では契約期間、購入者、購入量が決まっているが、価格は通常市場ベースである。従って、当該製品の価格が万が一下落すると、その価格下落リスクはプロジェクト側が負う。すなわち、価格リスクはプロジェクト側ならびにプロジェクトファイナンス・レンダーが負担している。オフテイカーは価格リスクを負っていない。モノのオフテイク契約（売買契約）は資源開発案件のほか、LNGプラントやその他工業プラント案件などで利用される。
　一般にオフテイク契約についても、先に原料・燃料供給契約で言及した主要諸点がやはり重要である。

オフテイク契約の主要点
　a.　期間（長期に亘る契約）
　b.　数量（生産量全量）
　c.　品質（規定の品質を充足）
　d.　価格（価格フォーミュラー）
　e.　オフテイカー（支払能力）

■ a. 期間（長期に亘る契約）

　オフテイク契約の期間も当該プロジェクトの計画期間（例えば20年）を十分カバーしているのが理想である。「電力型オフテイク契約」ではこの点充足されるのが常である。モノのオフテイク契約（売買契約）では必ずしも充足されない。モノのオフテイク契約（売買契約）で15年−20年の長期に亘って締結される典型例はLNGオフテイク契約であろう。石油や銅などの市況商品は長期間のオフテイク契約が市場慣行としてまず存在しない。借入期間中に契約更新が想定されることがある。石油や銅であればそもそも市場でのスポット販売も容易なので、契約更新のシナリオでもあまり問題になるまい。石油精製品や石油化学製品なども長期のオフテイク契約は市場慣行としてはあまり存在しないが、プロジェクトファイナンス組成のためにスポンサー等プロジェクトの利害関係者が長期のオフテイク契約に応じるなど工夫を凝らす。15年−20年は困難だとしても借入金の期間をカバーして余りあるオフテイク期間が望まれる。

■ b. 数量（生産量全量）

　オフテイク契約の販売数量はプロジェクトの生産量あるいはサービス提供量の全量が望ましい。「電力型オフテイク契約」はこの点でもまず問題はない。モノのオフテイク契約（売買契約）でもLNGプラント案件ではまず充足される。石油や銅でも問題ない。石油精製品や石油化学製品ではやや腐心しなければならない。

■ c. 品質（規定の品質を充足）

　原料・燃料供給契約の場合と同じ理屈である。自らが生産するモノ、提供するサービスについては規定の品質を維持しなければ、代金の支払を減額され最悪は受領拒絶に至る。この点は「電力型オフテイク契約」もモノのオフテイク契約（売買契約）も同様である。

■ d. 価格（価格フォーミュラー）

　「電力型オフテイク契約」でもモノのオフテイク契約（売買契約）でも価格フォーミュラーは存在する。そうはいっても前者は収入保障型といえるもので、販売単価を上下させるものではない。提供されるモノ・サービスの数量や品質が不足した場合にのみ、相応の代金減額が発生する程度である。一方、モノのオフテイク契約（売買契約）では価格フォーミュラーのベースとなる指標（インデックス）が合意される。そして、その指標は通常日々市場で上下しているものである。従って、プロジェクトが提供する生産物の数量や品質が同量・同水準であったとしても事業収入が増減しうる。

■ e. オフテイカー（支払能力）

　「電力型オフテイク契約」でもモノのオフテイク契約（売買契約）でもオフテイカーの信用力は非常に重要である。とくに代金支払能力が重要である。原料・燃料供給契約のところでも触れたように、オフテイク契約の内容が立派でもそれが履行されなければ実効は上がらない。ここでもオフテイカーの信用格付でいうと投資適格が当然求められる。資源開発案件、LNGプラント案件などではスポンサーがオフテイカーを兼ねることが少なくない。スポンサーの重要さはスポンサーリスクのところで強調したが、オフテイカーを兼務している場合はなお一層重要であり決定的である。

Take or PayとTake and Pay[*8]

オフテイク契約の持つ製品引取義務を表わす表現に"Take or Pay"がある。引取義務を持つ契約を"Take-or-pay contract"ともいう。これは「(製品を)引取るか、(引取らなくとも)支払いはせよ。」という意味で引取義務の絶対的な性格を表わしている。もっとも、プロジェクト側が製品を提供(Offer)できていることが前提である。製品がなくとも支払いせよという意味ではない[*9]。プロジェクトファイナンスでは"Take or pay"ベースの引取義務が標準である。

因みに、"Take and Pay"という表現もあるので紹介しておく。これは「引取った分については支払う」という意味で、製品全量の引取自体はかならずしも義務ではない。引取を拒絶することができ、その場合には当然支払いもしない。プロジェクトファイナンスを組成する上で、"Take and Pay"ベースのオフテイク契約ではあまり価値がない。

8. 金利・為替リスク

金利リスクとは借入金の金利水準が上昇して支払利息の負担が増えるリスクである。為替リスクとは異種通貨間の為替変動によって為替損失を蒙るリスクである。

■ a. 金利リスク

借入を行う以上金利リスクがある。個人が借り入れる住宅ローンも例外ではない。プロジェクトファイナンスでの借入金については、この金利リスクを回避する目的で金利スワップを行い変動型の金利を固定金利にすることが多い。特に事業収入が安定的な発電所案件、LNG船、FPSO/FSO、パイプラインなどの案件の場合には、金利の変動が利益に与える影響が小さくない。従って、金利スワップで金利を固定化する。主要通貨であれば金利スワップは10年あるいは15年に及ぶ長期のものでも金利スワップは可能である。

[*8]:エドワード・イェコム氏はその著書「プロジェクトファイナンスの理論と実務」(社団法人金融財政事情研究会、佐々木仁訳、2006年5月)でこれらの用語については「使い方が市場で統一されていない。特にテイク・オア・ペイとテイク・アンド・ペイについては話し手によって意味が異なる。」(p118)と指摘している。筆者も同感である。ここでの説明は一般的な理解に基づいた。

[*9]:因みに、どんな事態であれ支払義務のある契約をHell or High Water Contractという。稀ではあるが、実例がある。例えば2004年Trans Thailand Malaysia (TTM) Pipelineの案件にこの契約が適用されている。

プロジェクトファイナンスの借入金は長期間に渡って約定弁済するものがほとんどであるが、金利スワップは約定弁済付きの融資でも問題なく執行できる。約定返済の回数に合わせて何本もの金利スワップを設定することになり少々煩雑に見えるが、問題はない。

　一方、建設期間中（例えば当初2年間）は融資を分割実行してゆく。分割実行する個々の融資金について都度金利スワップを行うことは、約定返済との関係で技術的にはやや煩雑が過ぎる。実務では分割実行した複数回分の融資金をある程度まとめて金利スワップを行うなど工夫を施すことが多い。

■ d. 為替リスク

　為替リスクはどういう場合に発生するのか。もっとも多いケースは事業収入の通貨と支出や借入金の通貨とが異なる場合である。例えば、事業収入が米ドル建てで借入金は円建てというケース。昨今円建ての借入金金利が表面上低いので、借入金を円建てにしたらどうかと思案する向きがある。プロジェクトファイナンスの対象事業は通常長期間に亘るので、為替リスクを内包しないように通貨を選択するのが常道である。自らコントロールできないリスクは最小限にしておく。従って、事業収入の通貨と借入金の通貨は一致させる。これが為替リスク回避法の基本である。これをナチュラル・ヘッジ（Natural Hedge）ともいう。

　もっとも、支出の一部が現地通貨になる例は少なくない。現地雇用の人件費等は現地通貨での支払いが普通である。しかし、現地通貨支払いの対象となる部分は支出全体から見るとごく僅かな部分ではなかろうか。従って、現地通貨建ての支払部分が相対的に小さければ捨象しても問題ない。

　なお、事業収入と借入金の通貨は一致させたが、EPC契約上の支払通貨（の一部）が一致しないということはあり得る。例えば、事業収入と借入金は米ドル建てだが、EPC契約の約半分はユーロ建てで支払う場合がこれに当たる。EPC契約に基づくEPCコントラクターへの支払いは2年から3年程度の比較的短期間に亘ることなので、為替予約や為替スワップなどで為替リスクに対応していけばまず問題ない。ときおりEPC契約上の支払通貨に合わせて借入金の通貨を決めるべきかと思案する向きがある。これは正しくない。借入金の通貨は事業収入の通貨に合わせるのが正しい。EPC契約上の支払通貨もできるだけ事業収入ならびに借入金の通貨に一致するのが理想であるが、機器の調達先は複数国に及ぶので一部異通貨でも致し方ない。

為替リスクの問題に対応を迫られる具体例に、タイの発電所案件がある。タイの発電所案件の多くは買電者がタイの国営電力会社（EGAT）であるが、同社の電力代金の支払いは米ドルとタイ現地通貨バーツの両方で行われる。その割合は現行ほとんどのケースが50％ずつである。従って、タイの発電所案件の資金調達に当たっては、上記の基本に則り、米ドル建ての借入金とタイ・バーツ建ての借入金の両方を組み合わせて対応するのが一般的である。

9. キャッシュフローリスク

　以上が主要なコマーシャル（商業）リスクである[*10]。かような商業リスクを内包しつつ、かつ対応策を講じながら、事業収入（キャッシュフロー）が生まれてくる。

　ここではキャッシュフローリスクについて見てゆく。キャッシュフローリスクとはキャッシュフローに関わる諸リスクのことである。最大のキャッシュフローリスクはキャッシュフロー自体が不足してしまうことである。不足しないまでも、キャッシュフローを目的外に流用したり使途の優先順位を誤ったりすると、本来なら問題のない分量のキャッシュフローが存在するにも拘わらず借入金の返済に支障をきたしかねない。プロジェクトファイナンスのレンダーはスポンサーに対してノンリコースあるいはリミテッドリコースとする一方で、プロジェクトが生むキャッシュフローに対しては非常に厳格な取り扱いを求める。これはプロジェクトが生むキャッシュフローが唯一の返済原資なので、当然であろう。船舶ファイナンス（Ship Finance）との関連で言及したが（第4章）、プロジェクトファイナンスはキャッシュフローに基づく融資である。プラント等建造物など物的担保も取得するが、物的担保の処分によって返済を期しているわけではない。

　さて、ここではプロジェクトファイナンス・レンダーがプロジェクトのキャッシュフローをどのようにコントロールしているのか、キャッシュフローが一時的に不足したときなどに備えてどのような対応策や仕組みを準備しているのかを仔細に見てゆく。ここで見る手法はプロジェクトファイナンスの

[*10]：本書では主要なコマーシャル・リスクとして、(1) スポンサーリスクから (8) 金利・為替リスクまでを挙げた。さらに、(9) キャッシュフローリスクは8つの主要なコマーシャル・リスクを結果として体現するものである。また、(10) 環境リスクは事業経営上の故意や過失によって発生するリスクである。以上から広義のコマーシャル・リスクとしては (1) スポンサーリスクから (10) 環境リスクまでを包含するものと考える。なお、前出表5-1はこの趣旨を表わしている。

技法の核心部分の過半を占める。そして、いずれもプロジェクトファイナンスでは広く利用されているものである。また、他のファイナンス案件にも一部利用されている。

以下で説明するキャッシュフローのコントロール手法を最初に一覧すると次の通りである。

キャッシュフロー・コントロール手法
 a. Revenue Account
 b. Cash Waterfall
 c. Debt Service Reserve Account
 d. Dividend Restriction
 e. Cash Deficiency Support
 f. Clawback
 g. Mini-Max Repayment Schedule
 h. Deferral
 i. Cash Sweep

■ a. Revenue Account

プロジェクトファイナンスの案件ではまず当該プロジェクトのRevenue Accountを設ける。

Revenue Accountとは当該事業から生じるすべての収入を一旦入金する銀行口座である。このような銀行口座を設ける目的はプロジェクト収入の一元管理のためである。

なお、損害保険契約に基づいて支払われる保険金については、一般のRevenue Account以外に保険金受領用のRevenue Account（これをInsurance Proceeds Accountなどと呼ぶ）を設置し、ここで捕捉するのが普通である。一般のRevenue Accountは、次に説明するCash Waterfallに基づいてキャッシュフローの資金使途と優先順位が決まっているが、保険金は通常修繕や補修のために利用されるからである。もっとも、プラント全損などの場合はもはや修繕や補修ではなく当該保険金を借入金返済に充当するなどの措置が取られる。保険金の利用方法についてもプロジェクトファイナンスの融資契約上で仔細に規定される。

プロジェクトは発展途上国に所在するが、生産物のほとんどを輸出とする

案件がある。いわゆる輸出型の案件である。このような案件ではRevenue Accountは国外に開設しOffshore Revenue Accountとする。こうすることによって、為替リスクや送金リスクを回避することができる。

■ b. Cash Waterfall

　キャッシュフロー管理で重要なのは、Revenue Accountで一元的に捕捉したキャッシュフローの使途と優先順位を定めることである。プロジェクトファイナンスではキャッシュフローの使途（何に使うのか）とその優先順位（どのような順番で払い出しするのか）は詳細に規定される。使途と優先順位を図示すると水が上から下に流れるかのように見えるので、英語ではCash Waterfallと呼ぶ。同様の理由でCash Cascadeとも言う。呼称の由来を想像できるように下記に具体例を図示する。

■ 図5-3　Cash Waterfallの例

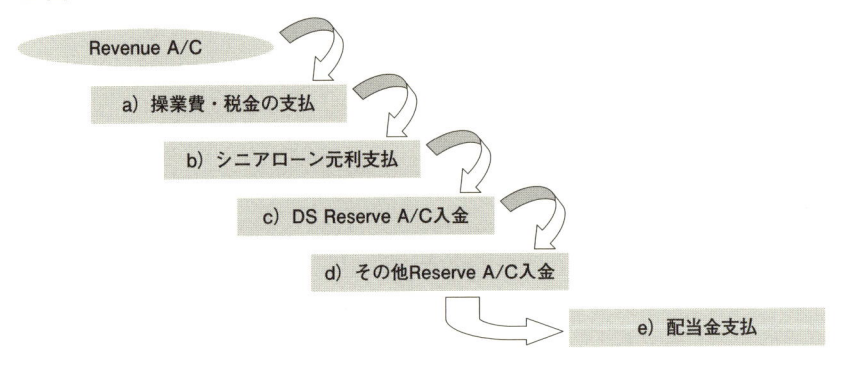

```
Revenue A/C
   ↓
   a) 操業費・税金の支払
      ↓
      b) シニアローン元利支払
         ↓
         c) DS Reserve A/C入金
            ↓
            d) その他Reserve A/C入金
               ↓
               e) 配当金支払
```

　上記図を簡単に説明する。
　プロジェクトで得た収入はRevenue Accountで捕捉する。収入の最優先使途は「操業費と税金の支払」である（上図a）。そして、次にプロジェクトファイナンスで調達したシニアローンの約定元利金の返済である（上図b）。約定返済を終えたら、Debt Service Reserve Accountへの入金である（上図c）。この口座は所定の残高を充足していれば新たに入金する必要はない。次にその他のReserve Accountへの入金である（上図d）。その他のReserve Accountとは定期的な補修費用などのための「メンテナンス・アカウント」などの例がある。以上のような優先順位に従ってキャッシュフローを充当し

ていき、余剰資金があれば配当金として株主（スポンサー）に支払うことができる（上図e）。

■ c. Debt Service Reserve Account

　上記で触れたDebt Service Reserve Account（上図c）について説明する。Debt Service Reserve Accountは次回以降の約定元利返済相当額の資金を留保しておく口座である。目的は次回以降の元利金返済を確保するためである。この口座を設けることにより、万が一キャッシュフローが一時不足する事態が発生しても取りあえず次回の約定弁済金をこの口座から支払うことができ融資契約上の不履行（Default）を回避できる。プロジェクトファイナンス案件では悉くこのDebt Service Reserve Accountが存在する。

　Debt Service Reserve Accountに留保する金額水準は約定元利金６か月分相当額がもっとも一般的である。３ヶ月毎に約定返済している場合であれば２回分の元利返済金額、６ヵ月毎に約定返済している場合であれば１回分の元利返済金額に相当する。

　Debt Service Reserve Accountへ所定の金額を準備することは「完工テスト」の要件であることが多い（前出「完工リスク」の項の「完工テスト」の説明参照）。なお、上記Cash Waterfallの図解でこの口座へ入金する場合があることを示した。この口座へ新たに入金する必要がある場合というのは、この口座から一時出金して所定の残高を充足していない場合である。「完工テスト」達成時にDebt Service Reserve Accountの所定の残高を一旦充足しその後この口座から一切引き出すことがなかったならば、さらにそれ以上この口座に入金する必要はない[*11]。

■ d. Dividend Restriction

　上記Cash Waterfallに沿ってキャッシュフローを充当してゆき、余剰金があれば即座に配当金として支払えるかというと、実はそうでもない。配当金支払については様々な制約条件がある。一旦配当金としてプロジェクトから出て行ったキャッシュフローは通常二度と戻ってこない（後述するClawbackの規定がないかぎり）。従って、配当金の支払には諸種の制限が課

[*11]：もっとも、時間の経過に伴い約定元利返済金の金額が増加するような場合であればDebt Service Reserve Accountへの追加入金が必要になる。元利均等返済方法（住宅ローンのような返済方法）を採用していれば返済元利金額は一定であるので、約定元利返済金の金額が増加するようなことはなく追加入金の必要はないはずである。

されている。これを配当制限（Dividend Restriction）という。配当金を支払うためには、「配当金テスト」とも言うべき諸条件が充足されていなければならない。具体的な例を挙げて次に説明する。

■ **配当金テストの例**
　（ア）Debt Service Reserve Accountの所定残高充足
　（イ）その他Reserve Accountの所定残高充足
　（ウ）Defaultが発生していないこと
　（エ）Debt Service Coverage Ratioが所定の数値以上あること

（ア）Debt Service Reserve Accountの所定残高充足

　この条件は「完工テスト」（表5－3 完工テストの例参照）の場合と共通である。Debt Service Reserve Accountに所定の残高が用意されてないならば配当金の支払いは許されない。

（イ）その他Reserve Accountの所定残高充足

　この条件は前出「完工テスト」の条件には挙げなかったが、「完工テスト」の条件となることもある。「完工テスト」の条件ではなくとも、「配当金テスト」の条件となることは多い。その狙いは、配当金支払いに優先して将来必要なメンテナンス費用等を積み立てておくことである。

（ウ）Defaultが発生していないこと

　融資契約上のDefaultが発生している状態では配当金支払いは許されない。もっとも、融資契約上のDefaultというのは元利金の不払いだけではない点注意を要する。融資契約上のDefaultは融資契約書に定められた借主の義務が履行されていない状態を広く指す。例えば、「借主は債権者に決算書を提出する」というのも融資契約上の借主の義務である。これが履行されていなければDefaultと看做される。元利金の不払いを狭義のDefaultとすれば資料提出の義務違反は広義のDefaultである。こういう広義のDefaultは狭義のそれと区別してテクニカル・デフォルト（Technical Default）ともいう。しかし、ここでいう配当金テストの条件としての「Defaultが発生していないこと」と云った場合、テクニカル・デフォルトもDefaultに含まれる。

(エ) Debt Service Coverage Ratioが所定の数値以上あること

　この条件は「完工テスト」にもあった。ここでもまず過去の実績値としてのDebt Service Coverage Ratioが問われる。そして、生産物の価格動向に事業収入が大きく影響を受ける案件などはDebt Service Coverage Ratioの将来の予想値をも「配当金テスト」とすることがある。

■ e. Cash Deficiency Support

　Cash Deficiency Supportは通常スポンサーによる追加出資のことである。頭文字を取って短くCDS（シー・ディー・エス）と呼ぶこともある。プロジェクトのキャッシュフローが不足し約定返済に支障を来たすような場合にスポンサーの追加出資義務を定めておくと、これを「スポンサーによるCash Deficiency Supportがある」という。Cash Deficiency Supportは金額的に上限を定めるのが普通である。1年毎の上限金額を定めたり累積金額の上限を定めたり、あるいはその両者を定めたりする。上限を定めることなく無限の追加出資を求めることができるとすると、もはやノンリコースローンではなくリコースローンになってしまう。また、Cash Deficiency Supportが存在する期間を借入金の全期間とする場合もあれば、操業当初数年間に限定する場合もある。上限金額の水準も期間の長さも個別案件の事情を勘案して決められる。こういう点もスポンサーとレンダーとの間のリスク負担の議論の一環である。

　このCash Deficiency Supportが用意される案件というのは主に価格変動リスクのある案件である。事業収入の増減するリスクがあるので、収入増減リスクの負担をスポンサーとレンダー間で調整・配分する手段の一つといっていい。具体例としては、石油化学プラント案件などが該当する。

■ f. Clawback

　Clawback（クローバック）の英語の原義は「取り戻す」という意味である。プロジェクトファイナンスではキャッシュフローが不足したときに、過去に配当金としてスポンサー（借主の株主）に支払った金額をプロジェクトに戻し入れしてもらう仕組みのことを指す。過去に支払った配当金の累計金額を上限とする例が多い。当然融資契約上でスポンサーが予め合意していることが必要である。目的はCash Deficiency Supportと同様に、キャッシュフロー不足時の事態に対応するためである。

ここでも、「過去に支払った配当金の累計金額」を限度とするところが妙である。スポンサーの立場から見て、「万が一当該プロジェクトに資金面で問題が発生した際に、過去に受領した配当金額を限度としてなら追加資金拠出の義務を負担してもよかろう」と得心させる配慮がある。

　この仕組みにも個別案件の事情を勘案して多少の応用が可能である。例えば、クローバックの対象となる期間を限定すること（配当金を初めて受領したときまで遡らず、例えば直近5年間に限定する）や具体的な上限金額を設定する（累計配当金額が上限ではなく、それを下回る金額を限度とする）などの方法である。

■ g. Mini-Max Repayment Schedule （ミニ・マックス返済スケジュール）

　これは借入金の約定返済スケジュールに柔軟性を持たせる手法である。「最小返済金額のスケジュール（Minimum Repayment Schedule）」と「最大返済金額のスケジュール（Maximum Repayment Schedule）」を予め借主とレンダー間で合意する。プロジェクトがキャッシュフローに窮したときは「最小返済金額のスケジュール」を遵守する。一方、キャッシュフローに余裕があるときは「最大返済金額のスケジュール（Maximum Repayment Schedule）」に近づくよう最大限の返済を義務付ける。「最小返済金額のスケジュール」を遵守している限りは債務不履行（デフォルト）とはしない。

　この手法も事業収入に増減のある案件に利用される。最近の例では中国の石油化学プラント案件（2003年）に適用された。石油化学製品の価格水準は周期性があるので、このような柔軟性のある借入金返済スケジュールを採用することによって価格の周期性に対応できる。事業の特性に合わせた工夫といっていい。

　このミニ・マックス返済スケジュールの概念図を示すと次の通りである。

■ 図5-4

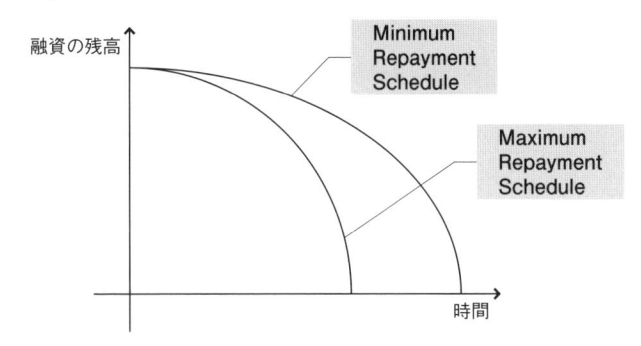

（融資の残高と時間の関係を示すグラフ。Minimum Repayment Schedule と Maximum Repayment Schedule の2本の曲線が描かれている）

■ h. Deferral（ディファーラル）

　Deferralとは英語で「延期」「猶予」という意味である。プロジェクトファイナンスでは約定返済金の支払いを「延期」「猶予」する仕組みを指す。場当たり的に支払の猶予を甘受するということではない。予め融資契約書に借主の権利として明記する。予め合意されているので一種のキャッシュフロー対応策として捉えられる。もっとも、これはレンダー側の一方的な譲歩なので、借主が常に得られる権利というわけではない。これまで説明してきた様々なキャッシュフローリスク対応策を構築してゆく中で、ディファーラルも一案として検討される。例えば、スポンサーはCash Deficiency Support供与に同意する一方、レンダーはこのディファーラルを認める、といった具合である。双方が歩み寄りキャッシュフローのリスク対策を組み立てるわけである。

　このディファーラルの仕組みは通常利用回数に制限が設けられる。例えば1回利用したら、ディファーラルした部分の約定返済金が清算されるまで再び利用することができないとする例が多い。つまり、2回連続の利用を不可とする。また、一旦ディファーラルが利用されると元利金返済スケジュールが遅延するので、元々の元利金返済スケジュールに復元するまで余剰キャッシュフローのすべてを借入金返済に充当する（後述のCash Sweepに該当する）のが普通である。その間配当金は支払えない。

　また、先にスポンサーがCash Deficiency Supportを供与しレンダーがこのディファーラルを認める例を挙げたが、ディファーラルの手法が利用されるような案件には他のキャッシュフロー対応策が併用されていることが少な

くない。例えば、1）Debt Service Reserve Account設置、2）スポンサーによるCash Deficiency Support、3）ディファーラルの3種類のキャッシュフロー対応策が併用されるような場合である。このように複数の対応策が併用されている場合には、各対応策の間で適用順序を決めておく必要がある。この例であれば、1）まずDebt Service Reserve Accountの残高を使い切る、2）次にスポンサーによるCash Deficiency Supportの発動をすべて要請する、3）両対応策尽きてディファーラルを利用する、などの順序である。複数の対応策から借主がその都度任意に選んで利用できるということはまずない。ここにも仔細に亘って仕組みづくりを目指すプロジェクトファイナンスの視点がある。

■ i. Cash Sweep

　Cash Sweep（キャッシュ・スウィープ）とは余剰キャッシュを「吸い上げる」という意味である。具体的にはプロジェクトから生まれた余剰キャッシュを借入金の返済に充当するという意味で使われる。このときの「返済」とは約定返済ならびに繰上償還の両方である。プロジェクトファイナンス・レンダーの債権を守り借入金返済を促進する手法の一つである。

　先に「配当金の支払制限」を説明したが、配当金の支払制限が発動されると、キャッシュフローの一部がスポンサーに支払われることなくプロジェクト内に滞留する。当該期間内に弁済期日の到来した約定返済も済ませているとすると、この滞留している資金をどのように利用するのかという点が少々問題になる。次回の配当テストを通過したら配当としてスポンサーに支払うというのは一案。また、借入金の一部繰上償還に充当するという方法もある。後者はCash Sweepの一例である。また、Defaultが発生し解消の見込みがない場合も、自ずとCash Sweepが始まり余剰資金は借入金返済に充てられる。

　Cash Sweepという手法は明示的に融資契約書に記載される場合もあるが、明示的に記載されなくともDefault発生に伴い配当金支払が禁ぜられ、自ずと余剰資金が借入金返済に充当されるCash Sweepのケースもある。

10. 環境リスク

　プロジェクトファイナンスの対象案件は、規模が大きく社会や環境への影

響[*12]は小さくない。環境問題という観点で言えば、日本でも古くは栃木県渡良瀬川流域に被害を及ぼした足尾銅山鉱毒事件（明治11年／1878年）の例がある。1950年代から70年代にかけての公害[*13]の教訓もある。海外でも鉱物資源案件、石油やガスのパイプライン案件、水力発電所用のダムの建設案件などは過去に社会・環境問題を引き起こした。このような問題を引き起こさないようにする義務は一義的には事業主（出資者／スポンサー）にある。しかし、プロジェクトファイナンスを供与する金融機関も社会・環境問題に十二分に配慮する必要がある。融資対象としてのプロジェクト案件が社会・環境問題を惹起するかもしれぬリスクがここでいう「環境リスク」である。

　欧米のNGO／NPOといった環境団体が90年代から欧米の金融機関に環境問題について働きかけはじめた。某大手米銀に対して同行が取り扱うクレジットカードの不買運動が行われたこともある。プロジェクトファイナンスを供与する世界の銀行は、それまで社会環境問題に対して個々に対応してきたのが実態である。

　2003年6月、欧米10行7カ国の民間銀行がプロジェクトファイナンスを供与する場合に社会・環境問題に配慮するための共通ルールを作成した。これを「エクエーター原則（Equator Principles）」という。副題には"A financial industry benchmark for determining, assessing and managing social and environmental risk in project financing"（プロジェクトファイナンスにおける社会環境リスクを決定、評価、管理するための金融界の基準）とある。民間主導で合意したところに大きな意義がある。この社会・環境ルールは世界銀行の姉妹機関International Finance Corporation（IFC）が有する社会・環境基準をベースに作成した。前文には"We will not provide loans to projects where the borrower will not or is unable to comply with our respective environmental and social policies and procedures"（我々は社会環境ルールを遵守できないプロジェクトには融資しない）とある。「エクエーター原則」の原文は10の原則と4つの添付資料から成る[*14]。

　現在この「エクエーター原則」を採択した世界の金融機関は70行以上（2011

[*12]：社会への影響とは社会的弱者や少数民族の生活を脅かすことで、具体例として地元住民の強制立ち退きなどがある。環境への影響とは生態系を破壊するなど回復不可能な影響を与えることで、具体例として稀少動植物の生態を破壊するなどがある。
[*13]：熊本県の水俣病は1956年、三重県の四日市喘息は1961年に発生。東京での光化学スモッグは60年中頃から70年代初めまで発生した。
[*14]：「エクエーター原則」についてはwww.equator-principles.com/に詳しい。

年４月末現在）に及ぶ。邦銀３行も採択した。当初の期待に応え今やプロジェクトファイナンスの共通の社会環境基準となりつつある。

ここでいう「環境リスク」がいかに重要かは多言を要しまい。一例を挙げると、国際協力銀行（JBIC）ではサハリン２プロジェクトに関連して「サハリン２フェーズIIに関わる環境関連フォーラム」を2004年10月から2007年10月までの３年間に13回開催している[*15]。

11. 災害リスク

災害リスクとは天災や天変地異のリスクのことである。英語ではActs of God, Natural Disaster, Force Majeureなどの用語が用いられる。「不可抗力」の事象といっていい。英語のActs of Godに見られる通り「神の仕業」であり人知を超えたところで発生する。通常予知できない。具体的には地震、津波、台風、洪水、落雷、山火事、疫病等である。寺田寅彦は「天災は忘れたころにやってくる」と言った。

対応策は損害保険の付保である。プロジェクトファイナンス・レンダーは保険アドバイザー（Insurance Advisor）の助言に従った損害保険が手当てされていることを求める。保険金請求権はレンダーの担保となるのが普通である。些細な被害であれば保険金での修繕・原状回復を求めるが、被害が甚大であれば保険金を借入金返済に充当することを求めることもある。金銭債務は不可抗力事由が発生しても債務者が免責されることはない[*16]。

プロジェクト関連契約上は不可抗力（以下フォース・マジュール）の取り扱いに留意を要する。フォース・マジュールは通常契約当事者双方の責めに帰すべき事由ではない。従って、特段の規定が無ければ双方責務を免れることになる。しかし、例えば発電所案件における買電契約では、フォース・マジュールが発生し短期間電力供給が不能であってもCapacity Paymentが支払われるのが普通である。つまり、フォース・マジュールのリスクは買電者が取る。事業主は取らない。Capacity Paymentが支払われれば借入金の約定返済はできる。フォース・マジュールの事由が長期（例えば365日以上）に及んだ場合には買電者による発電所資産一括買取（Buy-out）の権利が発

[*15]：「サハリン２フェーズIIに関わる環境関連フォーラム」はhttp://www.jbic.go.jp/japanese/environ/sahalin/index.phpに詳しい。
[*16]：日本の民法第419条第３項も「債務者は不可抗力を以って抗弁をなすことを得ず」とある。

生することが多い。このときのBuy-out金額の水準は借入の元利金を補って余りある水準である。このようにオフテイカーが不可抗力のリスクを負担してくれるのは「電力型オフテイク契約」にその例が多く見られる。この点も「電力型オフテイク契約」の特長である。

12. カントリーリスク

カントリーリスクは政治（ポリティカル）・リスクと同義である。第4章でも言及したが、カントリーリスクは以下の通り伝統的な3類型に「契約不履行」（"Breach of Contract"）を加えた4類型がある。

カントリーリスクの4類型
- 戦争リスク
- 収用リスク
- 為替・送金リスク
- 契約不履行（"Breach of Contract"）のリスク

「戦争リスク」には、ストライキ（strike）、内乱（civil war）、暴動（riot）、テロ（terrorism）などが含まれる。

「収用リスク」は、国家権力によって財産権が侵されるリスクである。収用以外に接収[17]や国有化（nationalization）も含まれる。

「為替・送金リスク」は基軸通貨（外貨）に交換できなくなる外貨交換リスクや外貨を海外に送金できなくなる外貨送金リスクである。

「契約不履行リスク」は政府系機関を契約の相手方とした契約（例えば国営電力会社を買電者とした買電契約）において、その政府系機関が契約の不履行を起こすリスクである。第4章で触れたように1998年アジア金融危機発生後のインドネシア国営電力会社にこの例がある。

さらに、上記類型に当てはめにくいが「法制変更のリスク」がある。これもカントリーリスクの一種である。例えば、法人税の税率変更、生産物への輸出課税、原料・燃料への輸入課税、減価償却費の取扱い変更等は「法制変

＊17：収用や接収は英語でConfiscation / Expropriationという。日本の法律には土地収用法（1951年制定）がある。これは憲法が保障する財産権（第29条）を制約する数少ない法令である。

更」がプロジェクトの経済性に影響を与える事例である。なお、法制変更のリスクについては発展途上国だけの問題ではない。例えば米国の環境規制法の変更により設備増設を要しプロジェクトの経済性が悪化するというケースがある。特に環境規制をめぐっては先進国でも「法制変更のリスク」は存在する[*18]。

上記に説明してきたカントリーリスクのうち「収用リスク」について少し補足したい。慣習国際法と忍び寄る収用についてである。

(A) 慣習国際法

海外資本が所有する資産を収用・接収・国有化する場合には慣習国際法上の要件が一応存在するといわれている。参考に紹介すると次の3要件である。
 (a) 公共の目的に利用するものであること（公益性の要件）
 (b) 特定の国籍を有する資産を狙い撃ちせず国籍に無差別であること（無差別の要件）
 (c) 十分な対価、補償が供与されていること（補償の要件）

慣習国際法なので強制力があるとはいえない。現行では2カ国間または複数関係国間の条約（「投資協定」など）が存在しないと具体的に財産権の保護を受けられない。

(B) 「忍び寄る収用」(Creeping Expropriation)

収用・接収・国有化に関連して近年最も注意を要するのは「忍び寄る収用」(Creeping Expropriation)である。例えば、許認可を長期に亘って与えない、法令に違反していると嫌疑をかける、脱税の嫌疑をかけるなど外観的には合法的な行政・司法上の権利行使を装いながら、ホスト国の国家権力が不当に介入し最終的には当該プロジェクトの権益の全部または一部をホスト国政府機関が取得するような事例である。当該国家自体が故意にこういう行為に及ぶと民間事業主としては成す術がない。

2003年頃から世界的に資源の需給関係が逼迫し資源価格が急上昇してきた。南米、ロシア、中央アジアなど資源豊富な発展途上国で「資源ナショナ

[*18]：海外発電事業に強い米国AES社の創業者デニス・バッケは、米国のカントリーリスクも高いという主旨の発言をしている。チャールズ・オライリー／ジェフリー・フェファー著「隠れた人材価値－高業績を続ける組織の秘密」（翔泳社。2002年）参照。

リズム」が高揚している。外資資本が有する資源開発権益をホスト国政府側がやや不当な方法で安価に買収する動きが散見される[*19]。

さて、次にカントリーリスクの対応策について説明する。
カントリーリスクは、ことの性質上民間の立場では如何ともし難いリスクである。これは民間の事業主（スポンサー）にとっても民間のプロジェクトファイナンス・レンダーにとっても同様である。そこで対応策としては、1）カントリーリスクをカバーする保証・保険（ポリティカル・リスク保証・保険）を利用する、2）債権者の中に政府系金融機関や国際金融機関を招聘し抑止力として利用する、などがある。

■ a. ポリティカル・リスク保証・保険

ポリティカル・リスク保証・保険は、ポリティカル・リスク発生により借入金が返済されない場合にその保証人・保険者に相当額を支払ってもらうものである。ポリティカル・リスクに対する直接的でほぼ完全な対応策である。ポリティカル・リスク保証・保険は、(a) 政府系金融機関、(b) 国際金融機関、(c) 民間保険会社が提供している。

日本であれば政府系金融機関は国際協力銀行（JBIC）と日本貿易保険（NEXI）である。

国際協力銀行はプロジェクトファイナンスの業務経験が豊富である。昨今は保証業務にも注力しており、プロジェクトファイナンスの案件に融資と共にポリティカル・リスク保証を提供している。このポリティカル・リスク保証については最近電力案件などでExtended Political Risk Guarantee（EPRG）を提供する例が多い。EPRGは伝統的な3類型のポリティカル・リスクに加え「契約不履行」（Breach of Contract）のリスクをもカバーするフォー・ポイント（Four-point）カバーである。

日本貿易保険には「海外事業貸付保険」という保険プログラムがある。この保険プログラムは民間銀行の融資に対して商業リスクおよびポリティカル・リスクをカバーする保険を提供している。

[*19]：海外資本の財産権が侵害されたと思われる最近の例としては、a) 2005年ベネズエラ・チャベス政権下で欧米の石油メジャーの権益の一部が国有化された例、b) 2007年サハリン2プロジェクトで外資勢の事業権が半減した例、c) 2008年1月カザフスタン・カシャガン油田で外資勢の権益の一部がカザフ国営石油会社に安価に買収された例を挙げておく。

国際金融機関とは複数の国家が拠出して設立された金融機関である。参加国の経済発展を目的として金融業務を行っている。米国ワシントンには世界銀行（World Bank）がある。この姉妹機関に国際投資保証機構（MIGA）[20]がある。いずれもポリティカル・リスク保険を供与している。フィリピン・マニラにはアジア開発銀行（Asia Development Bank）がある。同行もポリティカル・リスク保険を供与している。日本には国際協力銀行と日本貿易保険が存在するため国際金融機関を積極的に利用する日本企業はけして多くはない。

　最後に、民間保険会社がポリティカル・リスク保険を提供している。欧米系が主流である。日本の保険会社はいまのところポリティカル・リスク保険に積極的に取り組んでいない。民間保険会社のいいところは短時間でテーラーメイドの保険を組成できることである。しかし、その保険料水準は政府系金融機関の保険料に比べると高い。

　なお、上記に挙げたポリティカル・リスク保険のほとんどは融資が対象である。出資金を対象とするポリティカル・リスク保険もある。例えば、日本貿易保険は「海外事業投資保険」というプログラムで出資金へのポリティカル・リスク保険を用意している。プロジェクトの所在国によっては、事業者・出資者は自身の出資金に対するポリティカル・リスク保険の付保を検討することは十分一考に価する。

■ b. 政府系金融機関や国際金融機関の招聘

　上記のポリティカル・リスク保証・保険はポリティカル・リスクの対応策として直截的な方法である。そして、発生してしまった場合の最後の拠り所である。これに対して、そもそもポリティカル・リスクの発生を事前に抑止する効果が期待できるのが、政府系金融機関や国際金融機関を当該プロジェクトにレンダーとして参加させることである。

　政府系金融機関や国際金融機関のなかにはプロジェクトファイナンスを供与するところがある。日本の政府系金融機関では国際協力銀行（JBIC）がその例である。国際金融機関では国際金融公社（IFC）[21]やアジア開発銀行（ADB）などがその例である。これらの公的な金融機関はホスト国政府との

---

[20]：1988年に設立された。正式名はMultilateral Investment Guarantee Agency。略してMIGA。
[21]：正式名はInternational Finance Corporation。世界銀行の姉妹機関で1956年に設立された。本部は米国ワシントンDCにある。

間に緊密な関係を築いている。政府系金融機関はホスト国政府と二カ国間の協議等を持つ機会がある。国際金融機関であればホスト国は同金融機関への出資者であったりする。つまり、このような公的金融機関は一融資案件における債権者としての立場にとどまらず、ホスト国政府との間で広範な関係を持っている。

　発展途上国の案件でプロジェクトファイナンスを組成する際に公的金融機関に融資の参加を依頼することが少なくない。その目的のひとつはポリティカル・リスクに対する「抑止効果」「抑止力」を期待するものである。ここでいう「抑止効果」「抑止力」とは、例えばホスト国政府の恣意的な判断で当該案件を狙い撃ちした不当な措置を行わせないような効果である。かような不当な措置によってキャッシュフローに悪影響が出れば借入金返済に支障を来たす。当該案件のレンダーとして公的金融機関が参加していれば、ホスト国政府は同公的金融機関との関係悪化を避けるべく不当な措置は避けようとする動機が働くものと期待される。これが公的金融機関参加によるポリティカル・リスクの「抑止効果」「抑止力」である。

　なお、発展途上国の案件で公的金融機関に融資の参加を依頼するもうひとつの目的は資金調達額の不足を補うためである。発展途上国によっては民間金融機関からだけの調達では必要な金額が調達し切れないということが起こりうる。これはポリティカル・リスクとは直接関係ないように見えるが、民間部門からの資金調達可能額が必要金額に満たない最大の理由が当該国の政情不安などに由来することは珍しくない。もっとも、公的金融機関の在り方として、民間ができることは民間にやらせ自らの役割は民間の補完に徹するのが望ましい。従って、多くの国際金融機関や政府系金融機関は民間主導のプロジェクトファイナンス市場では補完的な役割に徹している。

第6章

キャッシュフロー分析の要点

プロジェクトファイナンスは「キャッシュフロー・レンディング」だと称されることがある。その意味するところは、キャッシュフローの分析が欠かせない、キャッシュフローに基づく融資である、ということであろう。これはその通りである。しかし、キャッシュフロー分析を要する融資案件はプロジェクトファイナンスだけではない。不動産融資、証券化案件、レバレッジド・バイアウト（LBO）などさまざまな事業融資案件でキャッシュフロー分析が用いられている。もちろん、金融機関の行う融資案件だけではなく、広く投資事業の経済性分析に利用されている。

　日本の銀行では「資金繰表」という言い方が昔からあった。キャッシュフロー表とほぼ同義ではある。しかし、キャッシュフロー分析ではベースケースを作成したうえで、さまざまなケースを試し解析する。これを感応度分析/Sensitivity Analysis（センシティヴィティ・アナリシス）という。「資金繰表」にはかような感応度分析は想定されていない。「資金繰表」は静的なものである。これに対し、「キャッシュフロー表」は動的なものである。従って、日本の銀行における融資審査では資金繰表はあったが、キャッシュフロー分析はあまり重要視されてこなかった[*1]。キャッシュフロー分析は欧米で発展した。日本の銀行が重要視していたのは担保である。例えば、1980年代日本の企業の社債発行は不動産担保（あるいは工場財団担保）付きが大前提であった。担保なしのいわゆる信用扱いの社債発行は当時認められていなかった。当時の不動産向け融資でもほとんどキャッシュフロー分析が顧みられることはなかった。収益還元法などの分析が日本で広く採用されるようになったのはバブル崩壊以後である。1980年代邦銀がプロジェクトファイナンスを手掛け始めたころ、欧米の銀行がキャッシュフロー分析を駆使するのを見て当時の邦銀マンは少なからずカルチャーショックを受けたはずである。わずか四半世紀ほど前のことで、そう遠い昔のことではない。

　マイクロソフト社にエクセルという表計算ソフトがある。表計算ソフトの原型は米国のビジネス・スクールの大学生[*2]が考案した。これがロータス社（後年IBM社が買収）の「ロータス１－２－３」などに発展し現在のマイク

[*1]：例えば、元産業再生機構COOの冨山和彦氏は「企業価値の評価方法、企業再生可否の判断は…キャッシュフローをベースにした考え方で行う。…それまでの日本の金融機関のやりかたと相容れない部分がある。」で言っている（「会社は頭から腐る」p93-94ダイヤモンド社、2007年）。
[*2]：大学生の名をDan Bricklinという。彼の考案した表計算ソフトはVisiCalcという製品となって1979年発売された。

ロソフト社のエクセルに至っている。表計算ソフトを考案した学生の目的は授業で行うキャッシュフロー分析を容易にするためだったという。新規事業の収益性を分析するのに販売単価や製造コストの想定をさまざまに変化させようとすると手書きのキャッシュフロー表では非効率で仕方ない。そこで表計算ソフトのアイデアが生まれた。つまり、キャッシュフロー分析という手法やニーズは表計算ソフトが生まれる前からあった、ということに留意したい。表計算ソフトはこれを容易にかつ精密に行う道具である。必要は発明の母。ニーズのあるところに表計算ソフトは生まれた。至極自然のことである。キャッシュフロー分析ではいまや表計算ソフトは欠かせない。表計算ソフトが最もその威力を発揮するのがキャッシュフロー分析だと言っても過言ではない。

さて、本章ではプロジェクトファイナンスにおけるキャッシュフロー分析について説明する。一般のキャッシュフロー分析と重なる部分が多いと思う。プロジェクトファイナンス独特の部分というのはそう多くはない。キャッシュフロー分析の一般的な説明は極力割愛し、具体例を挙げプロジェクトファイナンスに特徴的な点に注目して説明してゆきたい。

1. キャッシュフロー分析の目的

プロジェクトファイナンスにおけるキャッシュフロー分析の目的は融資返済の確実性を確認することである。キャッシュフロー分析でSensitivity Analysis（感応度分析）を行うのは、さまざまなケースでも融資返済に問題のないことを確認するためである。

事業主（スポンサー）がキャッシュフロー分析を行う目的は事業の経済性・採算性を確認するためである。従って、プロジェクトファイナンス・レンダーの目的と事業主のそれとは異なる。しかし、プロジェクトファイナンス・レンダーと事業主（スポンサー）が使用するキャッシュフロー・モデルは通常同一のものである。同一のモデルを使用するがそれぞれの目的が異なる。目的が異なるのは両者の立場の違いに由来する。事業主は投資に対するリターン（これを通常Equity IRRという指標で評価する。詳しくは後述。）の極大化を目指す。プロジェクトファイナンス・レンダーは融資の返済が確実になることを目指す。両者はプロジェクトから生じるキャッシュフローを、ときに奪い合っていると言っても過言ではない。キャッシュフローに関して両

者は利害が衝突しかねない。利害の異なる両者がキャッシュフローの分配方法を巡って交渉し合意する必要がある。これがプロジェクトファイナンスの醍醐味の一面でもある。

2. キャッシュフローの具体例

キャッシュフローの説明には具体例があったほうが便宜である。表6－1にキャッシュフロー表の具体例を示す（表6－1「キャッシュフローの具体例」には、行1-39と列A-Vを付して説明の便宜を図っている）。キャッシュフロー表の例は火力発電所の案件を想定した。この案件例では次のような前提条件を置いている。金額は米国千ドル単位の表示である。

a.	分析期間：	操業開始後20年。
b.	返済期間：	操業開始後13年。
c.	プロジェクト総額：	USD800,000千
	資本金：	USD200,000千（25％）
	借入金：	USD600,000千（75％）
d.	Capacity Payment：	当初10年間はUSD160M強。11年目以降減額。
e.	Energy Payment：	燃料費はすべて転嫁可能。
f.	法人税率：	30％
g.	借入金金利：	年利7.0％ 固定
h.	借入金返済スケジュール：	キャッシュフローに応じ策定。

上記前提条件につき以下補足説明する。上記a.からh.の各項目は、以下に説明する各項目にそれぞれ符合する。

■ a. 分析期間

「分析期間」は発電所案件であれば買電契約書の期間に合わせる。本例では操業後20年である。買電契約書の期間は20年から25年の間のものが大半である。なお、本キャッシュフロー表では建設期間の表示を割愛した。建設期間は火力発電所であれば通常2年から3年ある。

■ b. 返済期間

「返済期間」は完工後13年とした（行26から30/列AからOを参照）。本キャッシュフロー表では建設期間の表示を割愛しているが、借入金は建設開始

時から発生する。従って、借入期間は「建設期間プラス返済期間」である。本例で例えば建設期間を3年とすれば借入期間は16年（3年プラス13年）となる。借入期間は借入開始から完済までをいう。英語の表現では、これを「ドア・トゥー・ドア（Door-to-Door）16年」ともいう。

■ c. プロジェクト総額

「プロジェクト総額」は8億米ドルとした。このうち25％に相当する2億米ドルを資本金（行37/列B）で、75％の6億米ドルを借入金（行27/列C）で調達することとした。

■ d. Capacity Payment

「Capacity Payment」は操業開始時から支払われる。本例では操業初年度は年度途中からの操業開始を想定しており操業率は6割程度である。操業当初10年間は毎年1億6千万米ドル強支払われる（行2/列CからL）が、操業11年目から大幅に減額される（行2/列M以降）という取り決めを想定している。Capacity Paymentの減額は珍しいことではない。事業主が資本回収を終えたと思われる時期に減額される例は多い。しかし、本例では借入金の返済期間は13年である。従って、元金の返済金額を返済11年目以降大幅に減額して（行28/列M,N,O）、これに対応している。プロジェクトファイナンスの柔軟性を示す例である。

■ e. Energy Payment

「Energy Payment」（行3）は燃料費（行6）をちょうどカバーしている点に留意されたい。燃料費は買電者に転嫁され、燃料費の実質的な負担者は買電者（電力のオフテイカー）となっている。発電所案件では買電者が燃料費を負担することが多い。

■ f. 法人税率

「法人税率」は操業初年度から純利益に対して30％とした。法人税率の水準は当然国によって異なる。本例では操業初年度から20年間30％で不変としたが、国によっては投資優遇の措置として当初数年間に亘って軽減税率を適用できることがある。

■ 表6-1 キャッシュフローの具体例

Cash Flow Model			Base Case							
	A	B	C	D	E	F	G	H	I	J
		Year	1	2	3	4	5	6	7	8
1 Revenue										
2 Capacity			94,231	160,253	161,054	161,860	162,669	163,482	164,300	165,121
3 Energy			57,982	99,215	100,207	101,209	102,221	103,244	104,276	105,319
4		a	152,213	259,468	261,261	263,069	264,890	266,726	268,576	270,440
5										
6 Fuel		b	56,893	98,124	99,105	100,096	101,097	102,108	103,129	104,161
7										
8 Operating Costs										
9 Labour			2,398	4,198	4,282	4,346	4,411	4,478	4,545	4,613
10 O&M			9,211	18,236	18,783	19,347	19,927	20,525	21,141	21,775
11 Depreciation		c	14,251	37,201	35,341	33,574	31,895	30,300	28,785	27,346
12		d	25,860	59,635	58,406	57,267	56,234	55,303	54,471	53,734
13										
14 Interest Payment		e	41,580	39,550	36,260	32,830	29,260	25,550	21,630	17,500
15										
16 Gross Profit		f=a-(b+d+e)	27,880	62,159	67,490	72,876	78,299	83,765	89,346	95,045
17										
18 Income Tax (30%)		g=f x 30%	8,364	18,648	20,247	21,863	23,490	25,129	26,804	28,514
19										
20 Profit After Tax		h=f-g	19,516	43,511	47,243	51,013	54,810	58,635	62,542	66,532
21										
22 Cash Flow Available for										
23 Debt Service		i=h+c+e	75,347	120,262	118,844	117,417	115,965	114,486	112,957	111,378
24										
25										
26 Debt Service										
27 Principal Balance			600,000	588,000	542,000	494,000	444,000	392,000	338,000	280,000
28 Principal Repayment			12,000	46,000	48,000	50,000	52,000	54,000	58,000	60,000
29 Interest Payment(7%)		e	41,580	39,550	36,260	32,830	29,260	25,550	21,630	17,500
30		j	53,580	85,550	84,260	82,830	81,260	79,550	79,630	77,500
31										
32 Debt Service Coverage										
33 Ratio		i/j	1.41	1.41	1.41	1.42	1.43	1.44	1.42	1.44
34 Average			1.43							
35 Minimum			1.41							
36										
37 Dividends		200,000	21,767	34,712	34,584	34,587	34,705	34,936	33,327	33,878
38 Equity IRR			15.17%							
39 NPV @10%			72,301							

第6章　キャッシュフロー分析の要点

	K	L	M	N	O	P	Q	R	S	T	U	V
	9	10	11	12	13	14	15	16	17	18	19	20
	165,947	166,776	113,251	83,659	84,077	84,498	84,920	85,345	85,771	86,200	86,631	87,065
	106,372	107,436	108,510	109,595	110,691	111,798	112,916	114,045	115,186	116,337	117,501	118,676
	272,319	**274,212**	**221,761**	**193,254**	**194,768**	**196,296**	**197,836**	**199,390**	**200,957**	**202,538**	**204,132**	**205,740**
	105,202	106,254	107,317	108,390	109,474	110,569	111,674	112,791	113,919	115,058	116,209	117,371
	4,682	4,752	4,824	4,896	4,969	5,044	5,120	5,196	5,274	5,353	5,434	5,515
	22,428	23,101	23,794	24,508	25,243	26,000	26,780	27,584	28,411	29,263	30,141	31,046
	25,979	24,680	23,446	22,274	21,160	20,525	19,909	19,312	18,733	18,171	17,626	17,097
	53,089	**52,533**	**52,063**	**51,677**	**51,372**	**51,569**	**51,809**	**52,092**	**52,418**	**52,788**	**53,201**	**53,658**
	13,195	8,645	4,830	2,310	630	-	-	-	-	-	-	-
	100,832	106,780	57,551	30,877	33,292	34,158	34,353	34,507	34,620	34,692	34,723	34,712
	30,250	32,034	17,265	9,263	9,988	10,247	10,306	10,352	10,386	10,408	10,417	10,414
	70,583	74,746	40,286	21,614	23,305	23,910	24,047	24,155	24,234	24,284	24,306	24,298
	109,757	108,071	68,562	46,197	45,095	44,436	43,956	43,467	42,967	42,455	41,932	41,395
	220,000	157,000	90,000	48,000	18,000	-	-	-	-	-	-	-
	63,000	67,000	42,000	30,000	18,000							
	13,195	8,645	4,830	2,310	630	-	-	-	-	-	-	-
	76,195	**75,645**	**46,830**	**32,310**	**18,630**	**-**	**-**	**-**	**-**	**-**	**-**	**-**
	1.44	1.43	1.46	1.43	2.42							
	33,562	32,426	21,732	13,887	26,465	44,436	43,956	43,467	42,967	42,455	41,932	41,395

■ g. 借入金金利

「借入金金利」は年利７％固定とした。実際の米国ドル建ての借入金はLibor（ライボー）を基準とした変動金利が普通である。キャッシュフロー表上は便宜的に金利水準をある一定の水準に固定せざるを得ない。後述でSensitivity Analysisの例を示すが、借入金金利の上昇による採算の悪化はけして軽微ではない。プロジェクトファイナンスの案件は資金調達に占める借入金の比率が大きい。本例でも借入比率75％とした。従って、借入金金利が上昇するとキャッシュフローを大いに圧迫する。借入金金利上昇のリスクに対処するため、変動金利を固定金利にスワップするのが常道である。キャッシュフロー分析では、固定金利にスワップした場合にどの程度の金利水準になるかを目安として、借入金金利のベースケース水準を決定する。

■ h. 借入金返済スケジュール

「借入金返済スケジュール」は毎年のキャッシュフロー水準に応じて作成する。操業初年度はフル操業ではないので借入金返済額を抑えた（行28/列C）。操業２年目以降（行28/列D以降）毎年返済元金をわずかに逓増させている。借入金の返済に伴い支払利息額が逓減してゆくので、その分元金の返済を増加させることができる。住宅ローンの返済方法つまり元利金均等返済にやや類似している。しかし、元利金返済に充当できる資金（Cash Flow Available for Debt Service/行23）は操業２年目以降操業10年目までわずかずつ減少している点に注意されたい（行23/列DからL）。文字通りの「元利金均等返済」では対応できない。従って、毎年のキャッシュフローの水準に合わせて元利金の返済額を決めてゆくのである。この元利金返済金額を決定するときに用いる指標はDebt Service Coverage Ratio（DSCR）である。本例では毎年のDSCRが1.40を下回らないように元利金の返済額を設定した。このような点が「プロジェクトファイナンスは案件毎にオーダーメイドに作り上げる」といわれる由縁である。

なお、本例では操業11年目以降Capacity Paymentが大幅に減少してゆく。しかし、返済期間は13年ある。上記で触れたとおり、操業11年目以降の元利金返済金額はキャッシュフローの減少に合わせて大幅に減少させてある。仮に借主が返済期間をさらに長くしてほしいという希望を持っていたとしても、操業11年目以降は元利金返済に充当できる資金が操業当初10年間に比べると半減しているので借入金額の過半を操業当初10年間の間に返済しておく

必要がある。操業11年目以降に借入金残高を大きく残すことは現実的ではない。つまり、返済期間を13年以上に伸長することは、本例の場合容易ではないといえる。

下記図6－1は本例の「元利金返済スケジュール」をグラフ化したものである。また、図6－2は本例の「元利金返済に充当できる資金」と「元利金返済スケジュール」とを重ね合わせたグラフである。これらのグラフを見ると、上記で説明したことが視覚化され理解しやすいと思う。

つまり、図6－1「元利金返済スケジュール」から読み取れることは、次のような点である。
- 初年度の元利金返済金額を比較的小額にとどめている。
- 第２年度から第10年度までは住宅ローンの返済金のように元利金返済金がほぼ均等である。
- 第11年度から第13年度までは再び元利金返済金を軽減している。
- 元金（Principal）と金利（Interest）との構成を見ると、時間の経過と共に金利支払部分が縮小してゆく。

■ 図6-1　元利金返済スケジュール

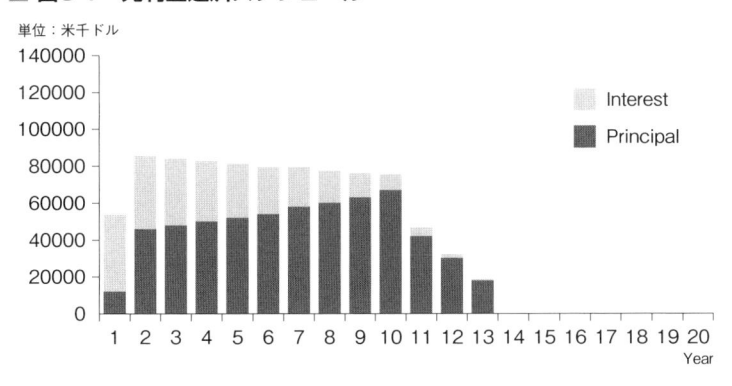

単位：米千ドル

次の図6－2「元利金返済に充当できる資金と元利金返済スケジュール」から読み取れることは、図6－1で示した元利金返済スケジュールが毎年のキャッシュフロー水準（具体的にはCash Flow Available for Debt Serviceの水準）に見事に呼応していることである。これは、後述するDebt Service Coverage Ratio（DSCR）の水準を毎年一定水準に維持するためである。

■ 図6-2　元利金返済に充当できる資金と元利金返済スケジュール

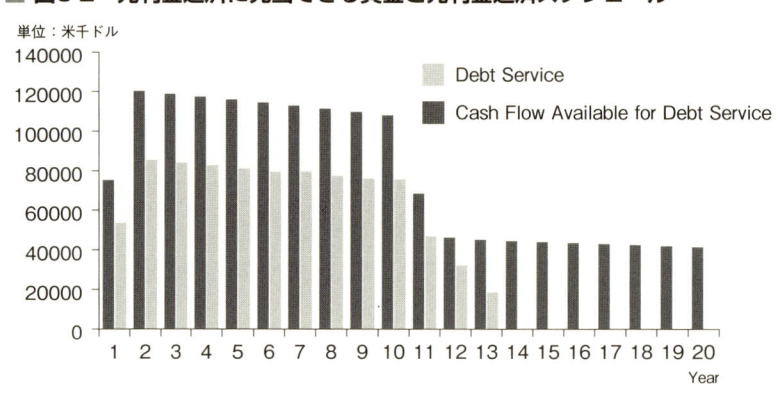

単位：米千ドル

（Debt Service／Cash Flow Available for Debt Service）

3. キャッシュフロー分析の手法

さて、次に本キャッシュフローの主要な分析指標の結果を示しておく。次の通りである。「表6-1キャッシュフローの具体例」では列Cの行34、35および行38、39に下記の結果を表示してある。

■ 表6-2　キャッシュフローの分析結果

Debt Service Coverage Ratio（Average）／平均DSCR	1.43
Debt Service Coverage Ratio（Minimum）／最低DSCR	1.41
Equity IRR	15.17%
NPV@10%	USD72.3 Mil.

以下ではプロジェクトファイナンスで用いるキャッシュフローの分析手法について紹介する。紹介する分析手法はa. DSCR分析、b. IRR分析とNPV分析、c. Sensitivity Analysis（感応度分析）、d. Breakeven分析の4つである。順を追って説明する。

■ a. DSCR分析

Debt Service Coverage Ratio（デッド・サービス・カバレッジ・レシオ。短くDSCR（ディー・エス・シー・アール））はプロジェクトファイナンスを供与する金融機関が頻繁に用いる分析指標である。これを用いた分析を

DSCR分析という。DSCRは「元利金返済に充当できる資金（Cash Flow Available for Debt Service）」（「表6－1キャッシュフローの具体例」では行23）を「元利金返済金額（Debt Service）」（行30）で除して求める（下記式6－1に計算式を示す）。つまり、DSCRとは、「元利金返済金額（Debt Service）」に対し「元利金返済に充当できる資金（Cash Flow Available for Debt Service）」が何倍あるかを示す数値である。プロジェクトファイナンス案件の借入金返済能力を評価する指標として用いる。「元利金返済に充当できる資金（Cash Flow Available for Debt Service）」は通常「税引き後利益」（行20）に減価償却費（行11）と支払利息額（行14あるいは行29）を加算して求める（下記式6－2に計算式を示す）。

■ 式6-1　Debt Service Coverage Ratioの計算式

$$\text{DSCR} = \frac{\text{「元利金返済に充当できる資金（Cash Flow Available for Debt Service）」}}{\text{「元利金返済金額（Debt Service）」}}$$

■ 式6-2　元利金返済に充当できる資金（Cash Flow Available for Debt Service）の計算式

「元利金返済に充当できる資金（Cash Flow Available for Debt Service）」
＝「税引き後利益」＋「減価償却費」＋「支払利息額」

本例では1年毎にDSCRを算出している。しかし、四半期毎や半年毎に算出することもある。また、返済期間を通じてのDSCRの平均値を「平均DSCR」（本章ではDSCR（Average）と記載）と称している。返済期間内で最低のDSCR値を「最低DSCR」（本章ではDSCR（Minimum）と記載）と称している。DSCR（Minimum）を確認するのは、たとえDSCR（Average）の数値が良かったとしても、どの時期においてもDSCRが1.0を下回る数値であっては借入金返済に支障を来たしかねないからである。

DSCRの値がどのくらいであればプロジェクトファイナンスとして採り上げることができるのか。これはまず案件の類型によって異なる。キャッシュフローの安定した案件はDSCRの値が低くても問題ない。第4章で見てきた

「類型」でいうと「電力型オフテイク契約」を有する発電所案件、LNG船、FPSO/FSO、パイプライン案件などはこの範疇に入る。一方、産出する生産物の価格が市場価格によって決まる資源案件、石油製油所、石油化学プラントなどの案件ではDSCRの値が高めにならざるを得ない。さもないと価格リスクに耐えられない。プロジェクトファイナンスの世界で活動するスポンサーや金融機関はそれぞれの産業分野の案件において、このDSCRの値の実勢値というものを把握しているものである。

本例の返済期間に亘るDebt Service Coverage Ratio（DSCR）の数値をグラフ化しておく。下図6－3の通りである。なお、操業13年目のDSCR（行33/列O）は最終返済年のためDSCRの数値が2.42に上昇してしまっているので、下記図6－3から除外した。同様の理由で平均DSCR算出時も操業13年目のDSCRの数値は除外した。

■ 図6-3　Debt Service Coverage Ratioの推移

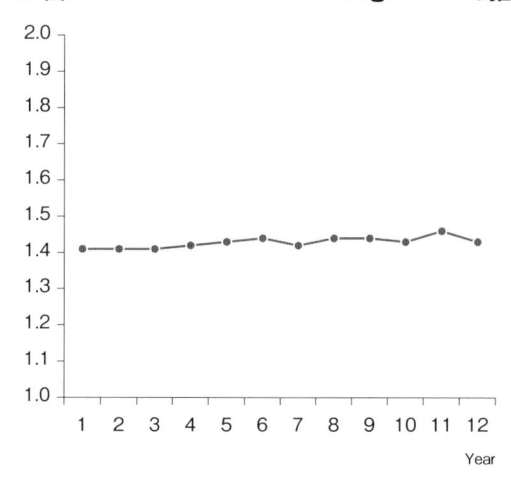

■ b. IRR分析とNPV分析

IRR（アイ・アール・アール）はInternal Rate of Returnの略である。Equity IRR（エクイティ・アイ・アール・アール）と称して出資金の投資利回りを分析する指標も使われている。NPV（エヌ・ピー・ヴィー）はNet Present Valueの略である。将来発生するキャッシュフローの価値を割引率（Discount Rate）を用いて現在価値で評価するものである。いずれも投資の

収益性判断に用いる。それぞれの指標を用いた分析をIRR分析、NPV分析という。

　IRR分析もNPV分析ももっぱら事業者・出資者（スポンサー）が使用する分析手法である。プロジェクトファイナンスを供与する貸手としての金融機関が使用する分析手法ではない。しかし、プロジェクトファイナンス案件においてフィナンシャルアドバイザーの業務を行う金融機関は、事業者・出資者となる顧客のためにIRR分析やNPV分析を行い投資判断の材料を提供している。

　前出の表6－2「キャッシュフローの分析結果」で示した通り、本例ではEquity IRRは15.17％となった。NPV@10％はUSD72.3Mとなった。「@10％」という表示は割引率が10％であることを示す。仮に割引率が12％であればNPV@12％と記載する。本例では割引率を10％とした。なお、分析結果として出てきたEquity IRR:15.17％、NPV@10％:USD72.3Mは投資案件の収益性としていずれも悪くない数値であろう。

　さて、Equity IRRの数値は「NPVがゼロとなるような割引率（本例では15.17％）」のことである。このことを図示したのが下記表6－3と図6－4である。これらの表やグラフからIRRとNPVの密接な関係がよく分かると思う。つまり、割引率を引き上げればNPVが減少し、割引率を引き下げればNPVが増加する。そして、NPVをゼロにするような割引率がすなわちIRRである。

■ 表6-3　割引率とNPV

割引率	NPV (USD Mil.)
NPV@8%	115.8
NPV@10%	72.3
NPV@12%	38.8
NPV@14%	12.6
NPV@15.17%	0
NPV@16%	-8.0
NPV@18%	-24.3
NPV@20%	-37.5

■ 図6-4　割引率とNPV

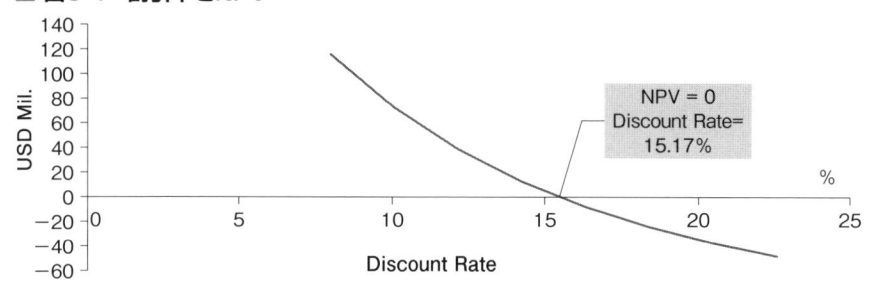

```
140
120
100
 80  USD Mil.
 60
 40                          NPV = 0
 20                          Discount Rate=
  0                          15.17%
-20  0    5    10    15    20    25  %
-40
-60
          Discount Rate
```

■ c. Sensitivity Analysis（感応度分析）

　さて、金融機関の立場から行うキャッシュフロー分析に戻る。

　前出表６−１の「キャッシュフローの具体例」はいわゆるベースケースである。楽観的過ぎず悲観的過ぎず、最も予期される標準的なケースである。債権者と債務者がベースケースのキャッシュフロー表に合意するまで少々交渉を要することもある。

　ベースケースのキャッシュフロー表は完成したとしよう。しかし、現実にはさまざまことが発生する。コストオーバーランが発生したり、発電量が期待水準を下回ったり、操業費が上昇したりする。これらのことが複数同時に発生することさえある。こういう予期せぬ事態が発生した場合に、キャッシュフローにどのような影響を与えるかを定量的に分析することをSensitivity Analysis（センシティヴィティ・アナリシス。感応度分析）という。キャッシュフロー分析の中で中核的な分析である。キャッシュフローの耐性を検証するのが目的である。

　Sensitivity Analysisを行うに当たり、どういう事態（ケース）を想定して分析を試みるのかをまず判断しなければならない。これは事業主（スポンサー）にとっても非常に重要な問題である。プロジェクトファイナンス・レンダーだけの問題ではない。キャッシュフロー・モデルをいくら精緻に仕上げても、最終的にリスク判断をするのは我々人間であることに変わりはない。

　Sensitivity Analysisに入る前に、次の３つのポイントを整理しておきたい。

I) 当該案件はどういう事態（ケースあるいはリスク）に備えなければならないのか。
II) かような事態が発生する蓋然性はどのくらい高いのか。
III) かような事態が発生したときに、キャッシュフローに定量的にどの程度の影響を及ぼすのか。

　（I）と（II）の問いはキャッシュフロー分析以前の問題である。これらは第5章で見てきたリスク分析の問題である。かようなリスク分析は別途行わなければならない。キャッシュフローのSensitivity Analysis が辛うじて答えてくれるのは（III）の問いに対してである。（I）や（II）の問題の見極めを誤ると、（III）のSensitivity Analysisの結果もあまり役に立たないということが起こる。

　なお、Sensitivity Analysisで想定するケースは、案件の類型によっておおむね一般的常識的なものがある。コストオーバーランのケース、製品価格下落のケース、操業費上昇のケース、借入金金利上昇のケースなどである。一方で、案件固有の特殊事情によって独特のケースを分析しなければならないこともある。例えば、為替変動のリスクがあるため為替相場がマイナス方向に動いたケースの分析、オフテイカーの一部につき信用力に懸念があるためこのオフテイカーが万が一製品引取できなくなったケースの分析などである。さて、ここでは表6－1の「キャッシュフローの具体例」をベースケースとして、次のような諸ケースを想定してSensitivity Analysisを試みる。

Sensitivity Analysisの諸ケースの内容
(a) Capacity Payment（15% Reduction）
　　まずCapacity Payment減少のケースである。これはなんらかの理由でCapacity Paymentがベースケース比15％減少したケースを想定した。具体例としては操業率の低下や買電者の過少支払などが考えられる。

(b) Capital Costs（10% Increase）
　　次にCapital Costs上昇のケース。これはなんらかの理由でプロジェクト総コストが増加したケースである。本ケースではプロジェクト総コストの増加は借入金と出資金をそれぞれ10％増加させて資金調達したものと想定している。借入金と出資金の比率である75/25は維持した。プロジェクト総コスト

の増加例としては完工遅延やコストオーバーランなどが考えられる。

(c) Operating Costs（20% Increase）
　　これは操業費がベースケース比20％上昇したケースである。分析期間20年全期間を通じてベースケース比操業費20％上昇を想定している。

(d) Interest Rate（3% Increase）
　　これは借入金金利がベースケース比さらに３％上乗せしたケースである。
　　通常借入金の金利水準は米国ドル建てであればLiborといわれる市場ベースの調達コストに金融機関のマージンを加算して決定される。例えばLiborが3.0％でマージンが2.0％であれば借入金金利は5.0％（3.0％＋2.0％）といった具合である。ここで借入金金利が上昇するとはこのLiborが上昇する場合のことである。言うまでもなく金融機関と一旦合意したマージンは借主の了承なしに勝手に上昇することはない。本ケースでは金利水準がベースケースに対してさらに3.0％上昇した場合を想定している。ベースケースの借入金金利は固定金利7.0％としていたので、本ケースは３％上昇により固定金利10.0％になったケースということになる。
　　なお、既にリスク分析（第５章）で触れた通り、金利スワップを利用して変動金利を固定金利にすることができる。これは調達コストであるLiborの部分を固定化するということである。金利スワップによって借入金全額につき借入期間に亘って金利を固定化しておけば、金利上昇のリスクはすべてヘッジできる。長期借入金を利用するプロジェクトファイナンスにおいて、金利上昇のリスクを回避する金利スワップの手法は、いまや欠くことのできない金利リスク回避手段である。

(e) Composite‐(a)＋(b)
　　さて、以上（a）から（d）まで４ケースを見てきた。ここから３ケースでは、これら４ケースを組み合わせた複合ケースを見てゆく。事業が問題を起こすときは原因が１つではないことのほうが多い。さまざま問題が重複して発生したケースを分析しておく意義はけして小さくない。
　　まず本ケースでは上記（a）Capacity Payment（15% Reduction）のケースと（b）Capital Costs（10% Increase）のケースを組み合わせた。プロジェクト総コストが増加したことに加え、事業収入も計画を下回るという複合

(f) Composite - (c) + (d)

これは上記 (c) Operating Costs (20% Increase) のケースと (d) Interest Rate (3% Increase) のケースの合成である。操業費が上昇し、借入金金利も上昇したという複合ケースである。こういう複合ケースは現実にも珍しくない。

(g) Composite - (a) + (c) + (d)

これはさらに3つのケース (a) と (c) と (d) を合成した。事業収入が減少し、操業費および金利が上昇した複合ケースである。収入・費用の両面で事態が悪化したことを想定している。いわばワーストケースである。

事業は1つの問題ならなんとか対処できるものである。しかし、問題が同時に2つ以上併発してしまうと非常に困難になる。複合ケースの分析はキャッシュフローの耐性を極限の点まで見る上で欠かせない。

さて、上記 (a) から (g) までの7つのケースについてSensitivity Analysisの分析結果をまとめる。分析結果には表6－2「キャッシュフローの分析結果」と同様に、平均DSCR, 最低DSCR, Equity IRR, NPV@10%の4つの指標を用いる。分析結果を一覧表にすると次の表6－4の通りである。

■ 表6-4　Sensitivity Analysisの結果一覧表

Sensitivity Analysis	DSCR (Ave)	DSCR (Min)	Equity IRR (%)	NPV@10% USD Mil.
Base Case	1.43	1.41	15.17	72.3
(a) Capacity Payment (15% Reduction)	1.21	1.16	7.30	-37.5
(b) Capital Costs (10% Increase)	1.31	1.29	10.85	13.2
(c) Operating Costs (20% Increase)	1.37	1.30	13.32	44.9
(d) Interest Rate (3% Increase)	1.30	1.13	11.46	22.2
(e) Composite - (a)+(b)	1.11	1.06	3.76	-96.6
(f) Composite - (c)+(d)	1.25	1.11	9.65	-5.1
(g) Composite - (a)+(c)+(d)	1.06	0.97	2.17	-114.9

上記表6－4の各ケースの分析結果について、以下簡単に説明する。

分析結果から、どの変数がキャッシュフローに対してどの程度の影響を与

えるかを把握することが重要である。

Sensitivity Analysisの結果

(a) Capacity Payment（15% Reduction）

平均DSCRは1.21になり最低DSCRは1.16になった。借入金返済はまだ可能である。一方、Equity IRRは7.30％で10％を下回った。従って、10％の割引率で算出した現在価値はマイナスUSD37.5Mである。出資者の立場からは芳しくない。出資者として、Capacity Paymentが15％減少する蓋然性はどのくらいあるのか別途検討する必要がある。

(b) Capital Costs（10% Increase）

平均DSCRは1.31を維持しEquity IRRも10.85％と割引率の10％を上回っている。借入金返済に問題はなくかつ投資利回りも2桁を確保している。プロジェクト総コストの10％増加には耐えられると言っていい。こういう分析結果からプロジェクト総コスト増加への耐性が理解できる。

(c) Operating Costs（20% Increase）

平均DSCRは1.37でEquity IRRは13.32％。本件は操業費の上昇には強いことが分かる。

発電所案件では操業費のうち燃料費が占める割合が大きい。一方、燃料費はEnergy Paymentによってすべて買電者（電力オフテイカー）が負担している。従って、事業主の立場からは燃料費の上昇は心配しなくて良い。燃料費を除くと操業費の金額は相対的に小さい。従ってこの部分が上昇しても事業の採算に与える影響は大きくない。操業費の上昇に強いという点は、燃料費が完全に転嫁できている発電所案件の特長でもある。

(d) Interest Rate（3% Increase）

平均DSCRは1.30でEquity IRRは11.46％。借入金返済も投資利回りもあまり問題ない。ここで分かることは金利3％の上昇は平均DSCRを0.13ポイント（1.43-1.30）低下させ、Equity IRRを3.71ポイント（15.17-11.46）低下させることである。平均DSCRの低下部分はそう大きくは感じられない。しかし、Equity IRR3.71ポイントの低下は小さくない。

金利スワップを利用し金利変動のリスクを回避（ヘッジ）する効用はこのように数字で見ると実感が持てる。金利スワップの効用はプロジェクトファイナンス・レンダーのためだけではなく、事業主・出資者の投資利回り確保のためでもある。

(e) Composite - (a) + (b)

　平均DSCRは1.11で最低DSCRは1.06にまで低下した。Equity IRRは3.76％と目を覆うばかりである。プロジェクトファイナンス・レンダーの立場からは、こういう複合のケースでも辛うじて借入金返済は可能だと判断できる。

(f) Composite - (c) + (d)

　平均DSCRは1.25でEquity IRRは9.65％である。本ケースは (c) と (d) の複合ケースにもかかわらず、ケース (a) Capacity Payment（15％Reduction）の結果よりわずかに良い。ケース (a)、つまりCapacity Payment15％減少のケースはキャッシュフローに与えるインパクトが非常に大きいということが分かる。

(g) Composite - (a) + (c) + (d)

　平均DSCRは1.06、最低DSCRは0.97。最低DSCRが1.00を下回っている年があるので、借入金返済が覚束ない年もあるということになる。

　通常DSCRが低下してくると「配当金支払制限」が発動しキャッシュフローの流出が止められる可能性が高い。平均DSCRが1.06あるわけであるから、キャッシュフローの流出をすべて阻止すれば借入金返済は可能だといえる。こういう事態においては第5章で説明した「配当金支払制限」がその機能をおおいに発揮する。

■ d. Breakeven分析

　キャッシュフロー分析の最後にBreakeven（ブレイクイーブン）分析を紹介したい。Breakeven分析とはある変数をどのくらい変動させたらキャッシュフローがBreakevenになるかを検証する分析である。ここでいう「ある変数」とは上記でみてきたようにCapacity Paymentの減少や操業費の上昇のことである。「Breakevenになる」とは平均DSCRや最低DSCRが1.00になる

ことである。これはプロジェクトファイナンス・レンダーの立場からの分析手法である。なお、DSCRが1.00になるということは出資者（スポンサー）への配当金は支払えない。

　もっとも、このBreakeven分析の手法は事業者・出資者も利用することができる。出資者の場合、Equity IRRをある一定の数値まで下げられるとしたケース（例えばEquity IRR:10%としたケース）に、ある変数はどこまで変動させることができるか、という検証方法に利用できる。いずれも借入金返済の分岐点や投資利回りの分岐点を見極める分析[*3]である。

　Sensitivity Analysisのところで指摘したとおり、このBreakeven分析でもどのような事態つまりどのような「変数」に注目するかが非常に重要である。Sensitivity AnalysisもBreakeven分析も分析の手段や道具に過ぎず、これをどういうケースの分析に利用してゆくかが分析の鍵を握る。

　さて、前出表6－1の「キャッシュフローの具体例」に戻って3種類の変数についてBreakeven分析を試してみたい。3種類の変数とは、(a) Capacity Payment, (b) Capital Costs, (c) Operating Costsである。その分析結果は次の通りである。

Breakeven Analysis

　　(a) Capacity Payment　　　-27%
　　(b) Capital Costs　　　　　+40%
　　(c) Operating Costs　　　　+200%

　この3種類の変数によるBreakeven分析の結果について以下それぞれ簡単に見ておきたい。

Capacity PaymentのBreakeven

　1つ目はCapacity Paymentを減少させるケースである。Sensitivity AnalysisではCapacity Paymentを15%減少させるケースを分析した。ここではCapacity Paymentをさらに減少させた。DSCRがほぼ1.00になるようなCapacity Paymentの減少幅はベースケース比27%の減少であることが分か

[*3]：一般にBreakevenというと「損益分岐点」を意味する。ここでいうBreakeven分析は主として「DSCR=1.00」の点を分岐点とし、借入金返済の分岐点を見極める分析である。

った。つまり、Capacity Paymentが27％以上減少すると借入金返済に支障を来たす。逆に言えば、Capacity Paymentが減少しても27％未満であれば借入金の返済に支障は来たさない。

表6－1の「キャッシュフローの具体例」は発電所案件なのでCapacity Paymentを変数として減少させたが、例えば資源開発案件であれば生産物（例えば石油や金）の価格を変数として引き下げてみることができる。その結果、Breakevenとなる（DSCRが1.00となる）生産物価格の水準を見極めることができる。こういう価格をBreakeven Price（ブレイクイーブン・プライス）と呼ぶ。Breakeven Priceは低ければ低いほうが良い。Breakeven Priceの水準を他の同種案件と比較することができれば、借入金返済能力を加味した生産コストの競争力を比較することができる。

Capital CostsのBreakeven

2つ目はCapital Costs（プロジェクト総額）を上昇させた場合のケースである。Capital Costsの上昇分は75対25の比率で借入金と出資金を増加させて資金調達するものと仮定している。分析結果は40％の上昇まで耐えられることが分かった。

このCapital Costsが40％の上昇まで耐えられるといった場合に、建設費のみの上昇が40％の上昇まで耐えられると解釈するとやや誤解を招く。Capital Costs上昇の要因には建設費の上昇以外に建中金利の上昇も含まれる。プロジェクト総コストの増加分のうち75％は追加借入金で資金調達をすると仮定しているので借入金も増加する。そしてその追加借入金の部分につき新たに建中金利が発生する。ここではCapital Costsの上昇はプロジェクト総コストの上昇と捉えている。そこには建中金利の増加分も含まれているので念のため申し添える。建中金利の負担金額はけして小さくないので注意を要する。

Operating CostsのBreakeven

3つ目はOperating Costs（操業費）が上昇したケースである。本例は発電所案件なので、Sensitivity Analysisでも見たとおり操業費上昇の影響はあまり大きくない。このBreakeven分析においても200％の上昇まで耐えられることが分かった。

Breakeven分析の留意点

　Breakeven分析では変動させる変数は基本的に1つになる。上記3例ではベースケースのキャッシュフロー・モデルに対してそれぞれ1つの変数を変動させてBreakeven分析を行った。

　2つの変数をこのBreakeven分析に織り込む必要がある場合には、どちらか一方の変数を固定させておく必要がある。例えば、ベースケースに対して「Capacity Payment減少」と「Capital Costs上昇」の2つの変数を変動させようとする場合であれば、一方の変数である「Capacity Payment」をベースケース比10％減少と固定させたうえで、「Capital Costs上昇」のBreakeven分析を試みるといった具合である。

　当該プロジェクト案件について、主要なリスク要因や変数につき、このBreakeven分析で限界値を知っておくことは非常に役に立つはずである。

4. キャッシュフロー分析の留意点

　これまで表6-1の「キャッシュフローの具体例」に基づいてキャッシュフローの分析手法をさまざまな角度から見てきた。ここでは、キャッシュフロー表もしくはキャッシュフロー分析に関連して一般的に留意すべき点を取りまとめた。

■ a. 最小単位期間

　最小単位期間とはキャッシュフローを作成する際の最小の単位期間である。表6-1の「キャッシュフローの具体例」では1年毎とした。これが一般的と思われているかもしれない。20年間のキャッシュフロー・モデルであれば期間に関して20のコラム（表計算ソフトの縦軸）があるということになる。経営陣に提出する経営判断用のキャッシュフロー・モデルはこれで十分あろう。しかし、実務的なキャッシュフロー・モデルは実は1年毎では利用しにくい。借入金返済期間毎に最小単位の期間を取るのが望ましい。つまり、6ヵ月毎の返済であれば最小単位の期間は6ヵ月、3ヵ月毎の返済であれば最小単位の期間は3ヶ月といった具合である。

　さらに、建設期間中に限っては1ヵ月毎のキャッシュフロー・モデルもめずらしくない。理由は融資の分割実行が最短1ヵ月毎にも行われることがあるからである。従って、建設期間中の最小単位期間を1ヶ月として借入金

利を正確に算出する必要が出てくる。プロジェクトファイナンスでは資金調達における借入金の比率は小さくない。70％あるいはそれ以上である。特に「電力型オフテイク契約」を有する案件は事業収入が安定しているので借入金比率が高くなりがちである。いわゆるレバレッジが高い。従って、借入金支払金利の金額はけして小さくなく大雑把に計算することは望ましいことではない。

■ b. 建中金利

　上記で建設期間中に関してはキャッシュフロー・モデルの最小単位期間を１ヶ月毎にすると述べた。その理由は借入金金利の金額を正確に算出するためだとした。建設期間中に融資は徐々に実行され、借入金残高は逓増してゆく。しかし、建設中なので収入は生まれない。この期間に発生する借入金金利は通常元加される。英語では"Capitalize"するという。「元加される」とは文字通り「元金」に「加えられる」ということである。新たな借入金によって銀行に対する借入金金利を支払うのである。建設中の金利（短く「建中金利」という）の金額はけして小さくない。借入金比率が大きければ大きいほど、また建設期間が長ければ長いほど、建中金利の金額は膨らむ。

■ c. 製品価格

　「製品価格」の仮定をどのように設定するかは最も重要である。プロジェクトの総収入を決定付ける。「電力型オフテイク契約」がある場合にはさほど難しくない。同オフテイク契約の規定内容に沿ってプロジェクト収入はかなり正確に想定できる。難しいのは製品価格が市場によって決定される場合やインフラ案件のようにそもそもオフテイク契約が存在しない場合である。

　資源開発、石油化学プラント、石油精製所などの案件においてプロジェクトファイナンス・レンダーが同意する製品価格の将来予想はかなり保守的なものである。この場合の製品価格の仮定はあくまでプロジェクトファイナンス・レンダーと合意するキャッシュフロー表上のものであって、事業主は別途独自にもっと楽観的で積極的な価格の将来予想を想定したキャッシュフロー表を用意し事業が大成功したときのシナリオを描いてみることも少なくない。投資家と融資家は立場が異なるのだ。投資家の許容するリスクとリターンの振幅は融資家のそれを大きく上回る。融資家のリターンとは金利マージンであり、金利マージンは融資契約書で債務者と予め合意し固定される。従

って、融資家は自分が取るリスクにも上限を設けたいと考える。

そうはいっても過度に保守的な製品価格予想を前提とすると、プロジェクトファイナンス・ベースでの借入金金額が縮小しかねない。資源開発案件などではプロジェクトファイナンス・ベースで「借入金額」がどのくらい可能かが金融機関の間での融資条件上の競争となることがある。斯界での知見が問われる部分である。

■ d. 原料・燃料費

「原料・燃料費」の仮定の問題も上記製品価格の仮定と類似している。例えば電力案件では既に説明の通り燃料費を買電者に転嫁できるものが大半である。したがって、キャッシュフロー分析上燃料費の変動は問題にならない。問題になるのはマージン幅（原料価格と製品価格の差）が収益の鍵を握るような案件である。例えば、石油製油所案件や石油化学プラント案件などである。このような案件では原料価格の値上がりを製品価格に転嫁できる保障はない。

当該案件ではどういう要因（製品価格か原料価格か等々）がもっとも経済性に影響を与えるのかを見極めることが、キャッシュフロー分析で非常に重要である。経済性に影響を与える要因は案件種類毎に大きく異なる。さらに、同種の案件であっても必ずしも同じ要因が同程度の影響をキャッシュフローに与えるとは限らない。都度Sensitivity AnalysisやBreakeven分析を行っていかなければならない。

■ e. 減価償却

減価償却とは、長期間にわたって使用される固定資産の取得に要した支出をその資産が使用できる期間にわたって費用配分する会計上の手続きである。英語ではDepreciationという。

減価償却費は損益計算（P/L）上費用として計上されるが、他の費用と違ってキャッシュは流出することがない。あくまで会計上や税務上の観念的な費用である。したがって、キャッシュフロー表上では減価償却費を差し引く必要がない（会計上税務上一旦差し引いている場合には改めて加算する。表6－1「キャッシュフローの具体例」では行23-Cash Flow Available for Debt Serviceのところで減価償却費（c）を加算している。）。

減価償却費の計算方法には定額法、定率法、加速度償却法などがある。減

価償却の取扱いは各国の会計ルールに従うので都度確認を要する。国によっては外国資本の投資促進策としてこの減価償却制度の優遇措置を施すことがある。プロジェクト所在国の一般的な減価償却ルールならびになんらかの投資優遇策の有無などを確認する必要がある。

■ f. インフレ

　操業費や原材料は中長期的にはインフレすることを想定するのが常である。例えば、人件費の上昇は避けがたい。一方で製品価格の水準も操業費や原材料費と同率でインフレすると仮定することがあるが、これにはやや問題がある。収入と費用を同率でインフレさせてしまうと、両者の差である利益（マージン）も同率で増加することになる。これはキャッシュフロー分析上避けたい過ちである。筆者はプロジェクトファイナンスの世界に入った当初、プロジェクトファイナンス案件の融資審査の業務に約1年間携わった。このとき見聞した稟議書に添付されたキャッシュフロー表に、この種の誤謬をいくつか発見した。操業当初は採算がきついが時間の経過と共に採算が好転するのである。収入も費用同様にインフレさせてしまうと、こういうことが可能になる。本来採算の厳しいはずの案件がいかにも採算の取れる案件に見えてしまう。利益幅（マージン幅）が年々逓増するようなキャッシュフロー表はまず疑ってかかる必要がある。

　フィナンシャルアドバイザー契約をしていた顧客から、収入も費用も全くインフレさせないキャッシュフロー・モデルを使用するのが保守的でいいのではないかと提案されたことがある。収入をインフレさせる弊害を慮っての提案だと思われる。日本の企業では、そういう事業計画表を作成することも随分あったらしい。

■ g. 支払金利

　借入金の金利水準に借入金残高を乗じると支払金利の金額になる。借入金の金利水準は市場では日々変動している。プロジェクトファイナンスの案件の多くは金利変動のリスクを回避するため、金利スワップを活用し長期間に亘って金利水準を固定することが多い。収益は本来の事業から上げるべきであって、金利水準に左右されないようにすべきである。これがノンリコースあるいはリミテッドリコースのファイナンスを供与する金融機関の基本的な考え方である。

ときに金利水準が先行き低下すると信じる者は、金利スワップ開始のタイミングを遅らせ金利水準が低下したのを見届けてから金利スワップをかけたいと申し出る例がある。しかし、金利水準は中央銀行の金融政策に左右されるなど人知で容易に予見できるものではない。したがって、将来の金利水準低下を期待して金利スワップの実施を遅延させるのはプロジェクトファイナンスの定石から外れる。複数の事業収入を有する一般企業の財務運営としては市場金利の動向を見据えてあえて金利スワップを見合わせるということはありえても、単体の事業を前提とするプロジェクトファイナンス案件では金利水準の変動はまずヘッジし回避すべきものと考えられている。

キャッシュフロー・モデル上では、金利スワップをかけた場合を想定してある一定水準の借入金金利を仮定する。借入金の一部分についてあえて金利スワップをかけない方針であれば、その部分の借入金金利水準の仮定は中長期的にはむしろ高めの仮定を置くなどの対応を取らざるをえない。繰り返しになるが、市場金利の将来動向を予想するとか市場金利の動向を見極める等云々といった市場金利のリスクと向き合うやり方は、プロジェクトファイナンスのリスク管理手法とは相容れないものである。市場金利変動のリスクは向き合うものではなく、ヘッジし回避すべきものである。プロジェクトファイナンス案件には金利変動リスク以外にも多くの事業リスクが潜んでいる。そして必ずしもリスクヘッジできているものばかりではない。従って、ヘッジできるものはヘッジするというのがプロジェクトファイナンスのリスク管理における基本的考え方であろう。

■ h. 返済スケジュール

借入金の返済スケジュールは住宅ローンの返済スケジュールのように元利金均等返済方式に近いものであることが多い。特に発電所案件のように「電力型オフテイク契約」を持つ案件では事業収入は一定水準に推移することが多いからであろう。もっとも、加速度減価償却の制度や法人税の優遇措置などを享受できるなどの事情があり当初期間のキャッシュフローに余裕があるようであれば、返済スケジュールはそれに応じて当初期間元金返済金額を増額させるなど個別事情に応じて作成していい。元利金均等返済方法を基本形としながらも各年度の余剰キャッシュフローの創出力に応じて返済スケジュールを調整する。返済スケジュールを決定する際には、毎年のDebt Service Coverage Ratio（DSCR）の水準を検証しながら行うことが多い。DSCRは

既に説明の通り「元利金返済に利用できる余剰キャッシュフロー（Cash Flow Available for Debt Service）」を「元利金返済金額」で除して求める。これは元利金返済に対してのキャッシュフローの強度を見る指標で、プロジェクトファイナンスのキャッシュフロー分析に欠かせない指標である。この指標がある程度各年度で平準化することが望ましい。この指標を見ながら返済スケジュールを作り上げてゆくことは実務家の間では広く知られた方法である。

■ i. 税金

　税金は各国の税制に依拠する。借主が負担する税金の中では法人税が金額的には一番大きな税金であろう。これにはときに投資優遇策などが提供され税率が一定期間の間低くおさえられていることがある。例えば、操業当初5年間の間は低率の法人税でよしとする例がその典型である。また、操業当初は会計上赤字となることもあろう。その際に会計上の赤字が翌年以降に繰越可能か、また赤字繰越が可能だとして何年間に亘って可能かなども確認したい。税金も減価償却も当該国の制度によって決められる。従って、現地の専門家つまりタックス・ロイヤーや会計士などを雇用して税制を確認するのが普通である。

■ j. 通貨

　キャッシュフロー表で使用する通貨は基軸通貨に統一するのが普通である。現行では米国ドルで表示することがほとんどである。EPC契約上の支払いの一部が他通貨例えばユーロや日本円での支払いとなる場合や操業費用の一部例えば人件費が現地通貨での支払いとなる場合がある。また、事業収入の一部が米国ドルではなくユーロや日本円になる場合もある。このように収入や支払の一部分について他通貨が使用される場合には一定の為替水準を想定して基軸通貨での表示に統一する。

　なお、為替水準の仮定については、キャッシュフロー表の分析期間中（例えば20年間）においてかならずしも不変としなくてもいい。中長期間に亘る為替変動のリスクを予め見込んでおくことは悪いことではない。例えば、中国の案件で中国元の為替水準を米国ドルに比べ毎年わずかずつ中国元高・米ドル安を想定するなどの例である。これにより中国元で支払う現地人件費は単純なインフレ率に加え中国元の対米ドル比高めの為替水準が反映される。

もっとも、この例では中国国内で販売される製品の売上高が中国元高の仮定を反映して米ドル換算での売上高が過大に見える現象に注意を要しよう。

為替水準の仮定1つをとっても、キャッシュフロー・モデルに組み込む際には正の効果と負の効果をよく見極める必要がある。なお、為替水準の仮定自体がSensitivity Analysis上の変数となり、分析の対象となることも少なくない。

5. キャッシュフロー分析の位置付けと限界

本章の最後に、キャッシュフロー・モデルの位置付けやキャッシュフロー分析の限界について考えておきたい。

■ a. ベースケースの前提となる仮定の妥当性

本章冒頭に「表計算ソフト」のエピソードに触れた。事業計画の内容を売上、費用、利益などの数値で具体的に表現し、またSensitivity Analysisによってさまざまなケースを分析することの有用性に疑問の余地は無い。エクセル（Excel）等表計算ソフトがこの作業に欠かせない道具となっている。しかし、一方でキャッシュフロー表は10年20年という将来に亘る長い期間について作成した計画表である。そこには多くの仮定や想定が置かれている。これらの仮定や想定がどういう背景、考え方、見通しで設定されたものであるかに思いをめぐらすことが重要である。ここに思考が及ばなければ当該事業の強みも弱みも見えてこない。キャッシュフロー・モデルのベースケース策定に当たっては、当該事業に関わるさまざまなマクロ経済上あるいはミクロ経済上の変数について、ある一定の見識や想定を持つ必要がある。要は「ベースケースの前提となる仮定の妥当性」について自分なりの確信を持たなければならないといえる。そういう意味で、表計算ソフトで一旦作成されたキャッシュフロー表はいかにも精緻なモデルであるかのような印象を与えるが、その前提となる仮定の妥当性をなんら保証するものではない。仮定の妥当性は、ひとつひとつ人が検証していかなければならないものである。

■ b. Sensitivity Analysisでいかなるケースを採り上げるか

ベースケースのキャッシュフロー表が一応完成したとする。次にそのベースケースのキャッシュフロー表を基にさまざまなケースによるSensitivity

Analysisを行う。ここで重要なことは、当該案件にとって蓋然性の高いケースを的確に採り上げることである。蓋然性の高いケースというのは、キャッシュフロー・モデル作成の過程で発見されることもある。あるいはプロジェクト関連契約書（原料・燃料供給契約やオフテイク契約）の中に発見されることもある。これは第5章で見てきたリスク分析とも一脈通じるところがある。当該案件にどういうリスクが内在しているのかを抽出することである。抽出したリスクについて定量分析できるものであれば、キャッシュフローのSensitivity Analysisの俎上に載せるとよい。Sensitivity Analysisはリスクの内容をある程度数値を以って表わしてくれる。これは直感で感じるものとは異なるが多い。ここにSensitivity Analysisの価値がある。人間の直感はときに優れた能力を発揮するが、一方で先入観に左右されやすい弱点も併せ持つ。

■ c. キャッシュフロー分析の限界

　以上述べてきたように、キャッシュフロー表はその前提がまず重要である。前提条件は妥当なのかどうか。前提条件に不審な点があれば砂上の楼閣になりかねない。次に、当該案件にとって蓋然性の高いリスク要因を的確に抽出することが重要である。そして、このリスク要因をキャッシュフローのSensitivity Analysisで定量分析する。

　しかし、こういう過程を適切に踏んだつもりでも、キャッシュフロー分析は当該案件に潜んだリスクを洗い出せないことがある。例えば、ポリティカル・リスク。南米の某国で資源開発の権益が当該国政府に没収されるリスクはキャッシュフロー分析をいかに綿密に行っても解析できない。例えば、オフテイカーが破綻するリスク。発電所案件は事業収入が安定している点が特長ではあるが、買電者が破綻するなど買電契約を履行できなくなれば電力収入は期待できない。こういうリスクもキャッシュフロー分析で見通せるリスクではない。

　要は、キャッシュフロー分析はさまざまな前提を積み上げ精密なモデルを構築しこれに基づき仔細な分析が可能である。しかし一方で、当該案件が直面するさまざまなリスクのうちのごく一部のリスクを対象として分析するものであるということである。ここにキャッシュフロー分析の限界がある。大切なことは常にキャッシュフロー分析のこのような限界を理解しておくことであろう。「たかがキャッシュフロー分析されどキャッシュフロー分析」と一定の距離を置きながらも、過信せず過小評価せず的確に活用できることが

肝要である。

第7章

プロジェクトファイナンスの組成プロセス

企業がプロジェクトファイナンスの手法で海外事業案件の資金調達を行いたいと考えたとき、具体的にどういう手順で銀行と話を進めてゆけば良いのか。あまり経験がなければ企業の財務担当者として悩みどころである。また、金融機関の法人営業の担当者の立場であれば、担当する企業先からプロジェクトファイナンスの相談を受けたときのために、プロジェクトファイナンスの案件が通常どのように組成されるのか相応の知識を持っておきたい。金融機関のプロジェクトファイナンス担当部署に着任したばかりの新任担当者であれば、プロジェクトファイナンス案件はどのようにして生まれ、どういう作業を通じて融資契約書の調印にまで至るのか全体像の把握に努めたい。本章は上記のような方々を想定して、プロジェクトファイナンスが一般にどのように組成されていくのか、その組成プロセスを説明するものである。
　プロジェクトファイナンスの業務は職人気質に負うところが少なくない。そのノウハウの多くは暗黙知・経験知が占めると言える。プロジェクトファイナンスの組成プロセスについても、単純な一般化・普遍化は容易ではなく案件毎に対応してゆく必要がある。しかし、プロジェクトファイナンスの入門者にとっては土台となる基礎知識を取得することが喫緊の課題である。本章はそのようなニーズに応えようとするものである。従って、本章の説明を羅針盤として活用して頂き、暗黙知・経験知の習得に努められることを入門者諸氏に願うところである。

■ 本章の構成

　本章は、まずプロジェクトファイナンスの組成プロセスを便宜上2つの段階に分けて説明する。ストラクチャリング段階（Structuring Phase）とインプリメンテーション段階（Implementation Phase）である。続いて、フィナンシャル・アドバイザーについて説明する。この組成プロセスを専門家の立場で遂行するのがプロジェクトファイナンスのフィナンシャル・アドバイザーだからである。従って、本章は次の3つの各節から成る。

1. 組成プロセスその1‐ストラクチャリング段階（Structuring Phase）
2. 組成プロセスその2‐インプリメンテーション段階（Implementation Phase）
3. フィナンシャル・アドバイザーについて

1. 組成プロセス その1 ストラクチャリング段階
(Structuring Phase)

　ここではプロジェクトファイナンスの組成プロセスの前半を説明する。組成プロセスの前半は、いわば設計段階でストラクチャリング段階と呼ぶ。なお、後半の組成プロセスは融資契約調印に向けての実施段階（インプリメンテーション段階）である。

　さて、ストラクチャリング段階（Structuring Phase）はプロジェクトファイナンスの大枠を決めてゆく非常に重要な段階である。事業主（出資者・借主）[*1]がある案件の事業権を取得し資金調達の方法としてプロジェクトファイナンスを利用した借入金を志向した際には、このようなストラクチャリングの作業を要する。これは建築に喩えれば設計作業である。このストラクチャリングの作業は凡そ次のような作業に分解して考えることができる。

　　a. プロジェクト・ドキュメンツの作成・交渉
　　b. キャッシュフロー・モデルの作成
　　c. リスク分析・リスク分担の方針策定
　　d. ファイナンス・タームシートの作成

　まず、それぞれの作業の内容を概説する。それぞれの作業内容を概説した後、これら4種類の作業の相互関連性を説明する（項目e）。

■ a. プロジェクト・ドキュメンツの作成・交渉

　プロジェクト・ドキュメンツ（Project Documents）とは、Joint Venture Agreement（事業契約書）、Offtake Agreement（製品販売契約書）、Supply Agreement（原料供給契約書）、EPC Contract（建設契約書）などの契約書群を総称したものである。例えば、発電所案件の場合Offtake Agreement（製品販売契約書）の代わりにPower Purchase Agreement（買電契約書）、Supply Agreement（原料供給契約書）の代わりにFuel Supply Agreement（燃料供給契約書）などが必要になる。プロジェクト・ドキュメンツの種類

[*1]：以下本章では事業主・出資者・借主を文脈に応じて随時使い分けるが、プロジェクトファイナンスを利用する立場（借入を行う立場）という点で三者は共通している。プロジェクトファイナンスでは「借主」はSPC（特別目的会社）であるので、融資に関わる交渉を貸主（銀行）と実際に行うのは事業主・出資者である。

は案件の内容毎に異なってくる。しかし、プロジェクト・ドキュメンツが当該案件を支えるさまざまな商業契約書群から成る点はどんな案件にも共通している。そして、これらの契約書群の内容の成否が事業の成否に直接結びつく点は容易に想像できよう。プロジェクトファイナンスの成否もひとえにこれらプロジェクト・ドキュメンツの出来如何に左右される。もっとも、案件自体は事業として成立するが、プロジェクトファイナンスの形で資金調達することが困難になるケースは少なくない。そういう意味では、事業としての成立要件よりもプロジェクトファイナンスとしての成立要件の方が条件はより厳しい。プロジェクトファイナンスでの資金調達を念頭に置いた案件では、プロジェクト・ドキュメンツの作成・交渉が第一関門である。

■ b. キャッシュフロー・モデルの作成

キャッシュフロー・モデルは第6章で説明してきた通常のキャッシュフロー・モデルである。マイクロソフト社の表計算ソフト「エクセル（Excel）」などを使用して作成する。多くの外資系金融機関ではモデラー（modeler）と称するキャッシュフロー・モデル作成の専門家を擁している。彼らは数メガバイトに及ぶ膨大なキャッシュフロー・モデルを創り上げる。

キャッシュフロー・モデルの利用目的は利用者によって少々異なる。

事業主（出資者）にとっては、事業の採算性を評価するためである。より具体的にはIRR（Internal Rate of Return）や資金回収期間を検証・確認してゆくために用いる。

プロジェクトファイナンス・レンダーにとっては、融資返済の確実性を検証・確認するためである。より具体的にはDSCR（Debt Service Coverage Ratio）などの財務指標を検証・確認する。もっとも、キャッシュフロー・モデル自体は1つで、両者の目的に使用できるように作成することは少なくない。

■ c. リスク分析・リスク分担の方針策定

プロジェクトのリスク分析は、事業主（出資者）にとってもプロジェクトファイナンス・レンダーにとっても非常に重要な作業である。まず、当該プロジェクトはどのようなリスクを内包するのかを見極め、それぞれのリスクを出来る限り計量化・数値化する。そして、リスクを軽減・回避する方策を練る。また、あるリスクの一定水準については受容するのかどうか（リスク・

テイクするのかどうか）方針を決めてゆく。

　プロジェクト・ドキュメンツの相手方にリスクを転嫁することが可能であれば、事業主（出資者）もプロジェクトファイナンス・レンダーも歓迎するところである。プロジェクト・ドキュメンツの相手方にリスクを転嫁する例としては、製品引取契約の買主に強固な引取義務を課す場合がある。LNGオフテイク契約はその例である。EPC（建設）契約においてターンキー条件を求めるのもプロジェクト・ドキュメンツの相手方（この場合EPCコントラクター）にリスクを転嫁する例と考えられる。

　また、プロジェクト・ドキュメンツの相手方以外の第三者にリスクを転嫁する方途もある。例えば、発展途上国の案件では常に当該国の政情不安に起因するカントリーリスクの問題が懸念される。こういう場合、政府系金融機関や民間保険会社にカントリーリスクをカバーする保険や保証を要請する。保険料や保証料など費用を要するが、採算とリスクとを比較考量し要否を判断してゆく。

　プロジェクトのリスクの中には当然プロジェクト・ドキュメンツの相手方にリスクを転嫁することも第三者に転嫁することもできないものが数多くある。こういうリスクについては、最終的に事業主（出資者）かプロジェクトファイナンス・レンダーかのいずれかが負担することになる。これが事業主（出資者）とプロジェクトファイナンス・レンダーとの間の「リスク分担」の問題である。この「リスク分担」の問題はプロジェクトファイナンスの成否を決する問題となることが多い。事業主（出資者）から見れば、出来る限りプロジェクトファイナンス・レンダーにリスクを取ってもらえないかと願うし、逆にプロジェクトファイナンス・レンダーから見れば、これこれのリスクは如何ともし難く負担しかねる云々と窮することも少なくない。どこまでがプロジェクトファイナンス・レンダーのリスク負担が可能で、どこからが事業主（出資者）のリスク負担となるか。この線引きは必ずしも決まっているものではない。類似案件の先例は存在するが、個々の案件の個別事情もあるので最終的には事業主（出資者）とプロジェクトファイナンス・レンダーとの間の交渉で決まってゆく。その時々の市場実勢や資金需給の関係も影響する。

■ d. ファイナンス・タームシートの作成

　ファイナンス・タームシートとは融資条件の要点をまとめた書類である。

直訳風に言えば、「融資条件表」程度の意味である。融資契約書の主要点を要約したもので、特にコマーシャルな諸条件を要約した点に特徴がある。法律用語の適否までは深く考慮していない。ファイナンス・タームシートは数ページのものもあるし、数十ページに及ぶ大部のものもある。因みに、正式の融資契約書（ローン・アグリーメント）はこのファイナンス・タームシートを基に弁護士によって作成される。そういう意味では、ファイナンス・タームシートは融資契約書の骨格を示すものではある。

ファイナンス・タームシートが作成されるところまで来ると、このストラクチャリング段階はほぼ完了に近づく。

■ e. 各作業の相互関連性

さて、上記の4種類の作業つまりa.「プロジェクト・ドキュメンツの作成・交渉」、b.「キャッシュフロー・モデルの作成」、c.「リスク分析・リスク分担の方針策定」、d.「ファイナンス・タームシートの作成」は、相互に密接に関連し合っている点留意する必要がある。加えて、現場ではこれらの作業をほぼ同時並行的に進めて行く。同時並行的に進めてゆくためには、それぞれの相互関連性を理解しておかなければならない。

4種類の作業の相互関連性を概念図で示すと下記の図の通りである。この概念図を用いながら4種類の作業の相互関連性をさらに説明する。なお、説明の便宜上、以下では必要に応じて発電所を建設・運営する案件（発電所案件）を例に挙げて説明する。

■ 図7-1　ストラクチャリング段階（Structuring Phase）の作業の相互関連概念図

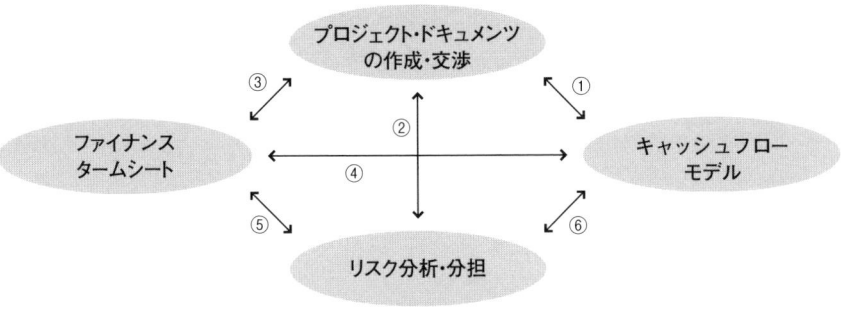

```
                  プロジェクト・ドキュメンツ
                     の作成・交渉
              ③ ↕        ↕        ↕ ①
                         ② 
  ┌─────────┐                        ┌─────────┐
  │ ファイナンス │ ←──────④──────→ │ キャッシュフロー │
  │ タームシート │                        │   モデル    │
  └─────────┘                        └─────────┘
              ⑤ ↕        ↕        ↕ ⑥
                      リスク分析・分担
```

－プロジェクト・ドキュメンツとキャッシュフロー・モデル（図7－1①の

関係）

　発電所案件のプロジェクト・ドキュメンツには買電契約、建設契約、燃料供給契約などがある。買電契約で合意した電力料金、建設契約で合意した建設費用、燃料供給契約で合意した燃料費用などがベースとなってキャッシュフロー・モデルが作成されてゆく。つまり、キャッシュフロー・モデルの諸前提となる重要な数値や指標がプロジェクト・ドキュメンツの記載内容に由来する訳である。キャッシュフロー・モデルを使用して感応度分析も行うが、どういう数値や指標を感応度分析の対象とするのが適切かという点も、プロジェクト・ドキュメンツの記載内容に応じて判断する。

　また、プロジェクト・ドキュメンツ作成・交渉が常に先行するわけではない。暫定的なキャッシュフロー・モデルを作成しておいてキャッシュフロー分析を行いながら、プロジェクト・ドキュメンツの交渉を行なってゆくこともある。特にプロジェクト・ドキュメンツ内の数値等の交渉には欠かせない手順である。

　このようにプロジェクト・ドキュメンツとキャッシュフロー・モデルとの関係は非常に密接で重要なものである。

－プロジェクト・ドキュメンツとリスク分析・リスク分担（図7－1②の関係）

　上記のプロジェクト・ドキュメンツとキャッシュフロー・モデルとの関係は定量的な問題であったが、プロジェクト・ドキュメンツとリスク分析・リスク分担の関係はいわば定性的な問題といえる。

　まず、プロジェクト・ドキュメンツを通じて、事業主（出資者）とプロジェクト・ドキュメンツ相手方（買電契約書上の買電者、EPC契約上のEPCコントラクターなど）との間でのリスク分担の交渉がある。例えば、買電契約上のフォース・マジュール（不可抗力）規定をめぐって、どのような範囲まで買電者がリスクを取るのか。どのような事態については事業主（出資者）がリスクを負担することになるのか。こういうリスク分担をめぐる交渉はストラクチャリング段階の醍醐味であり、また最も重要で案件の成否を決する作業である。

　もう一つの側面は、事業主（出資者）とプロジェクトファイナンス・レンダーとの間でのリスク分担の問題である。プロジェクト・ドキュメンツの交渉が進むと、事業主（出資者）とプロジェクト・ドキュメンツ相手方との間

でのリスク分担の見通しが出てくる。事業主（出資者）が負担することになったリスクというのは、通常プロジェクトファイナンスの借主つまり特別目的会社（SPC）が負担するリスクである。これをプロジェクトファイナンス・レンダーがそのまま容認すれば、そのリスクは最終的にプロジェクトファイナンス・レンダーが負担することになりかねない。そこで、そのリスクがプロジェクトファイナンス・レンダーにとって負担することが困難なものであれば、借主の親会社が負担できないか交渉することになる。

このように、プロジェクト・ドキュメンツの記載内容如何で、ある種のリスクがプロジェクト・ドキュメンツの相手方が負担するのか、事業主（出資者）が負担するのか、あるいはプロジェクトファイナンス・レンダーが負担するのか、という三つ巴のリスク負担の議論へと発展してゆく。プロジェクト・ドキュメンツの作成・交渉の作業とリスク負担・リスク分担の議論との相互関係はかように濃密なものである。

－プロジェクト・ドキュメンツとファイナンス・タームシート（図7－1③の関係）

プロジェクト・ドキュメンツは、事業主（出資者）とプロジェクト・ドキュメンツの相手方との間の契約書群である。一方、ファイナンス・タームシートは、事業主（出資者）とプロジェクトファイナンス・レンダーとの間で合意するものである。この両者がどうして相互に関係を有するのか。それは、上記リスク負担に関連するところであるが、先ほどの買電契約上のフォース・マジュール（不可抗力）規定を例にとって説明する。

事業主（出資者）とプロジェクト・ドキュメンツの相手方との間で買電契約上のフォース・マジュール（不可抗力）規定の内容を合意したとする。これを分析したプロジェクトファイナンス・レンダーが、借主（特別目的会社）の負担することとなるフォース・マジュールのリスクが過度なものだと判断したとしよう。しかしながら、買電契約書上の当該規定は合意済で改定できない。そうすると、ファイナンス・タームシート上で、例えば借主の負担することとなったフォース・マジュールのリスクを借主の親会社（事業主、出資者）に転嫁するように規定し、借主にそのリスク負担が残らないように差配することがある。もっとも、これは借主の親会社が合意しなければできないことであるが、親会社の合意がなければプロジェクトファイナンス・レンダーはプロジェクトファイナンスでの融資を供与できないと主張したとしよ

う。そうすると、この問題はプロジェクトファイナンス組成の成否を左右する大問題に発展しかねない。これは特殊な例ではなく、実は時折発生する類の問題である。

つまり、プロジェクト・ドキュメンツとファイナンス・タームシートとの関係というのは、簡単に言ってしまえば、プロジェクト・ドキュメンツの記載内容次第でファイナンス・タームシート（これは融資契約の概要書である）の記載内容が変わってくるということである。

－ファイナンス・タームシートとキャッシュフロー・モデル（図7－1④の関係）

先にプロジェクト・ドキュメンツとキャッシュフロー・モデルの関係は定量的な問題であると言った。同様のことは、ここでのファイナンス・タームシートとキャッシュフロー・モデルとの関係でも言える。

例えば、ファイナンス・タームシートでDebt Service Coverage Ration（DSCR）の規定を設けるとすると、そのDSCRの値が具体的にどのような水準になるのか、ベースケースのDSCRの値がいくらになり、感応度分析ではどのように同数値が変動するかが検証される。この検証はキャッシュフロー・モデルを操作して行われる。その結果次第でファイナンス・タームシートへの記載内容を決めてゆく。

もうひとつの例を挙げると、ファイナンス・タームシートで最低限の出資比率が規定されるが、このとき事業主（出資者）のリターンの数値はどうなるのか。これもまたキャッシュフロー・モデルで検証が行われる。

このように、ファイナンス・タームシートとキャッシュフロー・モデルとの関係はDSCR等財務制限条項や財務諸比率などをめぐって大いに相互関係がある。

－ファイナンス・タームシートとリスク分析・リスク分担（図7－1⑤の関係）

ファイナンス・タームシートは事業主（出資者）とプロジェクトファイナンス・レンダーとの間で合意してゆく文書であるので、ファイナンス・タームシートとリスク分析・リスク分担との関係は、事業主（出資者）とプロジェクトファイナンス・レンダーとの間でのリスク分担を決めてゆく過程で最も相互関係を密にする。

例えば、フォースマジュール（不可抗力）について専らリスクを取るのは誰か。第三者であればともかく、事業主（出資者）になるのか、プロジェクトファイナンス・レンダーになるのか。こういった主要リスクの負担者を明確にしてゆく作業過程で、最終的にファイナンス・タームシートに明記されてゆく。
　プロジェクト・ドキュメンツとリスクの関係（②の関係）が専ら事業主（出資者）とプロジェクト・ドキュメンツの相手方との間のリスク分担をめぐる関係であり、このファイナンス・タームシートとリスクの関係は事業主（出資者）とプロジェクトファイナンス・レンダーとの間のリスク分担をめぐる関係である。

－キャッシュフロー・モデルとリスク分析・リスク分担(図７－１⑥の関係)
　リスク分析・リスク分担の議論は数値を伴うことが少なくない。例えば、建設費用に関連してコストオーバーラン（予算超過）が発生した場合に、事業主（出資者）が一定金額を上限として追加出資の形で負担するとする。合わせて、プロジェクトファイナンス・レンダーも一定金額を上限として追加融資に応じるとする。前者の追加出資の場合であれば、事業主（出資者）の採算性に大きな影響を与えよう。キャッシュフロー・モデルでその影響度合いを数値面で検証を要する。また、後者の追加融資の場合であれば、DSCRの引き下げ要因となりかねず、その具体的な影響度合いがどの程度なのかキャッシュフロー・モデルで検証を要する。
　かように、リスク分析・リスク分担の問題は可能な限り数値を以って定量的に分析を要する。この定量分析には悉くキャッシュフロー・モデルでの分析を用いる。キャッシュフロー・モデルとリスク分析・リスク分担との相互関係も極めて濃密な関係にある。

　以上が組成プロセスの第一段階すなわちストラクチャリング段階の４種類の作業の相互関係である。
　説明の上では、それぞれの作業内容・目的・相互関係はかなり理路整然としている。しかし、プロジェクトファイナンスの組成の上で、このストラクチャリング段階が最も困難を極める。また、最も時間を要するところである。
　プロジェクトファイナンス案件として報道され巷に流布しても、なかなか融資契約書の調印に至らないものの多くはこの段階が完遂していないからで

ある。この段階に要する時間は案件によってさまざまである。このストラクチャリング段階の中で最も重要なものは言うまでもなくプロジェクト・ドキュメンツである。良質のプロジェクト・ドキュメンツが完成すれば、このストラクチャリング段階の成功はほぼ手中に収めたに等しい。

　市場には時に数年間もの間この段階で難渋している案件がある。特に発展途上国の案件では珍しくない。それでも進展し成約に至れば幸いである。数年に及ぶ困難な交渉を経て艱難辛苦の末、案件それ自体が消滅してしまうなど不幸な結末を迎えるものもある。「見切り千両」という言葉があるが、ビジネスマンとして勇断を下し時間を無駄にしないというのもまた一考である。

2. 組成プロセス　その2　インプリメンテーション段階 (Implementation Phase)

　さて、上記では組成プロセスのうちストラクチャリング段階の説明をしてきた。これは、先にも触れた通り、プロジェクトファイナンスのいわば設計段階である。プロジェクトファイナンスの骨格を決めるのがこの段階の目的である。

　ストラクチャリング段階を経て、いよいよ実施段階つまりインプリメンテーション段階（Implementation Phase）に移行する。この段階の目的は融資契約書の調印あるいは融資の実行である。インプリメンテーション段階のプロセスは概ね次のような作業から構成されている。

　　a. インフォメーション・メモランダムの作成
　　b. 融資銀行団の招聘
　　c. 融資銀行団によるデュー・ディリジェンス
　　d. 融資条件の交渉
　　e. 融資契約書の作成・交渉
　　f. 融資契約書の調印
　　g. シンジケーション
　　h. 融資前提条件の充足・第1回融資の実行

以下、それぞれの作業内容を簡潔に説明する。

■ a. インフォメーション・メモランダムの作成

　インフォメーション・メモランダム（Information Memorandum）とは、融資を検討する銀行に配布する案件概要書である。プリリミナリー・インフォメーション・メモランダム（Preliminary Information Memorandum）と呼称することもある。英語ではそれぞれ"IM"（アイ・エム）や"PIM"（ピム）と短縮して表記することもある。インフォメーション・メモランダムのことは日本語でも英語でも「インフォー・メモ（Info Memo）」と短く呼ぶことも多い。

　インフォメーション・メモランダムにはどんな内容が記載されているのか。基本的にはプロジェクトファイナンス・レンダーが内部の融資審査で必要なものが網羅されている。ストラクチャリング段階で作成するプロジェクト・ドキュメンツ（の要約）、キャッシュフロー・モデル、ファイナンス・タームシート、リスク分析などは当然含まれる。

　参考として、以下にインフォメーション・メモランダムの目次の例を示しておく。

■ 表7-1　インフォメーション・メモランダムの目次の例

- Project Summary
- Timetable
- Project Sponsors
- Finance Plan
- Finance Structure
- Finance Term Sheet
- Project Documents Summary
- Industry Background
- Country Background
- Risk Analysis
- Cash Flow Model
- Sensitivity Analysis

　インフォメーション・メモランダムを完成し、これを銀行に配布をするとインプリメンテーション段階は開始する。

■ b. 融資銀行団の招聘

　プロジェクトファイナンスの案件は融資金額規模の大きいものが多く、融資をする銀行は複数行から成ることが多い。従って、融資銀行は融資銀行団

を形成することになる。

　先に、インフォメーション・メモランダムを銀行に配布するとインプリメンテーション段階は開始するとしたが、これがすなわち銀行団の招聘である。インフォメーション・メモランダムの配布と前後して、銀行を一同に会し案件説明のためバンク・ミーティング（Bank Meeting）を開催することもある。バンク・ミーティングは事業主（出資者）による案件説明の機会を設け、質疑に応じるなど銀行の理解を深めるためのものである。バンク・ミーティングは多数の銀行関係者を一箇所に招集するので物理的に容易ではなく時間的にも費用的にも負担が多いためか、昨今は開催頻度が減りつつあるようである。

■ c. 融資銀行団によるデュー・ディリジェンス

　銀行団はインフォメーション・メモランダムの内容を分析・検討する中で、必要に応じ事業主（出資者）と質疑を交わし追加資料を要請するなど融資審査を進めてゆく。この一連の過程が融資銀行団によるデュー・ディリジェンス（Due Diligence）である。「融資銀行団による」と集合的に書いたが、デュー・ディリジェンスのプロセスは集合的に行っても、最終判断は各銀行が個々に行うものである。昨今はプロジェクトファイナンス案件に関わる環境問題や原住民問題が注目されており、デュー・ディリジェンスの対象範囲は狭義の与信判断だけに止まらない。

■ d. 融資条件の交渉

　ストラクチャリングの良くできた案件であっても、銀行のデュー・ディリジェンスを経て幾つかの問題点が明らかになってくる。問題点の指摘内容は各銀行によっても多少異なるが、プロジェクトファイナンスに精通した銀行は概ね類似した点を問題点として指摘することが多い。

　問題点については、事業主（出資者）と交渉をして解決策を見出すことになる。これが融資条件の交渉である。ここでは「融資条件」の交渉と記したが、交渉する範囲はときに融資条件に止まらず、例えばプロジェクト・ドキュメンツの記載内容の是非にまで及ぶこともある。しかし、プロジェクト・ドキュメンツの内容は既に第三者との間で合意済で修正困難なことが少なくない。こういう場合にはプロジェクト・ドキュメンツの修正は現実的な解決方法ではないので、次善策としてプロジェクト・ドキュメンツの問題点につ

き事業主（出資者）のサポート等を要請するなどの交渉をすることもある。そうすると、これはもはやプロジェクト・ドキュメンツの問題から融資条件の問題に転嫁するので、ここでいう「融資条件」の交渉と広く捉えたい。

最終合意した内容はファイナンス・タームシートの中に反映し、ファイナンス・タームシートの修正版・最終版を作成してゆく。

なお、銀行はファイナンス・タームシートへの合意の意思を明示的に表示するため、コミットメント・レター（Commitment Letter）を出状するのが通常である。同レターでは、当該ファイナンス・タームシートに沿って融資を行うことを約する他、満足のゆく融資契約書の調印が条件である旨（subject to satisfactory documentation）但し書きされるのが慣習である。コミットメント・レターを出状する時には、銀行側は内部の融資審査を（大方）終了している。

■ e. 融資契約書の作成・交渉

合意しているファイナンス・タームシートを基に、融資契約書を作成してゆく。融資契約書を作成してゆく作業をドキュメンテーション（Documentation）という。ファイナンス・タームシートの作成段階から弁護士に作業依頼することも増えてきたが、融資契約書の作成では弁護士による作業が必須である。

合意済のファイナンス・タームシートが完成しているならば、融資契約書の作成は自ずと進捗し融資契約書について「交渉」などもはや要しないのではないかと思われるかもしれない。しかし、ファイナンス・タームシートは簡略を旨とし詳細な記載は省略しているので、融資契約書作成の過程では細部について記載振りなどを改めて合意してゆく必要が生じる。「悪魔は細部に宿る」という英語の警句[*2]もあるので、融資契約書の作成段階といえども油断はできない。「交渉」は融資契約書完成まで続くものと考えるべきである。

■ f. 融資契約書の調印

融資契約書が完成するといよいよ調印である。銀行団の数が多ければ融資契約書の署名者の数も増える。案件によっては盛大な調印式を執り行うこと

[*2]：英語では"The devil is in the details"という。

もあるが、調印そのものはシグナチャー・ページ（signature page）と呼ばれる融資契約書の一部を構成する一葉の署名用ページに署名しさえすれば足りる。しかも、実務的には一同に会する必要もなく、署名済のシグナチャー・ページを各人が弁護士に送付すれば完了する。現在の実務では、署名済のシグナチャー・ページをまずPDFファイルにし、当日中にEメールで送付する。シグナチャー・ページ原本は追って郵送する。弁護士が各署名者のシグナチャー・ページをとりまとめて契約書を製本する。

　なお、融資契約書を調印した暁には、融資契約当事者は融資契約書のみに専ら拘束されるのであって、それに先立つファイナンス・タームシートで合意していた内容はすべて無効となる。ファイナンス・タームシートに記載してあったことが、融資契約書の規定の解釈に利用されることもない。これが英米法の考え方なので、十分留意する必要がある。

■ g. シンジケーション

　シンジケーション（Syndication）とは、融資に参加する銀行を広く募ることである。広く募ることから、ジェネラル・シンジケーション（General Syndication）と呼ぶこともある。

　これまで説明してきたインプリメンテーション段階のプロセスの初期に招聘される銀行は一般にリード・アレンジャー（Lead Arranger）と呼ばれる。リード・アレンジャーの数は限定される。なぜなら、あまりリード・アレンジャーの数を増やすと、交渉が煩雑になるからである。数の限定されたリード・アレンジャーが融資契約書の調印を果たし、そののち他の銀行の参加を広く募るのである。流通業に譬えれば、リード・アレンジャーは卸売業のような役割で、シンジケーションは小売業への販売と言ってもいい。

　リード・アレンジャーを務める銀行は経験豊かな熟達した銀行である。プロジェクトファイナンスの専門家を多く擁し幅広く案件を手掛けている。これに対しシンジケーションの段階で案件に参加してくる銀行は、必ずしもプロジェクトファイナンスの専門部隊を擁しない銀行であるほか、顧客との取引関係が薄くリード・アレンジャーに招聘されなかった銀行である。シンジケーションの段階で案件に参加することを「一般参加」（participation）と称することがあるが、銀行の中にはリード・アレンジャー以上の役割を追求し、原則「一般参加」はしないという方針を持つところがある。

　さて、なぜシンジケーションを行うのであろうか。

リード・アレンジャー側には少なくとも2つの理由がある。1つは自行の融資金額を減らすためである。1案件に対するエクスポージャー上限をコントロールする必要がある。もう1つは、シンジケーション時にアップフロント・フィーの鞘を抜き収益を向上させるためである。アップフロント・フィーは融資契約書調印時（もしくは第1回目の融資実行時）に銀行が一括受領する手数料である。プロジェクトファイナンスのような複雑な融資案件ではアップフロント・フィーが融資金額の1％を越えるのが通常である[*3]。
　また、銀行はなぜシンジケーションに参加するのか。
　その理由は単純で、資産運用のためである。リード・アレンジャーほど案件組成のノウハウや人員を擁していなくとも融資に参加することはできる。良質案件で融資金利の水準も比較的高ければ、プロジェクトファイナンスは資産運用の対象として悪くはない。そして、顧客との関係希薄のためリード・アレンジャーに就任できなかったのであれば、一般参加を通じて顧客との関係強化の一助とする考え方もある。
　さらに、シンジケーションを行うタイミングによってシンジケーションには2種類あることにも留意されたい。融資契約書調印前のシンジケーションと融資契約書調印後のシンジケーションである。英語で前者をPre-Syndication、後者をPost-Syndicationという。常態は融資契約書調印後のシンジケーションつまりPost-Syndicationである。
　なお、リード・アレンジャーの呼称に代え、昨今マンデイデット・リード・アレンジャー（Mandated Lead Arranger。短縮してMLA）と呼ぶことがある。呼称は変わっても両者の実態は同じである。Mandatedは「任命された」という意味に他ならないが、反意語として任命されないリード・アレンジャーというものが存在する訳ではない。もっとも、短縮形の呼称MLA（エム・エル・エー）という呼び方が実務面で便利なのは事実である。なぜなら、LA（エル・エー）とだけ言うとLoan Agreement（融資契約書）の略称と誤解されかねない。

[*3]：アップフロント・フィー1％強の水準について、その高低を考えるとき興味深い比較対象は投資信託購入時の購入手数料である。日本の投資信託購入手数料は銀行窓口で購入すると現在3.15％。しかも、投資信託の場合資金提供者（投資信託購入者）がこの手数料を支払っている。筆者はこの水準が法外な気がしてならない。ノーロードと称して購入手数料ゼロの投資信託が登場してきており、投資信託購入手数料の全体的な引き下げは時間の問題であろう。

■ h. 融資前提条件の充足・第１回融資の実行

　借主（出資者・事業主）にとって、融資契約書の調印はこのインプリメンテーション段階のひとつの終着点である。シンジケーションは融資契約書調印後に行われることが多いし、またシンジケーションの成否は借主には殆ど影響しないのが通常である。

　しかし、融資契約書の調印を完了したからといって、借主は即座に融資金を受け取れる訳ではない。融資契約書には融資実行の前提条件が記載されている。この融資実行の前提条件を充足しないと融資実行は行うことができない。融資実行の前提条件のことを英語で"Conditions Precedent to Drawdown (or Disbursement)"という。前提条件を意味する"Conditions Precedent"は短く"CP"（シー・ピー）と呼ばれる。日本語でも「CP（シー・ピー）の充足」などという言い方が定着している。

　融資実行の前提条件の充足をみて、第１回目の融資実行が行われる。借主にとっては、融資契約書の調印は形式的な終着点で、融資実行の前提条件を満たし融資実行を果たしたときが実質的な終着点と考えていい。

　以上、組成プロセスのインプリメンテーション段階として、インフォメーション・メモランダム作成／銀行団招聘から融資契約書の調印／融資実行まで（(a) から (h) まで）を説明した。

　このインプリメンテーション段階の組成プロセスにどのくらいの時間を要するのか。ストラクチャリング段階の組成プロセスがプロジェクト・ドキュメンツの交渉などで所要時間がなかなか予想できないのに対し、このインプリメンテーション段階の組成プロセスはある程度所要時間が予想できる。それゆえ、インフォメーション・メモランダムの記載の中に、融資契約書調印までのスケジュールが明示されていることも少なくない。インプリメンテーション段階の組成プロセスに要する時間は凡そ数ヶ月程度である。次頁の図７－２は参考として、インプリメンテーション段階の組成プロセスを時系列で一覧に供すると共に、それぞれのプロセスに要する時間を例示した。

■ 図7-2 インプリメンテーション段階（Implementation Phase）の流れと所要時間

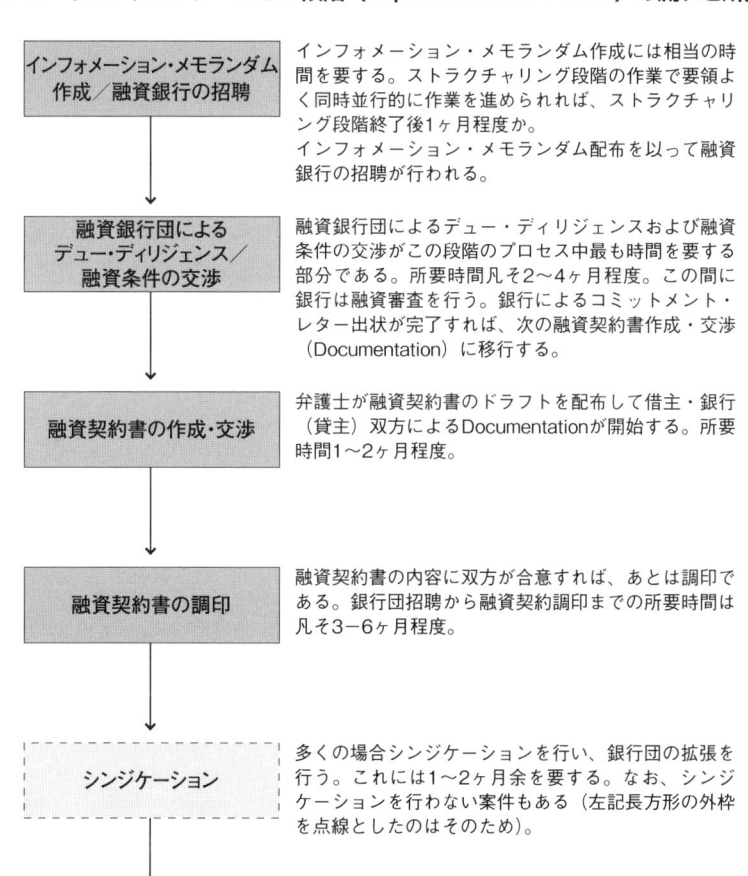

インフォメーション・メモランダム作成／融資銀行の招聘	インフォメーション・メモランダム作成には相当の時間を要する。ストラクチャリング段階の作業で要領よく同時並行的に作業を進められれば、ストラクチャリング段階終了後1ヶ月程度か。 インフォメーション・メモランダム配布を以って融資銀行の招聘が行われる。
融資銀行団によるデュー・ディリジェンス／融資条件の交渉	融資銀行団によるデュー・ディリジェンスおよび融資条件の交渉がこの段階のプロセス中最も時間を要する部分である。所要時間凡そ2～4ヶ月程度。この間に銀行は融資審査を行う。銀行によるコミットメント・レター出状が完了すれば、次の融資契約書作成・交渉（Documentation）に移行する。
融資契約書の作成・交渉	弁護士が融資契約書のドラフトを配布して借主・銀行（貸主）双方によるDocumentationが開始する。所要時間1～2ヶ月程度。
融資契約書の調印	融資契約書の内容に双方が合意すれば、あとは調印である。銀行団招聘から融資契約調印までの所要時間は凡そ3－6ヶ月程度。
シンジケーション	多くの場合シンジケーションを行い、銀行団の拡張を行う。これには1～2ヶ月余を要する。なお、シンジケーションを行わない案件もある（左記長方形の外枠を点線としたのはそのため）。
融資前提条件の充足 第1回融資の実行	シンジケーションと同時進行で融資前提条件の充足をしてゆく。シンジケーションの成否と融資前提条件の充足作業／融資実行の準備作業とは直接関係がない。もっとも、第1回の融資実行までにシンジケーションの終了を企図することは多い。融資契約書調印から第1回目の融資実行までの所要時間は早ければ1ヶ月余。

3. フィナンシャル・アドバイザーについて

　さて、プロジェクトファイナンスがどのように組成されてゆくか、そのプロセスをストラクチャリング（設計）段階とインプリメンテーション（実施）段階とに分けて鳥瞰してきた。これらの作業を主導する主体は本来事業主（出資者・借主）である。しかしながら、事業主にとってファイナンスの調達作業は事業全体の一部であって、事業を推進し運営してゆくにはこの他にも多岐に亘る膨大な業務が控えている。また、海外での大型事業は、一企業にとって必ずしも頻繁に行われることでもない。そのような事情から、プロジェクトファイナンスの組成に当たっては専門家の支援を受けることが多い。事業主（出資者・借主）のためにプロジェクトファイナンスの組成作業を支援するのが、プロジェクトファイナンスにおけるフィナンシャル・アドバイザーの役割である。

　ここでは、プロジェクトファイナンスのフィナンシャル・アドバイザーの業務内容（a）、フィナンシャル・アドバイザー雇用をめぐる諸知識（b）、フィナンシャル・アドバイザーがリード・アレンジャーを兼務したときの利益相反の問題（c）などを順を追って見てゆく。

■ a. フィナンシャル・アドバイザーの業務内容

　フィナンシャル・アドバイザーは事業主（出資者・借主）に雇用される。有償の雇用契約を締結するのが通常である。そして、事業主の利益のために業務を遂行する。プロジェクトファイナンスにおけるフィナンシャル・アドバイザーの任務は、通常当該案件の融資契約書調印を果たしプロジェクトファイナンスでの資金調達を成功に導くことである。

　プロジェクトファイナンスの組成プロセスは既に説明したとおりで、フィナンシャル・アドバイザーはそのような組成プロセスに沿って任務を遂行する。次頁表7－2及び表7－3では、ストラクチャリング段階とインプリメンテーション段階のそれぞれのプロセスにおけるフィナンシャル・アドバイザーの業務の要点を一覧表に纏めておきたい。

■ 表7-2　ストラクチャリング段階のフィナンシャル・アドバイザー

プロジェクト・ドキュメンツの作成・交渉の支援	プロジェクトファイナンス利用者（事業主・出資者・借主）は当該プロジェクトに関わる諸契約書（プロジェクト・ドキュメンツ／Project Documents）を関係者との間で交渉し締結してゆく。例えば、電力事業であれば買電契約書や燃料調達契約書などが重要なプロジェクト・ドキュメンツに当たる。プロジェクトファイナンスにおいて、その成否はこういったプロジェクト・ドキュメンツの記載内容次第である。プロジェクトファイナンスの成否に関わる限り、プロジェクト・ドキュメンツの記載内容についても助言してゆくのはフィナンシャル・アドバイザーの重要な仕事である。プロジェクト・ドキュメンツは法律文書なので、弁護士とも協働するのが通常である。
リスク分析の支援	当該プロジェクト案件について諸々のリスクにつき分析の支援をする。当該リスク分析は少なくとも2つの立場から行う必要がある。1つはプロジェクトファイナンス利用者（借主）の観点からのリスク分析である。もうひとつはプロジェクトファイナンスのレンダー（貸主・銀行）の立場からのリスク分析である。この2つの立場は時に利益を共有する場合もあるが、利益を異にする場合の方が多い。フィナンシャル・アドバイザーはプロジェクトファイナンス利用者に雇用されプロジェクトファイナンス利用者のために働くので、リスク分析もプロジェクトファイナンス利用者の利益を図るよう行うのは当然であるが、一方でプロジェクトファイナンスでの資金調達を実現するためにも、プロジェクトファイナンスのレンダーの受容可否を常に斟酌しなければならない。そういう意味ではプロジェクトファイナンスのフィナンシャル・アドバイザーは、プロジェクトファイナンス利用者の利益を最大限に確保しながらも、プロジェクトファイナンスが成功裏に成約するようレンダーの受入可能な限界点を探る役割を担う。
ファイナンス・タームシートの作成	良質なファイナンス・タームシートを作成することはフィナンシャル・アドバイザーの重要な役割であり、また腕の見せ所でもある。あまり質の高くないファイナンス・タームシートを作成すると、レンダーとの交渉は難渋するだろうし、ましてやレンダーの融資承認手続きにも支障を来たしかねない。 プロジェクトファイナンスのファイナンス・タームシートは大概複雑でページ数も嵩む。通常の企業向けローン（コーポレート・ローン）にもファイナンス・タームシートは存在するが、ページ数は少なく理解するのは容易で、プロジェクトファイナンスのものとは比較にならない。 入念に作成されたファイナンス・タームシートは融資契約書（Loan Agreement）の作成作業に移行したときにスムーズである。プロジェクトファイナンスのレンダーとの初期段階の交渉もファイナンス・タームシートがベースとして使用され、各レンダーの内部融資審査でもファイナンス・タームシートが使用される。 なお、本格的なファイナンス・タームシート作成作業では、昨今弁護士の助力を得ることが増えてきた。フィナンシャル・アドバイザーがファイナンス・タームシートのたたき台を作成し、弁護士がこれを仕上げてゆく場合が多い。
キャッシュフロー・モデルの作成	キャッシュフロー・モデルを作成するのも、フィナンシャル・アドバイザーの重要な仕事である。キャッシュフロー・モデルはマイクロソフト社のエクセルのような表計算ソフト（スプレッドシートともいう）を利用して作成する。業務内容が専門的かつ技術的なため、フィナンシャル・アドバイザーのチームの中にキャッシュフロー・モデルの専門家を擁し、この担当者が専らキャッシュフロー・モデルを作成してゆくのが通常である。

■ 表7-3　インプリメンテーション段階のフィナンシャル・アドバイザー

インフォメーション・メモランダムの作成	ストラクチャリング段階で達成した仕事の成果を、銀行向けの説明資料として取り纏めたものがインフォメーション・メモランダムである。このインフォメーション・メモランダムの出来具合はインプリメンテーション段階の成否の大部分を決するといっても過言ではない。よくできたインフォメーション・メモランダムは、スムーズに銀行のコミットメント（融資確約）を得ることができる。従って、フィナンシャル・アドバイザーにとってインフォメーション・メモランダム作成作業には自ずと力が入る。 もっとも、ファイナンス・ストラクチャーの骨格はストラクチャリング段階で創られる。ストラクチャリングの段階でなにか重要な問題を残せば、インフォメーション・メモランダムで糊塗することは到底できない。そういう意味で、良きファイナンス・ストラクチャーがあって、良きインフォメーション・メモランダムが完成するのであって、その逆は真ではない。また、良きファイナンス・ストラクチャーがあっても、それを的確にインフォメーション・メモランダムの形で結実させなければインプリメンテーション段階は成功裏に終らない。
融資銀行団の招聘・融資条件交渉の支援	インフォメーション・メモランダムを配布し銀行に融資の検討を依頼することによって銀行の招聘は行われる。この段階でのフィナンシャル・アドバイザーの役割は、銀行の融資審査が順調に進むよう追加資料の要請や質疑に応じ借主を支援することである。また、融資条件について銀行側から提案される場合もあるが、借主の利益を斟酌し借主に代わって交渉することである。銀行の経験豊かな担当者が仔細に亘って質疑や提案をしてくることもあり、フィナンシャル・アドバイザーの差配の技量が試されるところである。
融資契約書の作成・交渉の支援	銀行からのコミットメント・レター（融資確約の旨のレター）を受領すると、融資契約書の作成に入る。借主側が雇用した弁護士と協働しながら、フィナンシャル・アドバイザーは融資契約書作成につき銀行団と交渉を進める。ファイナンス条件の概要はファイナンス・タームシートに記載されているとはいえ、実務的な細部の規定を疎かにするわけにはいかない。融資契約書の細部の規定に亘る銀行団との交渉も、フィナンシャル・アドバイザーの知見や経験が生かされるところである。
融資前提条件の充足／第1回融資実行	融資契約書の調印を以って、フィナンシャル・アドバイザーの業務は概ね終了する。借主の要請次第では、融資前提条件の充足ならびに第1回融資実行まで、借主に助言を続けることもある。融資前提条件の充足の際に、稀に銀行団と軋轢を起こすこともあるからである。

　なお、上記表7－3ではシンジケーションについて言及していない。その理由はシンジケーションを主導するのは銀行団だからである。借主やそのフィナンシャル・アドバイザーが主導するということはない。但し、どのような銀行をシンジケーションに招聘するかについて、借主およびそのフィナンシャル・アドバイザーと銀行団が事前に相談することはある。

■ b. フィナンシャル・アドバイザー雇用をめぐる諸知識

ここではフィナンシャル・アドバイザーの雇用をめぐる諸々の知識を整理しておく。フィナンシャル・アドバイザーを雇用しようと考えているが、一体どうすればいいのか分からないという相談を受けることがある。そういう疑問・質問に応えようとするのが主旨である。

以下では、プロジェクトファイナンスのフィナンシャル・アドバイザーにはどういう者を雇用すれば良いのか（資格要件）、フィナンシャル・アドバイザーに支払う報酬はどういう形態か（報酬体系）、フィナンシャル・アドバイザーはどういう手順で雇用するのか（雇用手順）、フィナンシャル・アドバイザーの雇用は本当に必要か（雇用の要否）などについて論じる。

（1）資格要件

まず、プロジェクトファイナンスのフィナンシャル・アドバイザーにはどういう人たちが適任なのだろうか。その資格要件のようなものはあるのだろうか。

プロジェクトファイナンスのフィナンシャル・アドバイザーに適任なのは、プロジェクトファイナンス業務に精通した金融機関であることは論を俟たない。特にリード・アレンジャーの経験のみならず、フィナンシャル・アドバイザーの実績を積んだ経験豊富な金融機関が望ましい。プロジェクトファイナンスのフィナンシャル・アドバイザーとしての技量を評価する視点として、次のような点に留意すると良い。

（a）同種のプロジェクトファイナンス案件をどれだけ手掛けたことがあるか（産業的知識・経験）
（b）プロジェクト所在国にどれだけ精通しているか（所在国の知見・経験）
（c）政府系輸出信用機関や国際金融機関の利用を想定していれば、それら金融機関についての知見・経験
（d）フィナンシャル・アドバイザーのリーダーやチームメンバー個人の実績・経験

（2）報酬体系

また、フィナンシャル・アドバイザーの報酬体系について興味を持たれる方が多いが、フィナンシャル・アドバイザーの報酬は大概2種類の報酬から

成っている。すなわち、a）リテーナー・フィー（Retainer Fee）とb）サクセス・フィー（Success Fee）である。

　リテーナー・フィーは雇用開始から業務終了まで定期的（通常月次）に支払われる報酬である。これは業務の成否に拘わらず支払われる。会社員にとっての固定給みたいなものである。フィナンシャル・アドバイザーの時間を拘束するので、その対価である。

　サクセス・フィーは業務が成功裏に完了（通常は融資契約書の調印）したときに支払われる。再び会社員の例を引けば、これは成果主義のボーナスに匹敵する。業務が成功裏に完了しなかったときには支払う必要がない。サクセス・フィーと呼称される所以である。

（3）雇用手順

　プロジェクトファイナンスのフィナンシャル・アドバイザーを雇用する手順は凡そ次の通りである。
　　（a）　フィナンシャル・アドバイザー候補先を決める
　　（b）　フィナンシャル・アドバイザー候補先にプロポーザルの提出を要請する
　　（c）　プロポーザルの評価・面談
　　（d）　フィナンシャル・アドバイザー雇用契約書の締結

（a）候補先の選定
　まず、フィナンシャル・アドバイザー候補先を選出してゆく必要がある。先に説明した「資格要件」に照らして選出してゆく。比較検討のため、候補先は複数挙げておく。日常親密な取引をしている銀行を候補先に選ぶのも良いが、その銀行が資格要件を充足しているかどうかは良く見極める必要がある。日常の銀行取引関係とプロジェクトファイナンスのフィナンシャル・アドバイザー業務とは残念ながらあまり関係がない。普段からフィナンシャル・アドバイザー候補と思しき金融機関と接触を持っておくのも一考である。親近感の持てる先が専門性を有していれば鬼に金棒である。

（b）プロポーザル要請
　次に、フィナンシャル・アドバイザー候補先（複数）にプロポーザルの作成・提出を依頼する。作成依頼に当たり、i）案件の概要、ii）フィナンシャ

ル・アドバイザーに求める業務内容（Scope of work）、iii）企図する融資条件概要、iv）融資契約書調印までのスケジュールなど依頼主の要望を記したプロポーザル依頼書[*4]を書面でフィナンシャル・アドバイザー候補先に通知するのが通常である。この際、プロポーザル中に、i）フィナンシャル・アドバイザーとしての実績、ii）報酬水準や報酬体系、iii）チームメンバー構成、iv）チームメンバー個人の実績などの記載を要請する。

なお、依頼主からはフィナンシャル・アドバイザー候補先に対して案件概要等を開示することになることから、情報管理の観点から守秘義務契約書[*5]の締結を求める場合がある。その要否は依頼主の判断次第である。

(c) プロポーザル評価・面談

プロポーザルの提出を受けたら、雇用主はその評価に入る。評価過程の一環として、各フィナンシャル・アドバイザー候補先と質疑応答を兼ね面談の機会を持つことも少なくない。書面で提出されたプロポーザルにつき内容の確認をするとともに、実際にアドバイザー候補のチームメンバー各人の人物と面識を持っておくのは重要なことである。一旦フィナンシャル・アドバイザーを雇用すれば、6ヶ月から1年に亘り一緒に仕事をしてゆく訳であるから、相性が合わないようだと仕事も捗らない。また、愉しくもない。

この評価の段階では当然報酬水準や実績など定量的な側面の評価が重要視されるが、上記のようにチームメンバーの人物を良く観察する定性的評価も見落としてはならない。所詮仕事は人と人とが行うものである。

(d) 雇用契約書の締結

評価作業を経て、採用するフィナンシャル・アドバイザーが決定したら、雇用契約書を締結する。雇用契約書は通常フィナンシャル・アドバイザー側が雛形を用意しているので、これを利用すればよい。もっとも、業務内容、報酬支払の条件、雇用契約中断の可否、チームメンバー変更時の対応、雇用契約解約の可否・条件など依頼主の要望に沿っているかどうか法務部などと十分に相談する必要がある。

[*4]：プロポーザル依頼書を英語でRequest for Proposalという。略してRfP（アール・エフ・ピー）という呼称が親しまれている。
[*5]：守秘義務契約書のことは英語でConfidentiality Agreementである。略してCA（シー・エー）という。

（4）雇用の要否

　最後に、プロジェクトファイナンスにおいてフィナンシャル・アドバイザーをそもそも雇用する必要があるのかどうかについて一考しておきたい。

　プロジェクトファイナンスは通常の融資（企業向けに融資するコーポレートファイナンス）と違って、分析する対象が広範多岐に及ぶので専門家の助けを借りる必要が出てくる。プロジェクトファイナンスを利用する者が専門家の力を借りずに自身の力だけで推進してゆくことは果たして不可能かと言えば、必ずしもそうではない。プロジェクトファイナンスに精通している人は銀行以外に勤務する人の中にも徐々に増えてきている。例えば、電力案件はかなり定型化してきているので、商社や電力会社の方々が専門家の助けを最小限に抑え自身でかなりの仕事をこなす例も散見される。しかし、プロジェクトファイナンスの対象とする業種は電力事業に限られず、資源分野やインフラ分野などにも広く応用されている。それぞれの産業分野には当該産業の事情を反映したファイナンス手法が用いられることは少なくない。また、同業種ではあってもプロジェクトの所在国が異なればその所在国特有の慣習や法制も存在する。さまざまな観点から専門家を活用する価値はある。

　どんな分野でも専門家の利用価値を突き詰めてゆくと時間を短縮できることではないかと考える。例えば、100ページを上回る英文契約書を読み、問題点を抽出する作業があったとする。相応の英語力と法務知識があれば、時間を掛けさえすればかなりのことが自分でもできる。しかし、現実の実務では当該英文契約書だけに何日も時間を割くことはできない。それだけで他の仕事をする機会を逸する。これを英米系の弁護士に依頼すれば、きっと短時間で的確に問題点を洗い出し英文メモを作成してくれる。そして、何がどう問題なのか丁寧に説明してくれる。質疑にも応じてくれる。もっとも、弁護士に依頼しても自分で当該英文契約書を読まなくてもいいということにはならない。弁護士に依頼することにより、問題点の見過ごしや問題点の軽重を見誤ったりすることが避けられるということである。これら諸々のことも時間を掛けさえすれば自力でもできるとすると、やはり専門家の起用は究極的には「時間を買う」ということに他ならないと言えるのではないか。

　プロジェクトファイナンスのフィナンシャル・アドバイザーの要否は最終的には事業主・出資者・借主が判断するものであるが、時間に制約の無い事業などは通常存在しない。従って、フィナンシャル・アドバイザーの専門的知識やノウハウを活用して、事業の効率的な推進に役立てるのは賢明なこと

である。「餅は餅屋」である。

■c. フィナンシャル・アドバイザーとリード・アレンジャー（利益相反の問題）

　フィナンシャル・アドバイザーを担うのは金融機関が大半である。金融機関は融資も行うので、当該プロジェクトファイナンス案件のレンダーとしても関与することがある。単なるレンダーに止まらず、リード・アレンジャーとして関与することも稀ではない。

　フィナンシャル・アドバイザーは借主の側にあって借主の利益のために仕事を遂行するのに対し、リード・アレンジャーはいわば銀行団の主要構成員である。つまり、フィナンシャル・アドバイザーは借主側であり、リード・アレンジャーは貸主側である。

　仮に同一の金融機関がフィナンシャル・アドバイザーとリード・アレンジャーの両方の役割を担うようなことになったとしたら、借主と貸主の両方の立場に立つことになり問題はないのであろうか。これがプロジェクトファイナンスにおけるフィナナシャル・アドバイザーとリード・アレンジャーの利益相反（Conflict of Interest）[*6]の問題である。

　まず、実態面の方を観察すると、同一の金融機関がフィナンシャル・アドバイザーとリード・アレンジャーの両方の役割を担う例は実はかなり多く見られる。フィナンシャル・アドバイザーを遂行するのは通常単一の金融機関であるが、リード・アレンジャーは複数行（例えば4行や5行）で担うことが多い。リード・アレンジャーがどのくらいの数の金融機関で構成されるかは、融資金額などによって定まる。融資金額の規模が小さければリード・アレンジャーの数は少なくて済むし、融資金額の規模が大きくなればリード・アレンジャーの数を増やす必要がある。これは金融機関が一行当たりで引き受け・引き取り[*7]できる融資金額に自ずと上限があるからである。

　それでは何故現実にはフィナンシャル・アドバイザーとリード・アレンジャーの両方の役割を担う例が多いのか。

　その理由は、自らアドバイスする案件なのだから自らも融資できるはずで

[*6]：「利益相反」のことを英語でConflict of Interestという。この言葉は海外ビジネスのさまざまな場面で出会う。
[*7]：引き受けはアンダーライト（Underwrite）という。引き取りはテイク・アンド・ホールド（Take & hold）あるいはネット・テイク（Net Take）という。引き受けは一旦融資を行うが、早晩融資金額の一部を他の銀行に売却することが想定されている。最後まで融資金全額を自分のバランスシートに残さない。引き取りは自分のバランスシートに残す。

ある、あるいは自らも融資することによってアドバイスの正当性を立証する、などが考えられる。譬えて言えば、料理人は自分で作った料理をまず自分で食するのである。加えて、フィナンシャル・アドバイザーは融資への参加によって自らの収益機会を増やすことができる。借主から見た場合に、アドバイザー自らも融資に参加することは心強く思える。他のレンダーから見た場合にも、アドバイザー自らも融資に参加していると安心感がある。

しかしながら、同一の金融機関がフィナンシャル・アドバイザーとリード・アレンジャーの両方の役割を担うことが利益相反の問題を提議していることに変わりはない。この利益相反によって、不利益を受ける可能性のある者は借主である。具体的にどういう不利益が予想されるかというと、例えば融資条件（金利水準など）が借主にとって最善ではないかもしれない。フィナンシャル・アドバイザーの助言は借主の利益のためだけではなく、リード・アレンジャー（貸主）の利益を斟酌している可能性がある。

先に、実態的には同一の金融機関がフィナンシャル・アドバイザーとリード・アレンジャーの両方の役割を担う例が多いとしたが、両方の役割を兼務する場合には利益相反の問題に関連して借主が不利益を蒙ることのないよう、下記のような工夫を凝らすのが通常である。

（a）フィナンシャル・アドバイザーがリード・アレンジャーを兼務したとしても、リード・アレンジャーとしてはリード・アレンジャー団の中で主導的な役割を担わない。消極的なリード・アレンジャーに止まる。借主との交渉役は専ら他のリード・アレンジャーが担う。

（b）同一金融機関ではあってもフィナンシャル・アドバイザーを遂行するチームとリード・アレンジャーを遂行するチームとを完全に峻別し、両者の間にファイアー・ウォール（チャイニーズ・ウォール）を設け両者間の情報交換を禁ずる。

上記の工夫は、同一の金融機関がフィナンシャル・アドバイザーとリード・アレンジャーの両方の役割を担うことによって懸念される借主の不利益を回避しつつ、同一金融機関が両役割を兼務することの利点を維持しようとするものである。

不利益を蒙る可能性のあるのは借主なので、同一金融機関にフィナンシャル・アドバイザーとリード・アレンジャーの両方の役割を担わせるべきかど

うかの最終判断は借主が行う。

　なお、リード・アレンジャーは複数の銀行が指名されることが多いが、融資金額の規模が小さければリード・アレンジャーは一行で担うことも稀ではない。リード・アレンジャーが一行の場合で、かつ同一金融機関がフィナンシャル・アドバイザーとリード・アレンジャーの両方を兼務する場合には、利益相反の問題は理論上看過できない問題となり得る。上記に記した工夫のうち、とりわけ（a）の処置は全く機能しない。

　それでは、リード・アレンジャー単一の場合は、フィナンシャル・アドバイザーとリード・アレンジャーの兼務は回避すべきかどうか。現実には難しい判断である。フィナンシャル・アドバイザーは当該案件を最も良く理解している金融機関であろう。そして、融資金額の規模は小さいのである。フィナンシャル・アドバイザー兼リード・アレンジャーが一行で融資金額全額を面倒見てくれるとすれば資金調達は完了するのだから、借主は手間が省け便宜だと考えても怪しむべきことではない。この判断もまた最終的には借主次第ということになる。借主が当該金融機関に全幅の信頼を置いているならば、利益相反の問題[*8]を過大に懸念する必要はなかろう。

---

*8：弁護士など一部の職業では法律で双方代理など利益相反行為を禁じている。しかし、例えば、日本の不動産仲介業者などは不動産の売主と買主の双方から手数料を受領している。つまり、利益相反行為が許容されている。また、別の例では、日本の資源輸入仲介業者が海外の売主と日本の買主の双方から販売手数料を受領している事例がある。日本の商慣習では双方代理ないしは利益相反行為にやや寛容なようである。

第8章

金融危機・
必要な技能

本章は最終章である。最終章では「金融危機と海外プロジェクトファイナンス」及び「海外プロジェクトファイナンス業務に必要な技能」について触れる。両事項は相互に関連はない。それぞれ単独で採り上げるには独立の章に満たないと考え、便宜的に本章でまとめて採り上げるものである。

1. 金融危機と海外プロジェクトファイナンス

　本項では金融危機におけるプロジェクトファイナンスについて少々触れておきたい。金融危機が発生した際にプロジェクトファイナンス案件やプロジェクトファイナンス市場に過去どんなことが起こったかを見てゆく。ここで採り上げる金融危機は1997/98年に発生したアジア金融危機と2008年9月にリーマン・ブラザーズ破綻を契機にした金融危機である。専ら筆者の見聞してきたことが中心となるが、予めご寛恕願いたい。

■ a. アジア金融危機（1997－1998）

　ときは1997年中頃。タイのバーツが暴落した。1998年年頭にはインドネシアのルピアにも波及した。インドネシアのルピアの貨幣価値は対米国ドルで4分の1まで下落した。いわゆるアジア金融危機である。ここではどうしてアジア金融危機が発生したか云々は他の書物に譲り詮索しないが、アジア金融危機でプロジェクトファイナンス案件にどんなことが発生したか、その教訓はなにか、その後のプロジェクトファイナンス案件にどんな影響を与えたか等について触れておく。

　私事になるが、筆者は1990年年初に邦銀本店でプロジェクトファイナンスの業務に就いた。銀行員になって6年目のことである。当初はプロジェクトファイナンスの審査業務を手伝いながら基礎知識を得て、約1年後にプロジェクトファイナンスの営業に異動した。そして、1992年から1993年の約2年間はタイで陸続と出てくる石油化学案件や石油精製所案件を手掛けることになった。従って、初めて自らが担当して調印まで漕ぎ着けた案件はタイの石油化学プロジェクトである。加えて、タイの石油精製所案件にも深く従事した。これらのプラントの建設地であるタイの東南部ラヨーン県にあるマプタプット工業地帯（バンコクから東方向に車で約3時間）にも何度か訪問する機会を得た。

アジア金融危機の発生により、タイの石油化学・石油精製所案件は大打撃を受ける。特に、これらの案件には邦銀が積極的に融資を行っていた。当時のタイの石油化学・石油精製所案件というのは、総じて「輸入代替案件」である。石油化学プラントはプラスチックの原料輸入に代え自国内で生産をしようという意図であり、石油精製プラントは石油製品（特にガソリン）の輸入に代え自国内で生産しようというものである。原料である原油は輸入せざるを得ない（タイはシャム湾沖から天然ガスが産出されるが、自国内の原油生産は無きに等しい）。発展途上国が経済成長してゆく過程で、かような重化学工業を自国内で育成してゆこうとするのは至極自然のことである。問題はその経済成長の過程で成長の軌跡に「断絶」が起こったらどうなるのかということである。アジア金融危機はその「断絶」であったといえる。

　1990年代前半に建設ラッシュに沸いたタイの石油化学・石油精製所案件。その多くがプロジェクトファイナンスの手法で資金調達を試みた。ブームに乗って資金調達を果たしたものの、アジア金融危機の発生に伴い、それら殆どの案件がリストラクチャリングを行うことになった。惨憺たる結果である。

　インドネシアでも類似した現象は発生している。1990年代前半には日本企業（特に商社）が主導した大型の石油化学案件が複数存在した。これらも「輸入代替案件」である。タイの場合と少々異なるのは、インドネシアの石油化学案件はプロジェクトファイナンスで資金調達を果たした案件がさほど多くは無かった点と日本企業自らも事業主として参加を試みた点である。事業主側はリスク分散の観点からプロジェクトファイナンスでの資金調達を志向したと理解しているが、これに応じる銀行が十分に存在しなかった。日本企業は自社のバランスシートを使ってでもインドネシアで石油化学案件を強力に推進したが、アジア金融危機の勃発後事業継続に困難を極めることになる。最終的には損失を計上し、その多くから撤退已む無きに至った。

　筆者は1997年には米国ヒューストンの邦銀の支店でプロジェクトファイナンスの仕事をしていた。同年米国企業がインドネシアで行っている銅鉱山の案件でリードアレンジャーのマンデート（指名）を獲得。米国の銀行2行と共に3分の一ずつ融資金額全額を引き受け、年内に融資契約書の調印を果たした。同年12月にニューヨークでシンジケーションのためのバンクミーティングを開催。翌年1月にはシンガポールでのバンクミーティングも予定していたところ、1998年年初からインドネシア・ルピアが暴落を始めた。シンガポールでのバンクミーティングは急遽延期（後日無期延期、結局最終的に開

催せず）すると共に、ニューヨークのバンクミーティングに出席した銀行に融資参加を促したが、融資に参加する銀行は結局見当たらなかった。この案件は結局シンジケーションに失敗した[*1]。

　アジア金融危機とインドネシアの関連でもうひとつ言及しておきたいことがある。それはインドネシアの発電所案件（IPP案件）に発生した事件である。インドネシア・ルピアが米国ドルに対して貨幣価値が4分の一にまで下落したことは先ほど述べた。このルピアの暴落に伴い、インドネシアの国営電力会社（PLN社）が独立系電力会社（IPP）に対して十分な電力料金を支払わなくなった事件である。買電契約（PPA）の記載に不備があった訳ではない。インドネシア国営電力会社が買電契約書に基づく電力料金支払義務を履行しなかったのである。具体的には、ルピア暴落前の貨幣価値に基づいて独立系電力会社（IPP）に電力料金を支払った。従って、支払われた電力料金はルピアの貨幣価値が4分の一に下落しているので実質4分の一程度ということになる。これでは発電所の操業費用すら賄うことは難しい。後日係争は解決を見るが、インドネシアの発電所案件（IPP案件）のプロジェクトファイナンスもリスケジュールの憂き目に遭う。

　さて、アジア金融危機でタイやインドネシアのプロジェクトファイナンス案件に発生したことは概ね以上のようなところである。銀行が得た教訓をまとめると次のようなことが言えよう。

- 発展途上国での国内需要に依拠した案件（多くは「輸入代替案件」）、具体的には石油化学案件・石油製油所案件[*2]は、同国の経済状況に一旦緩急あれば非常に困難な局面に立たされる。換言すれば、同国の経済が中長期的に成長を果たさなければ、リストラクチャリングやリスケジュールを余儀なくされるリスクがある。

- 発展途上国での発電所案件（IPP案件）にも陥穽がある。買電者が国営電力会社といえども、買電契約上の電力料金支払義務不履行のリスクは皆無ではない。インドネシアの国営電力会社の事例はこの点を示唆して

[*1]：シンジケーションには失敗したが、採掘した銅を輸出し外貨を稼ぐ案件だったのでアジア金融危機にも拘わらず事業そのものはなんの問題も起こさず融資返済を続けた。2007年無事完済した。
[*2]：石油化学案件・石油製油所案件でも製品の輸出を志向した案件は、「輸入代替案件」とは全くそのリスクプロファイルが異なる。例えば、サウジアラビアのラービクプロジェクトなどは輸出型案件である。

余りある。

　上記のような教訓に対して、その後銀行が取ったリスク対応策には次のような点が挙げられる。

　上記１点目（発展途上国の石油化学・石油製油所案件）については、同種案件そのものに対して積極的に取り組む銀行が少なくなったことである。中国で2003年にロイヤル・ダッチ・シェル社が石油化学プロジェクトのプロジェクトファイナンスを調印したが、この案件では精巧なストラクチャリングが行われ銀行はリスク管理に慎重を期した。そのためかどうか定かではないが、プラントが完工すると間も無く中国の銀行によってリファイナンス（借り換え）されてしまった。ベトナムで同国初の石油製油所（ズンクワット）が2009年に操業を開始しているが、この建設資金はプロジェクトファイナンスの手法で資金調達された訳ではない。

　上記２点目（発展途上国の発電所案件）については、エクステンデッド・ポリティカル・リスク・カバー（Extended Political Risk Cover）を付けるのが常態となってきたことである。エクステンデッド・ポリティカル・リスク・カバーとは、これまでのポリティカル・リスク・カバーに加えて、国営企業等によるBreach of Contract（契約不履行）の場合も広く補償の対象として捉えるものである。ここでいうBreach of ContractのContractとは発電所案件であれば買電契約書を指す。従って、インドネシアで発生したような国営電力会社による電力料金支払義務不履行の場合もエクステンデッド・ポリティカル・リスク・カバーがあれば銀行は損害を免れる。

　因みに、既往のポリティカル・リスク・カバーは、「戦争・暴動」、「収用・国有化」、「為替･送金」の３つのポリティカル・リスクを対象としてきたので、通称「スリー（３）・ポイント・カバー」と言う。一方、エクステンデッド・ポリティカル・リスク・カバーはこれにBreach of Contractが加わっているので、「フォー（４）・ポイント・カバー」と言う。

　最後に、アジア金融危機前後で変化した点をもう１点記しておく。それは米国系の金融機関がアジアのプロジェクトファイナンス市場（長期間に亘ってバランスシートを使う融資事業）から撤退したことである。各行によって理由は色々あろうが、アジアに長期のポートフォリオを持つのは自行の営業政策に合致しないと判断したに相違ない。その後10年余を経ても、米国系金融機関はアジアのプロジェクトファイナンス市場には戻ってきていない。

■ b. リーマン・ショック*3（2008）

　米国のリーマン・ブラザーズ証券の破綻が日本に報じられたのは2008年9月15日月曜日である。同年初頭にベア・スターン証券が救済されていたので、リーマンの倒産は予想外だった。

　国際金融の現場でリーマン破綻の影響を思い知らされたのは、9月末日の資金調達のときである。米国ドル調達コストの指標であるLiborでの資金調達が不可能になった。資金調達を行おうとすると、Liborを遥かに上回るコストを支払わなければならない。既に融資を行っている数多くの案件について、9月末日のロール・オバー*4は法外なコストを支払っての資金調達を余儀なくされた。顧客向けの融資の金利水準はLiborに合意済のマージンを加算しているだけなので、Liborよりも高い資金調達コストになると顧客から受領するマージンが縮小し、さらに度を越すと損失が発生する。特にリーマン破綻後初めての月末であった9月末日は資金調達コストが瞬時に急騰し市場は大混乱を来たした。これがリーマン・ショックの影響の一端である。

　ジョゼフ・スティグリッツは「2008年10月アメリカ経済は急降下の状況に陥り、世界経済の大部分を道連れにしかけた。株価暴落、信用収縮、住宅不況、在庫調整など（中略）これらすべてを一度に経験するのは、世界大恐慌以来初めてのことである」と表現している*5。

　リーマン・ショックによってプロジェクトファイナンス市場はどんな影響を受けたか。次のような点を指摘しておきたい。
- Market Disruption Clause
- 市場参加者の減少
- プライシングの上昇
- シンジケーション市場の縮小

Market Disruption Clause

　Market Disruption Clauseとは、融資契約書の中に盛り込まれる条文の1つで、万が一Libor市場が機能しない場合に銀行に実際に発生した資金調達

---

*3：日本では一般にリーマン・ショックと呼んでいるが、英語ではGlobal Financial Crisis（GFC）と呼ぶことが多い。
*4：ロール・オバーは市場から銀行が資金の取り直しを行うこと。銀行から借主向け融資の期間がたとえば10年だったとしても、銀行はこの資金を6ヶ月毎（あるいは3ヶ月毎）に市場から調達している。
*5：ジョゼフ・スティグリッツ著「フリーフォール グローバル経済はどこまで落ちるのか」（徳間書店2010年）p58

コストを借主に負担してもらうことを定めるものである。米国ドル建ての融資契約書では通常貸出金利の設定方法につき、Liborを資金調達コストと想定し、これに合意済のマージンを加算して貸出金利と定める旨規定している。ところが、市場が混乱するとLiborの水準で銀行が資金調達できない事態も考えられる。銀行の資金調達コストがLiborを上回るような事態が発生すると銀行の受け取るマージンが減殺されてしまうので、銀行としては合意済のマージンを確保できるよう、かような規定を置いている。

　リーマン・ショックの第一波は、まさに資金調達市場の混乱であり資金調達コストの急上昇であった。銀行は融資契約書に記載されているMarket Disruption Clauseを読み直し、借主に資金調達コストの実費負担を迫った。

　ある弁護士事務所はこの状況を称して「いままで殆どの人が注目したことのなかった条項に今注目している- Market Disruption Clauseである。しかし、この条項を具体的にどうやって適用・運用するのか、記載内容に抽象的なものが多く、誰にもよく分からない。」と云った。

　抽象的な記載だと弁護士に批難されたものの、銀行としてはコスト回収を図らなくてはならず看過できない問題である。多くのMarket Disruption Clauseでは、銀行団の単純過半数（50％以上）の賛意で実際に発生した資金調達コストを借主に求めることができるとしている。しかし、この程度の規定では現実の状況に対応できない。事実、リーマン・ショックに伴う金融危機に対応できたとは言い難い。

　Market Disruption Clauseを適用するに当たっての実務的な問題点は、概ね次の通りである。

（ア）銀行団の一定数（たとえば単純過半数）の賛成がないと、本規定を適用することができない。少数の銀行だけが資金調達コストが高い場合には、本規定を利用できない。或いは実際には資金調達コストは高いが、借主との取引関係に配慮して本規定適用を政策的に見送る銀行もある。

（イ）融資に参加している各銀行の実際の資金調達コストはそれぞれ異なっており同一ではない。借主が負担しなければならない資金調達コストとはそれぞれの銀行のものか、それとも平均値のようなものか。

（ウ）ある銀行の資金調達コストが他の銀行のそれより高いということは、その銀行の市場における信用力が低いということを示唆する。資金調達コストが比較的高い銀行はその事実の開示を躊躇する。費用負担をする借主には通知せざるを得ないが、他の銀行（特に幹事行）には知られたくない。

（エ）そもそも各銀行の資金調達コストはそれぞれの自己申告ベースであって、自己申告内容の真偽は客観的に証明するのが容易ではない。

　リーマン・ショック以後、多くの銀行でMarket Disruption Clauseを改訂している。以後の融資契約書には改定後の条項を使用し始めている。改訂の主要点は、本条項の適用は各銀行それぞれが単独で行うことができるとし銀行団の票決を不要とする。従って、借主に負担を求めるのは各銀行であり、当該銀行の資金調達コストである。また、他の銀行（特に幹事行）に自行の資金調達コスト情報を知らせる必要もない。これにより、上記（ア）、（イ）、（ウ）の問題が一刀両断に解決する。なお、上記（エ）の問題は必ずしも解決しないが、これは依然信義に則して対処する以外になさそうである。

市場参加者の減少

　リーマン・ショック以降、プロジェクトファイナンスを行う銀行の数が減少した。プロジェクトファイナンスは融資期間が長い。融資の対象となる事業案件は資金回収に長い期間を要するものが多いからである。金融危機を境に、プロジェクトファイナンスを行う銀行の数が減少するのは、専ら融資期間の長さを忌避したものである。プロジェクトファイナンスは総じてリスクが高いからではないかとする見方もあるが、これは必ずしも当を得たものではない。プロジェクトファイナンスのリスクは十分にバンカブル（Bankable）である。

　減少した銀行数は、主要な銀行だけで見てざっと2割程度であろうか（2011年4月現在）。再び市場に戻ってくる銀行もあろうと期待するが、リーマン・ショック後これまでの経過を見る限り、銀行の市場への回帰は迅速ではない。

プライシングの上昇

　リーマン・ショック以降、プロジェクトファイナンス案件の融資のプライシング（貸出金利やアップフロントフィー）は急上昇した。
アジア金融危機の後もプライシングは上昇したが、新世紀を迎えるとプロジェクトファイナンス市場は徐々に活気を取り戻していた。リーマン・ショックの発生する直前数年間はやや過熱気味の嫌いも観られるほどで、プロジェクトファイナンス案件のプライシングは激しい競争の中でかなり引き下がっていた。

リーマン・ショックのショックたる所以は、危機発生後しばらくの間市場で資金の出し手がいなくなり資金調達が出来なくなったことである。「そして誰も居なくなった」と市場関係者は慨嘆したものである。Libor市場が機能不全を起こし、リクイディティー（Liquidity）の危機を招来した。市場関係者は"Liquidity is scarce"「資金は稀少」と反芻していた。

リーマン・ショック後2年半余を経ても、プロジェクトファイナンス案件のプライシングは比較的高い水準にとどまったままリーマン・ショック以前の水準にまで戻る気配はない。寄せては返す波の如く景気は循環するものだとすれば、いずれはプライシングももう少し落ち着きを見せる日が到来することを誰もが期待している。

シンジケーション市場の縮小

リーマン・ショックによって、プロジェクトファイナンス案件のシンジケーション市場が一旦心肺機能を停止した。リードアレンジャーといえども、アンダーライト（Underwrite／引き受け）をする者がいなくなった。アンダーライトをしても、シンジケーションができないからである。

こういう市場では、銀行はアンダーライトをせずクラブ・ディールを行う。クラブ・ディールとは各銀行がそれぞれ引き取れる（ネット・テイクできる）だけの融資金額で参加するものである。後日シンジケーションをする必要が無い。クラブ・ディールの欠点は銀行数が増えることである。

リーマン・ショック後のシンジケーション市場の回復は遅遅としている。上記のプロジェクトファイナンスを行う銀行数の減少とも相俟って、シンジケーション市場の完全な回復にはもう少し時間を要するかに見える。

■ c. 金融危機に対するプロジェクトファイナンス案件の抵抗力

一般に金融危機を境に、銀行の保有する融資債権が不良債権化することは珍しいことではない。金融危機によりプロジェクトファイナンスの案件も多大な影響を受ける。事実、アジア金融危機の時にはタイやインドネシアの案件に少なからず影響が出た。融資返済方法の変更や融資期間の延長などリストラクチャリングやリスケジューリングが行われた。

しかしながら、一般の企業向け融資に比べてプロジェクトファイナンスの案件が金融危機に脆弱だとは考えられない。むしろ、一般の企業向け融資に比べて遥かに抵抗力を備えているのではないかと考えられる。たとえば、ア

ジア金融危機との関連で言及したインドネシアの銅鉱山案件。シンジケーションは見事に失敗したが、案件そのものは隆々としており銅価格の水準はその後上昇を続け、融資返済になんの異変も来たさなかった。当該銅鉱山案件は産出する銅鉱石を海外に輸出している。従って、その事業の収益はインドネシアの国内経済の影響を殆ど受けることはない。いわゆる「輸出型」案件の特長である。

　また、2008年のリーマン・ショック以後の２年半余を振り返る限り、新規案件の市場は停滞したものの、既往案件の融資返済が滞るような事例の報告は驚くほど少ない。資源案件はもちろんのこと、発電所案件なども同様である。アジア金融危機後のタイやインドネシアのプロジェクトファイナンス案件にリストラクチャリングやリスケジューリングが発生したが、両国の一般企業向け融資にはそれ以上の数のリストラクチャリングやリスケジューリングが発生した。当時のタイやインドネシアの事情はプロジェクトファイナンス案件固有の問題ではなく、両国経済全体の問題であった。プロジェクトファイナンスの案件はミクロ経済よりもマクロ経済に影響されるとも言える。

　資源案件にしろ、発電所案件にしろ、プロジェクトファイナンスが利用される分野というのは資源エネルギー分野や社会資本設備の分野が多く、これらはどの国でも経済活動の根幹を支える分野である。こういう分野に広く利用されているので、サブプライムに端を発したリーマン・ショックなどにはかなり抵抗力を発揮した。他方、アジア危機ではタイやインドネシアなどが国単位で経済面に打撃を蒙った。それ故に、それぞれの国の経済成長に依存した「国内型」プロジェクト案件が影響を受けた。

　金融危機に際してプロジェクトファイナンス案件がどのような影響を受けるのかを考えるときに重要な点は、当該プロジェクトファイナンス案件の事業収益はどのような要因に依存しているのかという点である。上記のインドネシア銅鉱山の事例では、世界の銅鉱石の需給に大きく依存しているのであって、インドネシア国内の経済には殆ど依存していない。タイの石油化学・石油精製所案件の事例では、タイ国内経済の成長に大きく依存している。

　金融危機は、忘れた頃にやって来る天災にも似ている。教訓を忘れ、備えを怠ると惨憺たる結果を招来する。金融危機を奇貨としてプロジェクトファイナンスのリスクというものを考える契機にしたいものである。

2. 海外プロジェクトファイナンス業務に必要な技能

　学生の方や若い社会人の方から、将来海外プロジェクトファイナンスの仕事に携わりたいがどういう知識を身に付けるべきかと相談されることが少なくない。どんな職業も、好きこそものの上手なれ、まずは興味を持ち好きになることが肝心である。そして、自分に足りないと思ったものを貪欲に吸収してゆく。プロジェクトファイナンスがどういうものかを理解するだけなら、関連図書を数冊読めば凡そのことは理解できる。しかし、これを職業として志すには、外から見て分かったというだけでは済まない。自分でプロジェクトファイナンスを組成できる知識と経験を積む必要がある。本項は海外プロジェクトファイナンスの業務を遂行するに当たって必要と思われる知識を整理・列記するが、医学知識と手術の技量とは必ずしも一致しないように、知識の習得と共に案件組成の経験を積み重ねることが常に必要である。

■ a. ファイナンス知識

　まず、ファイナンスの知識全般は基礎知識の一つである。筆者が銀行員になった1984年には「ファイナンス」という言葉は人口に膾炙していなかった。日本の大学や大学院にファイナンスを教える学科が誕生するのが1990年代後半、社会で認知されるようになるのは2000年以降である。それ以前の日本の銀行界で類似の概念を敢えて探せば「財務分析の知識」といったところであろうか。財務分析に関わる書籍なら当時から随分あった。

　いまは書店に多くのファイナンスの書籍が溢れている。ファイナンスという学科は主要な分析対象が幾つかに大きく分かれる。そのうちの一つは資産運用である。もう一つは投資分析である。後者の投資分析の部分がプロジェクトファイナンスに大いに参考になる。ここでDiscounted Cash Flow分析、NPV（正味現在価値）、IRR（内部収益率）、割引率（ディスカウント・レート）、回収期間（payback）の概念などを習得するといい。

　もっとも、従来の財務分析の知識がこのファイナンスの知識で代替されると考えるのは誤りである。企業の財務諸表を読み取る技能はいまでも銀行員の基本的な知識である。ファイナンスの知識とは少々別種の知識である。プロジェクトファイナンスや国際金融に携わる若い世代に企業の財務諸表を分析できない人が増えていると指摘する向きがある。これは「ファイナンス」を知って「財務諸表」を知らないとの謗りを免れない。両者とも同等に重要

である点、注意を促したいところである。

■ b. キャッシュフロー分析力

　上記のファイナンスの知識を習得する過程で通常キャッシュフローの知識や概念も習得する。しかし、ここでいうキャッシュフロー分析力というのは、単なる知識としてキャッシュフローを理解しているに止まらず、具体的な案件においてキャッシュフロー表を運用・活用できる技能である。

　プロジェクトファイナンスはキャッシュフロー分析を要するファイナンスである。従って、マイクロソフト社のエクセル（Excel）のようなスプレッドシートで実際にキャッシュフロー表を作成し、これを活用してセンシティビィティー・アナリシス（Sensitivity Analysis）を行う。昨今のキャッシュフロー表は数メガバイトに及ぶ膨大な情報量を持ったものになり、キャッシュフロー担当の専門家も登場してきている。皆がキャッシュフローの専門家を目指す必要はないが、彼らの作成したキャッシュフロー表を理解する能力は必要である。単純化したキャッシュフロー表であれば、自作できる技能も習得しておきたい。

■ c. 法務知識

　ビジネス全般に共通したことであろうと思うが、法律的な思考は常に欠かせない。商取引には契約が伴うのであるから、当然といえば当然である。ましてや、プロジェクトファイナンス案件には融資契約書以外にも事業関連の商業契約書が数多く存在する。これらを咀嚼しなければならない。

　プロジェクトファイナンスの融資契約書の準拠法はほとんど英国法か米国ニューヨーク州法である。そういう点では英米法の基本的な知識が必要である。できれば、日本の民法・商法の基本知識を持った上で、英米法の基礎知識を身に付けるのが理想である。日本人金融マンである以上、日本法の基礎知識も疎かにできない。

　法学部以外の他学部の出身者はややともすると法務を敬遠する嫌いがある。なかなか馴染めないのが理由であろう。しかしながら、ビジネス社会にいる以上法律問題と無縁ではいられない。また、教養として身に付けておいて絶対に損はないはずである。

■ **d. 英語力**

　英語の運用能力については、いくら強調しても強調し過ぎるということはない。インフォメーション・メモランダムからタームシート、ローン・アグリーメント、プロジェクト・ドキュメンツまで原則すべて英語である。電話会議も面談も英語である。読む、書く、聞く、話すの４つのコミュニケーション方法において英語での運用能力を日々向上させることが肝要である。

　英語は、話し手の出自によりさまざまなものがある。アメリカ人、英国人、オーストラリア人、インド人、香港やシンガポールの人等々それぞれ発音や語彙に異なるところがあるが、相違点は愉しむぐらいの余裕がほしい。大切なことは、相手の主張を正確に把握できる能力と当方の主張を明確に伝達できる能力である。そういう意味では情緒的・文学的な表現力は一旦おき、まずは論理的で明快な英語のコミュニケーション能力を身に付けることを勧めたい。

　英語の学習上、いくつかポイントがあると思う。以下の３点は多くの英語関係者も指摘しているところである。

　１点目は「英語力は日本語力を超えない」ということ。もちろん、これは日本語を母国語とする日本人の場合である。外国語の能力は母国語のそれを上回ることはないと言い換えてもいい。従って、この点から、英語力のより一層の向上には実は母国語の日本語力の向上も蔑ろにできない。良き英語翻訳者は良き日本語の使い手である、ということは広く知られている。英語も日本語も言葉を習得するという点において多くの共通点がある。

　２点目は「アウトプットはインプットを超えない」ということ。つまり、良き表現者は良き読解者であるということ。まずは英語のインプットを格段に増やすことが大切である。多くの英語を読むことが先決である。そして、デジタルプレーヤーなどを活用して多くの英語を聴く。読むこと、聴くこと、この２つのインプットを増やさなければアウトプットは覚束ないと心すべきだ。

　３点目は「英語に毎日接する」ということ。人間の言語能力は反復によって身に付く、使用することによって身に付く、と言える。インプットもアウトプットも毎日行うのが望ましい。アウトプットの機会に恵まれなくとも、インプットは欠かさない。読む、聴くは短時間であっても毎日行う。習うより慣れよ、とは外国語の習得にも通じる。

　最後に、海外勤務の機会に恵まれたら、それを大いに活用することである。

海外生活では必要以上に日本人とばかり接するのは控える。現地の方々との交際を心がけ、言語の習得はもちろん彼らの生活習慣や思考方法などを学ぶといい。言葉を裏側で支えているのは、日常の生活習慣や思考である。

■ e. 金融・経済・産業知識

経済や金融の知識・情報が重要なことは、ファイナンスの仕事をする以上多言を要しないであろう。教科書的な書籍でよく基本知識を身に付け、日本経済新聞などで新しい情報の吸収に努めることである。

特にここで強調したいのは、プロジェクトファイナンスに関連の深い産業の知識と情報についてである。財務やファイナンスに携わる者あるいは金融マンは経済や金融については相応の知識・情報を持っているものである。ところが産業や業界のこととなると、必ずしもそうではない。とりわけ金融マンは職掌柄さまざまな顧客と接する機会があるため、ややともするとジェネラリストを旨とし特定の産業・業界について深く掘りさげる機会を逸するか、あるいは面倒になって厭う嫌いがないでもない。財務、経済、金融などの話題に終始している限り、どの産業・業界の方とも取り敢えず会話は続くだろうが、プロジェクトファイナンスの金融マンとしては物足りない。

プロジェクトファイナンスの金融マンとしては、資源やエネルギー全般について知見を広めておきたい。石油、天然ガス、LNG、石炭、鉄鉱石、銅などについての知識・情報を持っていることは必須である。また、電力、石油化学、石油精製、LNG船、FPSO/FSO、パイプラインなどの知識・理解も必要である。環境問題、地球温暖化、原住民問題、排出権、バイオエタノール、再生エネルギー、非在来型ガスなどにも留意しておくと良い。要するに、プロジェクトファイナンスの対象となり得る産業や業界周辺について常に興味を抱き理解を深め、机上の数字だけで仕事をするのではないという点が重要である。現地視察の機会などあれば、積極的に参加することをお勧めする。書籍では得られないものが、きっと得られるはずである。

このような産業や業界を対象にしているが故に、プロジェクトファイナンスは経済バブルや金融危機、果てはサブプライム問題などとは一線を画してきたとも言える。手堅い実需を裏づけにしたファイナンスなのである。このようにプロジェクトファイナンスを捉えて、関連する産業や業界への理解を一層深めることをお勧めしたい。

■ f. 所在国の知識

　プロジェクトファイナンスが対象とする案件は、さまざまな国に所在する。発展途上国が多い。先進国の場合もある。本書は「海外」のプロジェクトファイナンスを念頭に置いているので、いずれにせよ日本以外の外国である。

　こういったプロジェクトの所在国の知識・情報というものもけして欠かすことのできないものである。法制や規制、経済状況、主要産業、歴史、国民性、言語、気候等々基礎的なことだけでも数知れない。具体的な案件に携わるようになったら、当該案件の所在国に興味を持ち、同国の知識や情報を意識的に入手するといい。プロジェクトファイナンスの業務に役立つのはもちろん、仕事自体に広がりがあり、また愉しみも倍加する。

■ g. 広く興味を持つこと、コモンセンス、自分で考える力

　既に上記で、海外勤務の機会があったら現地の方々との交際を勧めたり、案件所在国への興味を持つことを勧めたりしていることから推察されたことと思われる。つまり、広く興味を持つことが大切だということである。

　これは専門性を磨くということと矛盾しない。むしろ、自分の専門性をより一層高めるために、他のことにも興味を持つのである。「専門センスよりコモンセンス」[*6]という言葉がある。専門しか知らない者は、実はバランスの取れた懐の深い専門家には成り得ないと言っていい。コモンセンスという礎や土台の上に専門センスが作り上げられていくのである。他の分野で得られた知恵や知見を自分の分野にも応用・活用してみるのである。

　プロジェクトファイナンスの仕事は職人気質であると既に書いた。プロジェクトファイナンスの仕事は2つとして全く同じものはなく、1つ1つの案件は個々に創られてゆく。この仕事の性格上、これに携わる者は職人的にならざるを得ない。それ故に、些細な事柄も含め、常に自分で当否を考えてゆく姿勢が殊の外大切である。そして、自分で考え自分で答えを見出してゆけるように、常に広く興味を持ち視野を広げておくことが望まれる。

　海外プロジェクトファイナンスの仕事の醍醐味とは、海外出張を颯爽とこなす外観などに在るわけではなく、むしろ日々新たなものに刺激を受け、新たに学ぶ知的活動の中にこそ在るのでないだろうか。

＊6：新渡戸稲造が頻繁に使用した言葉である。

索引

■欧字

A
Acts of God 184
Amendment 36
Avoided Cost 74

B
Bank Meeting 233
Bankruptcy Remote 19
Borrowing Base 64
BOT 73, 119
Breach of Contract 126, 127, 136, 185, 187, 253
Breakeven price 58
Breakeven分析 200, 209, 210, 211, 212, 214
Build, Operate and Transfer 73, 119

C
Capacity Charge 76, 120, 128, 132, 138, 139, 142, 143
CAPEX 97, 103, 104
Capital Expenditure 97
Capitalize 213
Cash Cascade 176
Cash Deficiency Support 58, 175, 179, 181, 182
Cash Flow Available for Debt Service 197, 198, 199, 201, 214, 217
Cash Sweep 175, 181, 182
Change of Order 122
Charter Agreement 138
Clawback 175, 177, 179
Commissioning 161
Commitment Letter 234
Completion Delay 155
Completion Risk 155
Concession Agreement 20, 69, 72
Conditions Precedent 237

Confidentiality Agreement 244
Conflict of Interest 246
Contractual Structure 20
Cost Overrun 155
Creeping Expropriation 126, 186

D
Date Certain 156
Debt/Equity Ratio 122, 152
Debt Service Coverage Ratio 20, 160, 161, 178, 179, 197, 198, 199, 200, 201, 202, 216, 224, 229
Debt Service Reserve Account 160, 161, 162, 175, 176, 177, 178, 182
Debt to Equity Ratio 24
Deferral 175, 181
Depreciation 197, 214
D/E Ratio 24
Development Bank 40, 188
Disbursement 152, 237
Discount Rate 202
Dividend Restriction 175, 177, 178
Documentation 234
Document Transaction 14
Door-to-Door 25, 195
Drawdown 152, 237
DSCR 20, 161, 198, 199, 200, 201, 202, 207, 208, 209, 210, 211, 216, 217, 224, 229, 230
DSCR (Average) 201
DSCR (Minimum) 201
DSCR分析 200, 201
Due Diligence 27, 233

E
ECA 29, 34, 40, 43, 123
EIA 53, 55
Energy Charge 76, 77, 120, 132, 138, 139, 142, 143
Energy Conversion Agreement 123
Enhanced Oil Recovery 74
Environmental Impact

Assessment 53, 55
EPC Contract 20, 158, 223
EPC契約 71, 111, 121, 122, 156, 157, 159, 160, 161, 162, 173, 217, 227
EPCコントラクター 79, 111, 112, 121, 156, 157, 158, 159, 160, 161, 173, 225
EPCコントラクターの完工保証 156, 157, 158, 160
Equator Principles 183
Equity IRR 193, 197, 200, 202, 203, 207, 208, 209, 210
Exploration and Production 63
Export Credit Agency 29, 34, 40, 123
Extended Political Risk Guarantee 127, 187
Extended Political Risk Insurance 127

F
Fertilizer 57
Film Finance 64
Final Acceptance 161, 162
Finance Documents 48, 49
Financial Completion 162, 163
Fixed Price 156
Floating, Production, Storage and Offloading 45, 130
Floating Storage and Offloading 130
Floor price 58
Force Majeure 184
Four-Point Cover 126
FPSO 45, 83, 89, 96, 111, 127, 130, 131, 135, 136, 137, 138, 139, 143, 144, 145, 158, 159, 169, 172, 202, 262
FSO 96, 127, 130, 131, 135, 136, 138, 139, 144, 145, 158, 159, 169, 172, 202, 262

G
Gas to Liquid 57, 168
General Syndication 235
Geologist 98

Global Financial Crisis 254
GTL 57, 168
GTL技術 168

H
Henry Hub 113

I
Implementation Phase 222, 231, 238
Independent Power Producer 45, 73, 90, 119
Independent Water and Power Producer 73, 88, 118
Info Memo 232
Information Memorandum 232
Initial Public Offering 49
Inside the Fence 84
Insurance Proceeds Account 175
Interest During Construction 122, 155
Internal Rate of Return 202, 224
Investment Grade 85, 167
IPO 49
IPP 24, 45, 46, 73, 74, 84, 90, 119, 124, 144, 145, 147, 169, 252
IRR分析 200, 202, 203
IWPP 73, 88, 118, 144, 145, 147

J
Japan Crude Cocktail 113
JCC 113
joint and several 154

L
LBO 192
legal counsel 47
Letter of Credit 153
Libor 100, 198, 206, 254, 255, 257
Liquefied Natural Gas 80, 108
Liquidated Damages 156
Liquidity 41, 257
LNG受入ターミナル 109, 110

LNG船 21, 45, 80, 81, 82, 83, 89, 96, 108, 109, 110, 127, 128, 129, 130, 131, 135, 136, 137, 138, 143, 144, 145, 158, 159, 169, 172, 202, 262
LNGチェーン 108, 109
LNGプラント 54, 59, 82, 96, 107, 108, 109, 110, 111, 112, 113, 114, 117, 120, 125, 127, 129, 134, 135, 136, 141, 142, 144, 145, 146, 153, 159, 163, 164, 166, 170, 171
Loan Agreement 48, 158, 236, 240
Loan Facility 122, 152
Loan Life Debt Service Coverage Ratio 161
Loan Margin 100
Lump-Sum 156

M
M&A 22, 31, 48, 49, 104
Mandated Lead Arranger 236
Market Disruption Clause 254, 255, 256
Mechanical Completion 161, 162
Merger & Acquisition 22
Mini-Max Repayment Schedule 175, 180
MLA 29, 35, 40, 43, 236
Multi-Lateral Agency 29, 35, 40

N
National Project 70
Natural Disaster 184
Natural Hedge 173
Net Present Value 202
Net Take 246
NGO 56, 183
Non-Recourse 13
NPO 56, 183
NPV 197, 200, 202, 203, 204, 207, 259
NPV分析 200, 202, 203

O
offshore account 135
Offshore Revenue Account 176

Offtake Agreement 59, 113, 223
Operating Expenditure 97
Operation and Maintenance Agreement 167
OPEX 97, 103

P
P10 101, 102
P50 101, 102
P90 101, 102
participant 39
participation 235
Payment Risk 169
Petroleum Engineer 98
PFI 15, 31, 59, 143
PLNリスク 84
Possible Reserve 100, 102
Post-Syndication 236
Power Purchase Agreement 14, 20, 73, 76, 77, 88, 118, 138, 223
PPP 143
Preliminary Information Memorandum 232
Pre-Syndication 236
Private Finance Initiative 15, 31, 59, 143
Probable Reserve 100, 102
Production Payment 62
Project Documents 48, 49, 232, 240
Proved Reserve 100, 102
Provisional Acceptance 160, 161, 162
Public Private Partnership 143
Public Utility Regulatory Policy Act 73

Q
QFs 73
Qualifying Facilities 73

R
Real Estate Investment Trust 19
Recourse 1, 13

265

Recoverable Reserve 100
REIT 19
Report 53, 55, 98
Request for Proposal 244
Reserve Cover Ratio 102
Reserve Finance 63, 101
Reserve Report 98
Reserve Tail 102
Retainer Fee 37, 243
Retention 161
Revenue Account 175, 176
Risk Allocation 71

S
Scope of work 36, 244
Security Agreement 48
Sensitivity Analysis 192, 193, 198, 200, 204, 205, 207, 208, 210, 211, 214, 218, 219, 232, 260
Ship Finance 129, 174
signature page 235
Skim 28, 38
SPC 16, 18, 19, 23, 43, 89, 115, 128, 223, 228
Special Purpose Company 16
Structuring Phase 222, 223, 226
Success Fee 37, 52, 243
S字カーブ 113

T
Take and Pay 172
Take & hold 246
Take or Pay 172
Technical Default 178
Three-Point Cover 126
Through-Put 132
Trustee Borrowing 66
Turn-key 111

U
Underwrite 28, 38, 246, 257
Underwriter 28, 38
Upfront Fee 28, 38

W
Waiver 36

WTI先物価格 105

■かな

あ
アップフロント・フィー 28, 36, 38, 236
アファーマティブ・コベナンツ 66
アボイデッド・コスト 74, 75
アメンドメント 36
アンダーライター 34, 37, 38, 39, 40, 42
アンダーライト 246, 257
暗黙知 96, 222

い
一般参加 235, 236
井戸掘り 104
インフォー・メモ 232
インフォメーション・メモランダム 231, 232, 233, 237, 241, 261
インプリメンテーション段階 222, 223, 231, 232, 233, 235, 237, 238, 239, 241

う
ウエーバー 36

え
英国法 49, 260
英米法 49, 235, 260
液化天然ガス 80, 81, 89, 108, 110, 127, 141
エクイティ・ファースト方式 153, 154
エクエーター原則 183

お
オフショア・アカウント 125, 135, 136
オフテイク契約 113, 114, 115, 119, 128, 130, 134, 137, 138, 139, 140, 141, 142, 143, 144, 145, 146, 147, 169, 170, 171, 172, 185, 202, 213, 216, 219, 225

オフバランス化 23, 140
オフバランス取引 23
オペックス 97
オペレーター 152, 167

か
海外事業貸付保険 187
海外事業投資保険 188
開発銀行 29, 31, 40, 41, 43, 188
外部経済効果 72
価格のリスク 106
価格フォーミュラー 67, 113, 164, 165, 166, 170, 171
価格変動リスク 29, 55, 67, 143, 179
確認埋蔵量 100, 101, 102, 103, 112, 163
可採埋蔵量 64, 100, 101, 102
ガス・トゥー・リキッド 168
可能埋蔵量 100, 101, 102
借入金／出資金比率 152
仮検収 161
カレンシーリスク保険 42
為替・送金リスク 116, 118, 125, 126, 136, 146, 147, 185
為替リスク 124, 151, 172, 173, 174, 176
環境コンサルタント 53, 54, 55, 56, 57, 59
環境評価レポート 53, 55
環境リスク 151, 174, 182, 183, 184
完工遅延 58, 69, 70, 104, 112, 121, 133, 155, 156, 157, 158, 160, 206
完工遅延リスク 69, 70
完工テスト 160, 161, 162, 163, 177, 178, 179
完工保証 55, 58, 111, 156, 157, 158, 160, 163
完工リスク 55, 56, 69, 70, 71, 104, 105, 111, 118, 121, 122, 128, 131, 133, 151, 155, 156, 157, 159, 160, 168, 177
完工リスクの最終負担者 159
慣習国際法 186
カントリーリスク 82, 125, 126, 127, 136, 151, 164, 185, 186, 187, 225
感応度分析 192, 193, 200, 204, 227,

266

索引

229

き
技術リスク　151, 155, 168
キャッシュ・スウィープ　182
キャッシュフロー分析　19, 192, 193, 198, 200, 204, 205, 209, 212, 214, 215, 217, 218, 219, 227, 260
キャッシュフロー・モデル　20, 22, 31, 193, 204, 212, 213, 215, 216, 218, 219, 223, 224, 226, 227, 229, 230, 232, 240
キャッシュフローリスク　151, 174, 181
キャッシュフロー・レンディング　19, 20, 21, 192
キャペックス　97
銀行取引約定書　48
銀行保証書　153, 154
金銭消費貸借契約書　48
金利スワップ　28, 172, 173, 206, 209, 215, 216
金利変動リスク　28, 216
金利リスク　172, 206

く
クローバック　179, 180
クロスボーダー　21

け
経験知　96, 222
経済性評価　27
契約不履行リスク　185
減価償却　104, 185, 201, 214, 215, 216, 217
減価償却費　185, 201, 214
原始埋蔵量　99, 100
検収　161
原住民問題　233, 262
建設契約　14, 20, 71, 74, 133, 156, 157, 160, 223, 227
建中金利　155, 157, 211, 213
原料購入契約　14
原料・燃料調達リスク　151, 164

こ
国際会計基準　23, 140
国際金融機関　29, 34, 40, 43, 187, 188, 189, 242
国内型　2, 134, 135, 136, 141, 143, 144, 145, 146, 147, 258
コジェネ案件　62, 73, 75, 76, 77, 80, 119
コジェネレーション案件　73
コストオーバーラン　55, 56, 58, 70, 104, 121, 122, 133, 155, 156, 157, 158, 160, 204, 205, 206, 230
コストオーバーランリスク　70
コミットメント　234, 241
コミットメント・レター　234, 241
コモディティー化　120
コモディティー・スワップ　29
コントラクチャル・ストラクチャー　20, 21, 22, 25

さ
サービス利用契約　137, 138, 139, 140, 141, 142, 143, 146, 169
災害リスク　150, 151, 184
採掘権　14, 26, 44, 98, 99, 163
採掘権契約　14
採掘コスト　98, 100, 103, 104, 105, 112
再生エネルギー　262
財務諸表　259
財務諸比率　229
財務制限条項　229
財務分析　259
債務保証　13, 17, 26, 58, 87, 157, 158, 163
サブプライム問題　262
サブプライムローン　105
参加行　28, 39
残存価値　129, 130

し
ジェネラル・シンジケーション　235
事業権契約書　14, 48, 69, 72
事業収入確保の仕組み　134

事業遂行能力　151, 152, 154, 167
事業性評価　13, 27
資金繰表　192
シグナチャー・ページ　235
資源開発権益　187
資源型　2, 134, 137, 138, 140, 141, 142, 143, 144, 145, 146, 147
資源ナショナリズム　99, 186
市場機能　47
シップ・ファイナンス　129, 130
シニアローン　134, 176
忍び寄る収用　126, 186
支払リスク　169
資本コスト　76, 77, 120, 128, 132, 142, 143
社債　25, 192
収益還元法　192
重質油精製プロジェクト　46
収用リスク　126, 185, 186
出資金拠出能力　151, 152, 153, 154
守秘義務契約書　244
準拠法　21, 49, 260
証券化　22, 31, 49, 192
消費地主義　115
シンジケーション　28, 38, 69, 83, 86, 231, 235, 236, 237, 241, 251, 252, 254, 257, 258
信用格付機関　25, 26

す
推定埋蔵量　100, 101, 102
水力発電　24, 45, 56, 57, 90, 91, 117, 121, 136, 183
水力発電所　24, 45, 56, 90, 91, 117, 121, 136, 183
ストラクチャリング段階　222, 223, 226, 227, 230, 231, 232, 237, 239, 240, 241
スプレッドシート　240, 260
スポンサーの完工保証　55, 156, 157, 158, 160, 163
スポンサーリスク　151, 152, 153, 154, 155, 171, 174
スリー・ポイント・カバー　126
スループット契約　132, 136, 143

267

せ

成功報酬　37, 52
生産地主義　115
生産物価格　97, 98, 102, 105, 106, 141, 211
製品販売契約　14, 19, 20, 223
石炭層ガス　92
センシティヴィティ・アナリシス　192, 204
戦争リスク　125, 126, 185
船舶ファイナンス　128, 129, 174

そ

操業契約　48, 167
操業契約書　48
操業リスク　151, 167, 168, 169
送金のリスク　125, 135, 144
双方代理　248
損益分岐点　133, 210

た

ターンキー契約　111, 112
第4のカントリーリスク　126, 127, 136
太陽光発電　56, 117
太陽光発電所　117
タックス・ロイヤー　217

ち

遅延損害金　156, 157, 158
地球温暖化　262
地熱発電　56, 57, 117, 121
地熱発電所　56, 117, 121
チャイニーズ・ウォール　247

つ

通貨交換のリスク　116, 125

て

ディー・エス・シー・アール　161, 200
テイク・アンド・ホールド　246
ディファーラル　181, 182
テクニカル・コンサルタント　53, 54, 55, 56, 57, 58, 59

テクニカル・デフォルト　178
デット・エクイティ・レシオ　152, 153
デット・ファースト方式　153
デュー・ディリジェンス　27, 231, 233
デリバティブズ　49
電力型　2, 134, 137, 138, 139, 140, 141, 142, 143, 144, 145, 146, 147, 169, 170, 171, 185, 202, 213, 216
電力型オフテイク契約　139, 140, 143, 144, 145, 169, 170, 171, 185, 202, 213, 216

と

ドア・トゥー・ドア　195
投資適格　85, 167, 171
投資利回り　120, 202, 208, 209, 210
トーリング・アレンジメント　141, 142
ドキュメンツ・トランザクション　14, 67
ドキュメンテーション　31, 234
特別目的会社　16, 18, 19, 21, 43, 89, 223, 228
独立電力事業者　45
土地のリース契約書　48
トラスティー・ボロウイング　66

な

ナチュラル・ヘッジ　173

に

ニューヨーク州法　49

ね

ネガティブ・コベナンツ　66
ネット・テイク　246, 257
燃料供給契約書　48, 223

の

ノンリコース・ローン　13, 15, 16, 17, 23, 58, 129

は

ハードカレンシー　135, 136, 144, 145
パーパ法　73, 74, 75, 76, 77, 119
バイオエタノール　262
排出権　262
買電契約書　14, 24, 48, 57, 97, 118, 119, 120, 121, 123, 124, 134, 137, 194, 223, 227, 228, 240, 252, 253
配当金支払制限　209
配当金テスト　178, 179
配当金の支払制限　182
配当制限　178
パフォーマンス保証　157, 158
バンク・ミーティング　83, 233
販売リスク　113, 151, 169

ひ

引受　28, 38
引き取り　246
非在来型ガス　262
表計算ソフト　192, 193, 212, 218, 224, 240

ふ

ファイアー・ウォール　247
ファイナンス・タームシート　223, 225, 226, 228, 229, 230, 232, 234, 235, 240, 241
フィナンシャルアドバイザー　27, 203, 215
フィルム・ファイナンス　64
風力発電　56, 117
風力発電所　117
フォース・マジュール　184, 227, 228
フォー・ポイント・カバー　126
不可抗力　184, 185, 227, 228, 230
複合ケース　206, 207, 209
附合契約　48
浮体式海洋石油・ガス生産貯蔵積出設備　45, 89, 130
浮体式海洋石油・ガス貯蔵積出設備　130
物権的権利　14

索引

不動産投資信託　19
不動産ファイナンス　13, 21, 31
プライシング　36, 254, 256, 257
プライス・リスク　58
フリーキャッシュフロー　19, 20
プリリミナリー・インフォメーション・メモランダム　232
プロジェクト関連契約書　14, 20, 48, 49, 51, 219
プロジェクト・ドキュメンツ　14, 20, 22, 27, 29, 35, 223, 224, 225, 226, 227, 228, 229, 230, 231, 232, 233, 234, 237, 240, 261
プロダクション・ペイメント　62, 63, 64, 68, 97, 106
プロラタ方式　153

へ
ヘッジ　28, 29, 173, 206, 209, 216
ペトロリアム・エンジニア　63, 98
返済の確実性　13, 134, 193, 224
ヘンリー・ハブ　113

ほ
法制変更のリスク　185, 186
保証・保険　34, 40, 41, 42, 187, 188
ポリティカル・リスク　40, 41, 42, 125, 126, 136, 147, 253
ポリティカル・リスク保険　42, 82, 126, 136
ポリティカル・リスク保証・保険　187, 188
ボリューム・リスク　58
ボロイング・ベース　64
ボンド　25

ま
マーケット・コンサルタント　53, 54, 55, 57, 58, 59
マーケットリスク　58, 59, 106, 111, 113, 115, 123, 133, 169
マーチャント・プラント　57, 120, 121, 139
埋蔵量コンサルタント　98
埋蔵量の種類　99, 100

埋蔵量リスク　54, 65, 151, 163, 164
埋蔵量レポート　98
マンデイデット・リード・アレンジャー　236
マンデート　251

み
ミニ・マックス返済スケジュール　180

も
モノの売買契約　137, 138, 142, 143

ゆ
融資前提条件の充足　231, 237, 241
輸出型　2, 84, 134, 135, 136, 141, 143, 144, 145, 147, 176, 252, 258
輸入代替　115, 116, 117, 136, 141, 146, 166, 251, 252
輸入代替案件　166, 251, 252

よ
備船契約　89, 128, 129, 130, 131, 132, 138, 143
抑止効果　189
抑止力　187, 189

り
リーガル・カウンセル　34, 47, 48, 49, 51, 59
リース契約　48, 139, 140
リース取引　23, 104
リードアレンジャー　28, 34, 37, 38, 39, 40, 42, 83, 251, 257
リーマン・ショック　2, 62, 91, 92, 254, 255, 256, 257, 258
利益相反　2, 35, 36, 51, 239, 246, 247, 248
利益相反行為　248
リクイディティー　257
リザーブ・カバー・レシオ　102, 103, 105, 163
リザーブ・コンサルタント　53, 54, 57
リザーブ・テール　102, 103, 105,

112, 163
リザーブ・ファイナンス　63, 64, 65, 101
リザーブレポート　56
リスクの分類　150
リスク配分　122, 123
リスク評価　27, 99, 101, 125, 169
リスク分散　71, 165, 251
リスク分析　31, 69, 149, 150, 163, 205, 206, 219, 223, 224, 226, 227, 229, 230, 232, 240
リスク分担　223, 224, 225, 226, 227, 228, 229, 230
リスケジュール　80, 83, 114, 133, 252
リストラクチャリング　251, 252, 257, 258
リテーナー・フィー　37, 243
リテンション　161
リファイナンス　19, 87, 253
リミテッドリコース・ローン　16, 17, 18, 64
量のリスク　106, 163

れ
レバレッジ　24, 25, 192, 213
連帯保証　17, 154
レンディング　19, 20, 21, 34, 39, 42, 192

ろ
ロール・オバー　254
ローン・アグリーメント　36, 226, 261
露天掘り　104

わ
割引率　202, 203, 204, 208, 259

269

[著者略歴]

井上義明（いのうえ・よしあき）

オーストラリア・ニュージーランド銀行スペシャライズドファイナンス・ジャパン本部長。プロジェクトファイナンス、ストラクチャードファイナンス、ECAファイナンスなどの業務を担当。1960年生まれ、早稲田大学大学院商学研究科修士課程修了。1984年富士銀行（現みずほフィナンシャルグループ）入行。ニューヨーク支店融資課長、ヒューストン支店プロジェクト＆エネルギー・ファイナンス課長、プロジェクトファイナンス部部長代理、参事役を歴任。2005年国際協力銀行プロジェクトファイナンス部参事（出向）。
連絡先：dairyashford@hotmail.co.jp

実践プロジェクトファイナンス

2011年6月27日　第1版第1刷発行
2014年9月2日　第1版第3刷発行

著者　　　井上義明
発行者　　高畠 知子
発　行　　日経BP社
発　売　　日経BPマーケティング
　　　　　〒108-8646　東京都港区白金1-17-3　ＮＢＦプラチナタワー
　　　　　電話　03-6811-8650（編集）
　　　　　　　　03-6811-8200（営業）
　　　　　http://ec.nikkeibp.co.jp/

装丁　　　安彦勝博
制作　　　アーティザンカンパニー
印刷・製本　図書印刷株式会社

本書の無断複写・複製（コピー等）は著作権法上の例外を除き、禁じられています。購入者以外の第三者による電子データ化及び電子書籍化は、私的使用を含め一切認められておりません。

© Yoshiaki Inoue　Printed in Japan 2011
ISBN978-4-8222-4858-1